岩波現代文庫／社会 311

不敗のドキュメンタリー

水俣を撮りつづけて

土本典昭

JN165808

岩波書店

序にかえて
考えるための道具としての映画

　私は自作を回顧するとき、あるワンカットの記憶から入ることが多い。劇映画を思い出すときもそうだ。チャップリンの『街の灯』などはラストシーンの、彼の愛する盲目だった女性に見せたあのはにかみが忘れられない。永い間、それをかなり長いカットと思っていたら、のちに見直したらわずか五秒ほどだった。短い方が印象が強いのか。それが私にとってのチャップリン映画のもっとも印象的なワンカットなのだ。筋は二の次である。

　私の映画『原発切抜帖』の場合もそうだ。それは一九四五年の八月七日付の「朝日新聞」の原爆記事のワンカットである。ベタ記事で四行、「広島を焼爆」という見出しのわずか六十字の記事だ。それは見落としかねないものだった。これを書くためにビデオで見て、改めて唸った。その紙面のトップ記事が二本、「沖縄周辺の敵艦隊に壮烈なる突入作戦　燦たり海上特別攻撃隊」に並んで、「B29四百機、中小都市へ　前橋、西宮を焼爆」とあり、これらには当時のタブロイド版にしては大きなスペースが割かれていた。

広島焼爆の全文はこうだ。「六日七時五十分頃Ｂ29二機は広島市に侵入、焼夷弾爆弾をもって同市付近を攻撃、このため同市付近に若干の損害を蒙った模様である（大阪）」。これだけである。原爆報道の第一報が、当時の通信の事情で詳報を得られなかったということではない。ウソ報道だったのだ。

少年時のこの記事の記憶から『原発切抜帖』は作られた。この記事の現物が見当たらなかったら、あの映画の意味は薄いものになったろう。幸いに東大新聞研の保存庫にあった。どんなに心中、感謝したことか。これは新聞の威力と、同時に新聞の怖さの証拠であったのだ。

私はもともとジャーナリスト志望だったと言ってきた。だから、あまり映画を見なかったように思われているかもしれないが、二十歳前後のフランス映画ファンぶりは相当なものだった。ジュリアン・デュヴィヴィエやルノワールの映画を始め、見てない映画はないだろう。戦後の日本映画にも惹かれた。とくに東宝争議前後の黒澤明や今井正、松竹の吉村公三郎、木下惠介などの映画も欠かさず見た。ともに新しい時代への息吹、人間への信頼を語りかけてくれたからだ。

しかし、ジャーナリストへの私の夢は変わらなかった。それは戦時中の新聞・ラジオにたっぷり漬かって育った私の世代の憤懣が根にあってのことだ。もし偽りのない情報があったら、旺盛な知識欲のあったはずの十七歳の私は何か予感し得たであろう。また敗戦前とその後の凄まじいまでの落差にそれほどまでに打ちのめされなかったはずだ。原爆のベタ記事は新聞や大人への不信感を脳裏に焼き付けた最たる記憶である。

戦後、私は一気にマルクス主義に傾倒した。それは科学的な世界観であったからだ。天皇は生きている神様、現人神《あらひとがみ》と教えられ、観念的な世界にすっぽり覆われ、目隠しされていたと気付いたときから、頼るべき思想は社会科学しかなかった。共産党にはすぐには入らなかった。眩しい非転向の指導者へのあまりの畏敬ゆえである。ジャーナリストの模範は見当たらなかった。過去の典型は革命ロシアを真っ先に世界に知らせた『世界を震撼させた十日間』のジョン・リードであり、近くはフランスのルイ・アラゴンらのレジスタンス文学だった。

話はいっきに現在に飛ぶが、私はやはり映像の時代の〝ジャーナリスト〟として、ドキュメンタリーの道を歩いてきたと思う。映画だけではなく、ときにペンを持って、見たことを書いたりしてきたからである。しかし、何より映画が好きになったし、今は、一番、性に合った仕事だったと思っている。

最初の著書『映画は生きものの仕事である――私論・ドキュメンタリー映画』（未來社、

七四年)にユニークな題を付けたと得意だったが、何も「映画は……」などと限らなくてもよい。ある種の思い上がりだったろう。その言い方はどんな仕事にも当てはまる。水俣の映画は「魚とりは生きものの仕事である」ことを描いたともいえるし、『留学生チュア スイ リン』の彼の闘いは「やむを得ない生きものの仕事であった」ともいえる。誰にせよ、例えば、「靴つくりは生きものの仕事である」とか、「花つくりは生きものの仕事である」といった方がぴったりするではないか。もの書きも生きものの仕事の最たるものと思う。

私は十九世紀のコミュニズムの思想を主義としている。今の日本共産党やかつてのソ連の党ではない。マルクスの『共産党宣言』の末尾にある「一人ひとりの自由な発展が、すべての人びとの自由の発展の条件になるような、自由で自立した諸個人の協同社会」という人間社会の未来像、アソシエーションが究極の理想であると信じているからだ。それが抑圧的な既成党派にはなく、新しいNPOや市民運動のなかに芽生えていると思う。

私は加担の作家、対立の一方の側に立つ作家、例えば労使なら労働者、水俣病闘争なら患者の側、社会の底辺の層に加担する人間と評されているらしい。それは「公平を欠く」とか「客観的な立場ではない」とかいう意味にもなる。私がNHKに起用されることがほぼ絶無(例外は『存亡の海オホーツク』)なのは、前歴やサヨク臭いということもあろうが、むしろ「公平ではない」という評がネックと思う。
映画界でも、とかく政治的とみられ、いわゆる〝映画作家〟とはひと味違うニュアンスで扱われる。そう言われて見ると、確かに政治的な絡みのあるテーマの映画が作品歴に並んでいる。しかし、『ある機関助士』や『ドキュメント 路上』もある。これはオーソドックスな記録映画、〝実験映画〟として、水俣やアフガニスタンなどのドキュメンタリーとは違った評価を受けることが多い。確かに肌合いは異にする。その加担性はたとえあっても目立たないということだろうか。

二〇〇三年、アメリカの第四九回フラハティー・セミナーに特別招待された。過去にはサタジット・レイ、クリス・マルケルやルイ・マル、ヨリス・イヴェンスなども招かれたセミナーの特別ゲストとしてだった。「……世の中、どうなってんだ！」と驚いた始末だ。

これは藤原敏史監督の『土本典昭ニューヨークの旅』（ビジュアルトラックス、二〇〇三年）というドキュメンタリーになっているので観られた方もおられよう。

出品作は『水俣―患者さんとその世界―』、『不知火海』、『よみがえれカレーズ』などだ。作家特集として組まれたが、それらより、同時参加の『ある機関助士』、『ドキュメント 路上』の方がむしろ〝実験映画派〟の映画青年たちには注目された。この招待を決めた批評家でもあるジョン・ジャンヴィトー監督は『水俣―患者さんとその世界―』を「劇映画を含め、自分の世界の映画の十指に入る作品」と、顔の赤らむような紹介をされたのだが、青年諸君は私が〝一人ふた役〟の演出ができるとでも思われたのだろうか。興味ある反応だった。万事、さすが映画の先進国アメリカだと思わせるセミナーだった。

このセミナーは例年〝社会派〟と〝実験映画派〟が二つに分かれて、侃々諤々《かんかんがくがく》の議論になるのが恒例だそうで、それがこのセミナーの特色とも言われる。この年は「世界を目撃する」という主題で選ばれた。その会場は夏期休暇の女子大を丸ごと借り、百数十名の参加者は九日間、雪隠詰め覚悟のハードな研究会である。ここで面白いのは、何時、誰の、どういうフィルムを上映するかは一切伏せるルールがあることだ。あらかじめ既成の評価を聞かせない、偏見をもたずに観てから議論させるのを鉄則にしている。『水俣』の翌日に『ある機関助士』、『ドキュメント　路上』が上映された。偶然だが二本とも頭にクレジットはない。ラストでしか作者名は分からない。つまり作者不詳で見せられた。これらの映画があの社会派作家ツチモトの作であることに、両派とも一瞬戸惑ったようだ。

その雰囲気が分からないでもないだけに、いかに議論の素材を提供するかを、通訳を兼ねて同伴したカナダ在住の映画作家、大類義《ただし》さんと話し合った。で、「未公開の話を語ろう」ということにした。PR映画だが、実は労組と組んで作ったという話だ。つまりともに交通安全映画、その理念の宣伝映画だったが、機関士らにせよ、タクシー運転手にせよ、事故の場合、責任を取らされる当事者だ。「それはないだろう!」という観点で作ろうとした。内緒で『ある機関助士』は国鉄労組尾久機関区に、『ドキュメント路上』は自主管理中のタクシー労組に全面的協力を依頼し、その現場のバックアップで撮った。表向きは片や国鉄当局、片や警察庁交通局のPR映画である。この演出は秘中の秘として、スポンサーはもとより、批評家、一般観客にも伏せざるを得なかった。しかし、登場人物も組合員の推薦であり、ロケハンから撮影まで、多くの現場組合員が協力したからPR映画としては異例の作り方になった。リアリティーがあるのは当り前、労働者が自分たちの側の映画だということで動いたのだ。

この内幕を理解してもらうには、一時間では足りなかった。大類さんは汗かいて奮闘したが、折角の話をどれだけ分かって貰えただろうか。

私にとって、これら映画も加担作家の路線としてのPR映画だったのである。この二重性は『ある機関助士』の場合は見破られなかった。やはり当局も機関車マニアだったからだ。しかし、『ドキュメント　路上』は、警察庁の交通担当官に一蹴された。「映画青年の遊びの映画だ、役にたたない」ということで、各賞は貰えど以後、四十年間オクラにされた(余談だが、昨年、製作会社・東洋シネマの破産によって、公開のメドがついた)。

なぜこうした底辺志向が私の映画に棲み着いたのか。それは映画に入る前、とくに敗戦後に必死に考えた思考の遺産であろうと思う。当時、いくつかの処世法を考えた。すべて戦争に加担した心理を洗ってみて得たものだ。「科学的かどうかで決める」、「エライ人は信用しない」、「世の主流には付かない」、「国家には加担しない」、「〃ベストセラー〃は読まない」などなどである。それがマルクス主義と掛け合わされれば、きっとジャーナリストの仕事はできる……と考えた。弱者や底辺の人間の方がリアルな眼をもっていることは、投獄された八王子少年刑務所の世界でイヤというほど見知らされた。

この映画以前の自己流の考え方に、岩波映画製作所時代、同世代の仲間との「青の会」での議論で磨きを加え、この半世紀近くやってきてしまった。だから、今まで、芯は〃ジャーナリスト〃のココロでやってきたと思う。当時とあまり変わっているとは思えない。

敢えてもう一つ決めたことは「本当のことを隠さない方がラクだ」ということ……。元共産党員だったことも、全学連で大学除籍者だったことも、アルコール依存症になったことも、すべて言わずもがなのことまでゲロってきた。ことがばれたときのダメージが想像できるからだ。そのために損をしたことは多い。仕事先は少なく、米国や反共政権国への渡航ビザ取得まで不利だった。しかし、今は得していることが多い。その話は別の機会に語らせて貰おう。

若い方から「どうしたら良いテーマを見つけられるか?」とか「ドキュメンタリーを勉強するには?」とか聞かれることがある。映画をやりたい人には「まずやってみること から万事始まる」というしかない。自分の教師は自分だ。自分のフィルムはそれを教える道具である。おかしい編集は自分が一番わかるはずだ。最初の観客は自分、あなたなのだから。

冒頭に『原発切抜帖』を見直して、あの当時の大新聞のウソのひどさを再確認し、さらにそれを深めたことを述べた。自分の作品ながら、そのつど、〝考える道具〟になる一例であろう。最近の私の座右の銘は「考えるための道具としての映画」である。これを机に貼っている。ボケ防止のつもりだが、自分自身で忘れたくない言葉だからである。

（「土本典昭フィルモグラフィ展二〇〇四」ブックレット）

目　次

Ⅳ　映画の旅は続く

編集協力＝土本基子氏、小池征人氏
カバー・本文中の写真はすべて土本基子氏提供

●『映画は生きものの仕事である[1]』、『逆境のなかの記録[2]』(ともに未來社、二〇〇四年新装版)に収録されている原稿は、これらを底本とした。

(1)「水俣ノート」「プロセスのなかの〈作家〉として」「映画は生きものの仕事である」

(2)「映画と現実とのかかわりについて」「逆境のなかの記録」「ドキュメンタリー映画の制作現場における特にカメラマンとの関係について」

●各原稿の収録にあたって若干の表記の統一をした。説明が必要と思われる語句は、〔 〕内に注記を施した。

●第Ⅲ部「新聞と新聞紙のはざま」「映画『偲ぶ・中野重治』をつくるまで」「時枝俊江・人と作品」「丸木夫婦の剛きに打たれる」は発表媒体の現物が確認できず、左記ホームページ内の土本典昭文書データベースから収録した。

土本典昭のホームページ　http://tsuchimoto.info/

I 水俣に出会う

チッソ本社で患者たちの直接交渉の現場でマイクを向ける土本.
『水俣一揆―一生を問う人びと―』(1973年)撮影時.

水俣ノート

　そこで映画を撮ることは、そこで生活者として息づくことだとまで強弁する気はないが、スタッフとともにこれから四、五カ月はここに居ようと、宿をつくり、食費を計算し、フトン・枕のたぐいを買い、蚊帳を求め、やれ中古テレビだ、ボロ自動車の修理だのといっている間に一カ月たってしまった。

　暑いなかでわめきたてる油蟬から、ミンミン蟬、蛙とすず虫、そして漁村につきものの大小雌雄さまざまの宿なし猫の声にとりまかれ、今も走る蒸気機関車を畑一つへだてて眺めながら、朝、昼、夜、いわばぶえん(無塩)の魚の菜をとって、生活している。ようやく水俣病多発地帯の部落とその人々が生活的に眼にうつりはじめたにすぎない。カメラをむけるときは一拍子遅れて、まだ鮮やかという心象の表出まではいかない。見知らぬ外国、見知らぬ日本の土地にいったときに、いつでも、「おまえは、ここで生き、ここで死ぬとしたら……？」という設問を下して、その土地がよくも悪くも、因縁の地としてかかわることをまず第一の義としてきた私は、ここでもそれを試みる。水俣病があろうとなかろうと、ここに足をとどめる人は、嘆息をこめてこの不知火の海にひきこまれるだろう。ここはまったく〝おんな〟の海だ。不知火の字から想う南の海の雄々しく猛きおもかげは完全にうらぎられる。台風がふきあれても、外洋に面した鹿児島や天草とちがって、四囲を島々でかこまれて内海でしかないこの不知火は、風が水面をしぶいてすぎるだけだ。また、そのおだやかな海にのみつりあった、大きくて二トンあまりの小船によって、海面と海底を深くへだてても六十米足らず、その底まですけて見える明視性をもつ海底の魚を相手にしてきた彼らにとっても、やはり、台風は台風であり、小さな港に舟をもやい、雨戸をとざして、難のすぎるのをじっと待つ。「この海で死んだ人はなか！」と誰もが言う。畑もちで海を知らない女房に櫓のこぎ方を教え「ここでシケたら舟底にねておれ、漕ごうとするな、風と潮で自然と岸に運んでくれる。ここで死んだものはなか……」と安心させる男たち。彼らはこの海が〝おんな〟みたいだ、というとわらう。おだやかで、やさしくて、湖のような海は、荒磯で鍛えられた漁師の荒くれさをもたない。顔つきは、けものの心を知るサーカスの調教師のように、さかなどもに対してもの分かりのいい通じあったもののもつやさしさがある。だから〝おんな〟という比喩に対してつかみがたいから、笑って応じないのだ。しかし、その海の風景に、黄色のばい煙をまきちらし、今も白いカーバイト残渣を青い海にたれながすチッソ、海辺まで占領した水俣の工場群のあれすさんだ色と構造物のくねまがった風景を、一つのに、チッソの水銀で犯されつづけた漁民の様をチッソに強姦されつづけた〝おんな〟という意味と重ねあわせたとしたら、私は、なぐり殺されかねないだろう。しかしそうなのだ。事実なのだ。十七年間、忍従というにふさわしい心で死者四六名、胎児性二二名をふくむ一二一名の患者、未認定を加えれば、つまりあるがままに体の異常をしらべ、それを水俣病とする常識の世界があれば、何百、何千という人が水俣病といわれるだろう――それほどの毒を、彼らの海にまきちらされ、あげくに有機水銀に犯されながら、なんと長い年月、耐えしのんできたことか。

国道三号線が海ぞいを走っている。福岡・鹿児島間をむすんでいる。旧国道が、漁業部落と山のみかん畠の人々をおのずとその道でへだてていたたたずまいは、新国道三号線で図式的に分断された。そうして一見、陸にみえる出月《でつき》部落に私たちはいる。水俣病以来、漁師はチッソの下請、運転手、土工等にかわり、今は漁業を専業とする人は稀になったが、話題は、仮の職業である運転手、土工についてであることはめったにない。海のこと、漁のこと、魚の話であるほかは、水俣病をめぐって生まれた暗く黒い世間話が、井戸端会議的に早口に投げかわされる。人の噂は見知った人に限られ、部落部落した小世界が日々語りつがれる。私がいつもパンツ一枚になりたがること、だらしのないこと、便所の扉をしめないことが、ずけずけと家の女主から言われ出す。はじめの頃の、よそものへの優しい心づかいが、荷厄介になりはじめると、こらえ性もなく悪口となって私に投げかえされてくる。ああ、と思って毛沢東語録の八大規律をひもといて読みなおしたりするものの、これから数カ月はここに棲息しようとする私たちにとって、化けの皮は早くはがれるに限る。ことばもはじめは、テレビで標準化した言葉に近く喋りかけてくれて、方言音痴の私をやや安堵させたものの、今は、土地もの同士の水俣弁でまくしたてられ、かえって難解の度をましている。面とむかっての話のしあいは、ほぼ分かるようになったが、相手の見えない電話ではその限りでない。そこでもっぱら車を馳せて、直接面談で用をたしている。かにかくに一カ月、私はよそものであることをかくさずに居据る風体でここに居つづけているにすぎないが、ここのもつ人の情と自然は、やはりこらえがたく、私をしびれさせる。水俣病が生まれ、水俣病をも抱きかかえつつ今もある海と人との自然律は、私のなかに気づかぬ間に風紋をつくってよぎっていくようだ。私も〝おんな〟の海に身を浸してゆく。

　水俣市から岬一つめぐった湯の児《こ》に市当局が水俣病の患者のために作ったといわれる湯の児リハビリテーション・センターが道一つへだてて海に面している。えもいわれぬ恰好の場所にある。ここに重症患者や胎児性水俣病の患児が入院している。水俣市当局が誇るだけあって、身障関係の専門病院として、小都市自治体の水準をぬいている。しかし今日、交通戦争の事故者で多くベッドは埋まって、水俣病患者の存在は見落としかねない。その二階の数病室に八名の胎児性患者、四階に大人になった小児性患者、成人患者が十数名いるだけだ。かつて、その救護のためにマスコミや外部の力を借りようという配慮のあった時期は、患者への面会は比較的容易であったが、チッソが調停委を介して、いわゆる一任派とよばれる患者及び患者家族を、本年五月、厚生省において、死者最高四百万という数字で〝一任〟という申合せ事項の一句をたてに補償処理をし終えてからというものは、その交渉の場の主役でもあった現浮池〔正基〕水俣市長の指示により、患者への面会には院長の許可が必要になった。さらには報道者への接触を病院勤務者全員に自戒するよう通達するなど、再び患者を洞窟のなかにとじこめようとする気配が濃くなった。私たちが記録映画をとるといっても、その拠って立つ所が、訴訟派とよばれるチッソへの徹底抗戦派にあることは、口づたえに知れわたっているので、そのなかに入ることは容易ではないのだが、カメラをもたなければ、その限りではない。私はときに、私の気持ちのままに〝見舞い〟に行きたくなる。

私がとくにあいたいのは、その四階の成人水俣病室に十年余寝たままの松永久美子さんと二階の胎児性患者病室にいる山本富士夫君である。二人はその病気のもっとも残酷な意味で典型的患者である。病院がもっとも隠したがっている患者は松永さんであろう。それは、生きていることだけで水俣病のもつ罪悪を人に告げつづける存在だからだ。

私は患者の住む部落に入っている。一つの路の両側に軒を並べて患者や死者のいる家が並んでいる。そうした部落に〝入りこんで〟映画の仕事をすることが、東京では刺激的なまでな願いであった。健康体である自分の体をそこにさらすこと自体、臆するものがあった。

私たちが行商人のように仕事道具の一式をはこんで、この水俣に来て、宿を求めたとき、東京の告発行動以来深く知己となった石牟礼道子さんが、それならここしかないという患者宅を紹介してくれた。宿と食事の世話の二つの条件を考えたうえでのことである。その家は女あるじの家。そも両親二人を水俣病で失い、今も進行性の水俣病で歩行困難になった弟二徳氏をみまもっている家なのだ。今、狂い死んだ両親は、金箔をついやした三尺余の仏壇と、ありたけの財産をついやして、海の見える墓地に供養の心をこめてひときわ眼につく大きな墓でしか、形をとどめていない。そのむかいの家には、最重症といわれる脳児性患児上村智子ちゃんがいる。両親とも訴訟派だが、一軒おいてそのとなりは、一任派の首脳部のひとり中津美芳さんの家だ。まさに水俣病のある路地である。三十四歳の弟二徳さんは、理論的にも人間的にも訴訟派の若手リーダーのひとりで、ここに居るだけで患者家族や患者が、話をしに足を運んでくるのを見ていることができる。そして時折、むかいの上村家の無心な子供たち――その智子ちゃんの下に六人の兄弟が生まれ、ちょっとした幼稚園なみである――のはしゃいだ声に交って、声にならない声が――うめき声とも声帯の感情ともいうべき声がきこえる。東京で水俣病の映画の準備をしていた頃考えていた患者部落のただなかの生活、その痛切な実存世界――

そこにいま居る。上村智子ちゃんはもう十四歳になった。女のあかしもはやばやと来ようというのに、眼は虚空をにらみ、その眼は白い部分だけにむき返り、手の指は鶴のように内によれまがり、固着し、足はなえて、坐ることもできない。この有機水銀毒の作用の特徴として脳細胞をとかし消失せしめて、人間から人間をうばっているものの、胃と腸と心臓のいとなみはその直接の毒性からのぞかれている。したがって胸部、腹部はまだ人間であることをうかがわしめるものの、短小の頭蓋、骨だけの足、ねじれた腰をそれらと重ねあわせると、形容しがたい残酷な人体となって私たちに迫ってくる。だが、この少女は、さだかではないが人の声を追い、それに応答するように表情がちらりとゆれるのである。母親と父親のひざにあって、感情のゆれの淡い切れはしを、親特有の解釈でくみとり、あやしかえし、語りかける。「ホラ美しい人形もろたぞ……ほれ、あいさつせんかい……」「ホラ、分かるとですよ、ほれ、声は出しとるでしょ」と見舞いの人と子供との間にあって、魂の翻訳をしているのを見ると、私は私もいつかこの子に語れる日もあろうと思うことで、心の凝縮が融ける思いがするのである。二徳さんは立派に語りかけ、その交流に関して、ときに患者であることを忘れさえもする。時折、姉のふみよさんに対し、ささいなことで無性に怒り狂い、その病気特有の短気をかくさぬとき、改めて、彼が水俣病であることを知るのだ。ということは、私自身、この極限世界の人々を前にして、それと言葉と心を通わせあえるという一抹の可能性の前に、一抹の勇気と希望を無思慮にわが手にだき抱えようとしていることに気づくのだ。

　私がリハビリテーション・センターにいき松永久美子さんと山本富士夫君を〝目撃〟にいくのは、交流不能な、つまり拒否に近く遠くへだたった世界にひとり生きる人間に会うためである。水俣病とは何かの原点に搏《う》たれるべくして近づくのだ。この二人はともに、私のなれ、なじんだ水俣病のある生活をゴソッとそぎ落とす慄然たる存在なのだ。

　松永久美子さんのことは桑原史成の写真で、あるいは「生きている人形」という名で知られている。くどいようだが、およそ水俣病の患者の悲劇性をすべて背負っていることでは、彼女ほど、つよく鮮やかなものはない。生きていれば部落随一の美人となっただろうという人々の嘆きは誇張ではない。それほど美しくあった少女だ。

　私は五年前に、日本テレビの仕事、「ノンフィクション劇場」の『水俣の子は生きている』という作品で初めて彼女に会った。私にとって、今回の水俣は、かつて迫り得なかった一つの課題へのもう一たびの試みであるのだが、実は松永久美子との出会いが、私にとって、決定的であったことによる。というのは、映画で彼女を撮ることは極めてやさしい。なぜなら、それに対し、何の拒否もかなわぬ無反応の人間だからである。私は、それ以前の、多くの映像をもって仕事をする人同様、彼女を撮ることになった。たしかに私は、この少女が、水俣市民の無関心のなかで風化を強いられている様に対する痛みをもって、その姿をとることの意味を身にあかしとし怒りをこめながら撮影した。

しかし、彼女が、まじろぎも拒否もしない無痛覚のままアップに耐えたときから、私は言いしれない気持ちの動顚《どうてん》を、ついに作品完成までおさえることもしずめることもできなかった。なぜ？　何のために？　どの地点にたって私は撮っているのか？　という自問の有無を、彼女自身が私に迫るという構造に、おのずとそうなるのである。その五年前、水俣病の原因はある種の有機水銀であり、それが工場廃液によるものだということは熊大医学部研究班によりほぼ解明されていながら、宇井純氏の言う、いわば御用学者清浦・勝沼らによる異説により「中和の」時期にあり、水俣病を公害認定するに至らず(厚生省見解は昭和四三年九月)、また今こそ献身的に闘っている水俣病市民会議(四三年一月発足)も、存在しない、つまりまったくの風化期にあった。そして私自身が、個的に、創作を試みていること、それがテレビ局の受注として他律的にうけ入れている情況への反省とも重なって、今後、耐えて映画を創りつづけられるかどうかの根源的問いかけにつながるものであって、以来、その重い荷物から自由になることはなかった。それだけに五年後の今日、水俣の映画の話は、数カ月、念頭にあったが、いわば拒否反応の方が先だった。私たちにとっての映画同人の立場にある東プロの高木隆太郎からすすめをうけて、水俣に行こうと話しあっている頃、熊本・水俣から「水俣病を告発する会」の主力メンバーが大挙上京し、厚生省の仲介により、一任派とよばれる人々に対し調停委が決定を下す最終段階に、一つの直接行動をもって、その調停を阻止し、その犯罪性を一挙に明らかにすべく行動を開始していた。五月下旬より準備され五月二五日より二八日まで厚生省、チッソに対して闘われた行動のなかで、多くの劇的な情況に触れながら、映画の人間としてカメラをもって参加することが可能だったにもかかわらず、後ろめたさゆえにそうしなかった。尺のフィルムも一巻のテープも回さず、スタッフは、ただそのもう一人の身体でできる行動力だけで闘ってきた。坐りこみ、びらまき、デモ準備、カンパなど、そして一カ月ののち、東京の告発の会が自らの力で一つの組織体として結成のはこびに至った六月二八日東京大会の日からようやくクランク・インすることになった。それは免罪ではなく、自己確認にすぎないものであった。

五年ぶりに、物言えぬ久美子さんに湯の児リハビリテーション・センターで再会した。それはすでに〝老婆〟であった。二十歳にして、すでに縮みはじめ、老残の臭いを身辺からただよわせる、人生を闘いぬいて、すでに廃者として終えようとするかのように老いていた。五年前、十四、五歳の彼女は、その眼も口も手も足も唇もうごかぬ水銀病患者ではありながら、その年頃のもつ生毛のぬけ落ちたような唇と、純な食物だけをとっている幼児のような唇と息のにおい、見えぬままひらかれた眼のキララな輝きのうつえるものが、そのまま幼児と少女の時間を深く二重にだぶらせていたのに、今、伸びる力を失い、停り、かたまり、全体に皮膚は角質化し、縮みはじめてさえいるのだ。一生をその忘失のなかで駆け抜けようとしているのだ。その見開かれた眼は、私から言葉を奪い、胃と胸廓をけいれんに至らせる。私は、また再び五年前と同じ問いにむきあわされるのだ。山本君も同じだ。誰がきめたのか「この子は親も分からんとですよ」。その彼が、人に示すものは、焦だたしげに唸りながら、自分の頬を撲ちつづけ、そしてよだれのたまった唇をとがらせて唾をはく気配をくり返す。その眼は、見えるという。たしかに私たちを直視しながら、その動作をくり返す。

ある日、私はその母親を水俣から車で一時間半の田浦に訪ねた。不知火特産のいりこ漁の乾し場で女組頭として働く彼女は、また水俣病かという周囲の人眼を気にしつつ言葉少なに語っていう。

「あの子は私も分からんのです。家につれてかえってもうれしそうな顔もせんとです。すこしでも分かってくれれば張りあいがあるとですが……妙なくせが病院でついてしもて、腹はちっとも悪くなかとですげ、あげな唾をはくようなくせがついてしもて……私にもな、べっべっと……辛かね」

彼、富士夫君の口もとにうっすらとひげが生えはじめ、かいまみた陰部は大人のそれに近い。しかしおしめをかえられ、乳児のような身の屈伸をしいられながら、彼はうなり、自分の頬をたたき、唾を天井にむかって吐きつづけるのだ。生まれて以来、視力のほども聴力のほども痛覚も知覚も誰にも定かにためされたことはない。医学の一つの重要な方法である問診が一度も行い得ないからだ。何が認識されており、何が人間として形成されているのか、彼をとりまく人々に誰も分かっていない。しかし何とすべて拒否的で、その徹底的であることか。在宅の患児や、人との親密な交渉に恵まれた患児が、ささやかながら情の交換として、かすかにうなり、かすかに快さを口もとにうかべ、あるいは、そのように受けとれる何ものかがあるのに、松永久美子さんとこの山本富士夫君には、絶対的な断絶があるのだ。私たちは映画をとることの営為の前に、この二人の私たちに問いかけるものに答えることから始めなければならないのだ。

私たちは、今、患者訪問からはじめている。死者四六人の遺族家庭、二二人の胎児性患者家庭は、一任派たると訴訟派たるとを問わず、カメラをもって全記録すべく歩くつもりだ。それが撮れないものであってもその撮れぬこと自体、水俣の今の現実であることと、十七年にわたる放置への直接的な弾劾として、レンズに立ちむかわせるつもりである。そのあとは分からない。

（「新日本文学」一九七〇年十一月号）

記録映画作家の原罪

ドキュメンタリー映画には、まだ未開の分野があまりに多い。技法としてではなく、その方法論においてである。現在かかわっている「水俣・不知火海」の主題は私にとっては、映画をとぐうえであまりに剛直なやすりである。記録にとどめたいと思うたびに、その方法を手さぐるのだが、ともすれば対象世界からの挑戦にたじろぐ日々である。

石牟礼道子氏の『苦海浄土』を記録文学でもルポルタージュでもなく、その作品の成立、本質的な内因からみれば、氏の私小説であり、むしろ幻想文学だとした渡辺京二氏の指摘は、私がドキュメンタリー映画の方法を考えるうえで、多少とも帯びていた散文的感性や文学的粉飾の欲望をまったくもぎとってしまった。これは映画にうつしとることも、それに似せることも不能な石牟礼道子の文学世界である(以下の引用は渡辺京二氏の『小さきものの死』より)。

「実をいえば『苦海浄土』は聞き書きではないし、ルポルタージュですらない。ジャンルのことを言っているのではない」。渡辺氏は彼女の絶妙な語りや対話について、少なくとも聞きとりノートにもとづいての再構成か、文飾はあるにせよ直接聞いたことをかかれたものかと当初思っていたとのべたあと、氏も運動のなかで知ることとなった実在モデルらしいE家の老婆の日常の語りと文章化されたものとのちがいに気づき、といつめていく過程がある。

「そのE家の老婆は彼女が書いているような言葉を語ってはいないということが明らかになった。瞬間的にひらめいた疑惑は私をほとんど驚愕させた。『じゃあ、あなたは「苦海浄土」でも……』。すると彼女(石牟礼氏)はいたずらを見つけられた女の子みたいな顔になった。しかし、すぐこう言った。『だって、あの人が心の中で言っていることを文字にするとああなるんだもの』」

事実、水俣の人の日常は石牟礼氏の描く日常ではない。そう見え、そう感じられたらという幻想の世界である。映画の表現世界とまったくちがう世界であり、とても映画化できる原作ではない。また決定的に氏と私をへだつものは石牟礼氏が不知火の地ごろの女性であることだ。渡辺氏は、「……このような世界、いわば近代以前の自然と意識が統一された世界は石牟礼氏が作家として外からのぞきこんだ世界ではなく、彼女自身、生まれた時から属している世界、いいかえれば彼女の存在そのものであった」とのべ、この共有しうる共同体の感性によって、対象をよく観察したりなじんだりしたからではなく、ましてや聞き書きによるものでなく、「それが(氏の)自分のなかから充ちあふれてくるものだから(『あの人が心の中で言っていることを文字にするとああなる』と)いえるのである。彼女は彼ら(漁民)に成り変ることが出来る……」

石牟礼道子氏の描く不知火海の自然と人はあまりに輝きにみちているが、それは石牟礼氏の胎内からの声につづられた世界だからだ。渡辺氏はそれが詩を抑え散文としてぴしっと押えられ、対象に対する確実な眼と堅固な文体で支えられていることを指摘し、さらにそれが〝記録〟そのものに近い正確度をもっている側面にふれながらも、同氏は、「いったい前近代的な部落社会がどれほど牧歌的なものであるかどうか。彼女自身ちゃんと書いている」と部落にある暗い部分のかきこまれた文章をひきつつ、「生きとし生けるもののあいだに交感の存在する美しい世界は、また同時にそのような魑魅魍魎の跋扈する世界でもある。そこのことを石牟礼氏は誰よりもよく知っている。それなのに彼女の描く前近代的な世界はなぜかくも美しいのか、それは彼女が記録作家ではなく、一個の幻想的詩人だからである」と言いきられた。その点で作品は彼女の個人史と個性で綴られた私小説だというのである。

現実の人間を記録映画に撮る場合、私の見た視点とフレームの選択から言えば私映画であると極論も不可能ではないが、やはり違う。

例えば水俣を十三年も撮っていると、奇妙なことに気づく。十三年前の映画のシーンに、当時意識しなかった物象が余白に見える。今は貯木場でしかない袋湾にカツオ漁用の大きな竹かご(生けす)が干されていたり、港にうたせ船の帆柱が見えたりする。意識せずともレンズは物理的に記録する。最も生活的に苦しかった裁判中の漁家と部落のたたずまいももはや映画のなかにしかのこされていない。その眼でみれば偶然撮ったフィルムのなかの犯人探しのように過去の水俣の事象の映像が記録されている。映画は作家の意図をこえて、ひとつの時代の資料となるといった歴史軸を自分の十三年分の映画に感じる。記録映画とは何か、最後まで風化せずにのこる記録された映像の評価は、当時の製作の思いや意図を洗い流してのこる歴史の質、物象の存在自体ではないかとさえ思える。十数年、一つところのひとつのものを撮りつづけることは、映像による歴史的定点観測の実験となるやもしれないと思う。だが、以上のような映像の無機的な資料能力とは別に、人間を記録することとの闘いが実は主題であり、私の飢餓感の胚種なのである。

映像による記録作業は考えてみれば文字によるそれと決定的にちがう因子がある。それはカメラレンズとフィルム、テープの特性によるものだ。例えば特定の人物を撮る場合、文章のように匿名も実在モデル的手法もつかえないことである。顔を撮らなかったり、声に変調フィルターをかけるテレビの身の上相談は別の次元として、本来映画はその人の体、顔、声の特徴のすべてをまるごとうつしとる。その鋭利なレンズの解像力とマイクの高感度によって、表現ぎりぎりまでの人物・人像・人声の質感を獲得しようと努めるものであり、しわ一本も、つぶやきひとことも、描写上意味をもっているのである。

とくに私はクローズ・アップを好む。ただ恣意的に用いるのではなく、その人とカメラとの関係においていかにアップにいたれるかをひとつのテーゼにしているといえる。最近ズームレンズという器用なレンズが主流をしめるが、これは甚だ横着なもので、撮影者が近づくことなく、相手のアップをひきつけるのである。しかしこれはいわばアップをかっぱらうのであって、近づくという難事業を解消してしまう。そうではなくて、にじり寄って直視するというアップに到る、その撮影プロセスに私はひかれている。やや横道ではあるが、映画はこのようにその人間の人格をまるごと描写しようとつとめるものであることを言いたかったまでである。

そしてここにはプライバシーをまもる余地は、写される人にはなく、写す側のそれについての思想性と判断に全的にゆだねられるのである。私にはプライバシー一般に対する拝跪性はない。（すべてのひとのプライバシーをそのプライバシー性ゆえに法的に規制されようとは思っていない。デモ隊を打擲《ちょうちゃく》する警官を撮ったとして、その警官から〝プライバシーの侵害だ〟という制止が、近ごろ常套手段としてあらわれていることに鑑みての話だが。）

水俣病患者の記録においてぶつかるプライバシー問題の中味は、非健康・身体的被害を理由《いわれ》なく人眼にさらしたくないという拒否性のほかに、地域社会からの偏見と差別といった社会的被害を回避せんがための防衛本能であろう。

医学文献や研究書のような、個別臨床例においてさえ、「淵○初×」「田○義×」といった人名記載が見られる。これは医学上常識となっている患者の個人秘密保守の習慣による。患者がその実名で登場したのは、チッソの責任を問うべく、被害者が原告として裁判にあからさまに立ちむかうことになってからである。彼ら自身が原告A・B・Cでなく、惨苦の個人史をそれぞれにもつ個人として法の名の下にその匿名性を解き放った。この点、私の映画はその裁判の昂揚過程で本格的な記録に入った点で大きく助けられたとはいえ、映画表現のまるごと撮る機能が、やはりプライバシーに不可避に抵触することに本質的な変わりはない。

私は『水俣―患者さんとその世界―』において、背番号を思わせる患者番号から実名を画面の患者さんにスーパーした。チッソに人間としての糾弾を求めた被害者ひとりひとりの実在をあかしたかったからであり、当時、その訴訟派の全員を網羅的に記録し、その訴えの中味を彼ら自身によってのべてもらう方法によって、その人格のもつプライバシーなるもののその中味を解析することで、撮る側の態度とモラルを表したかった。何か訴えるものを秘め、その表現の機会を、裁判の場だけでなく世の中の人にむけてもちたいと考えていた患者さんと記録者との出遭い――。これは稀有のことである。のちにのべるように、私にとっては、かつて体験した痛みをバネに、負を正に変えた例であった。

撮る側として、その相手たる登場者との間に一定の関係性と信頼があったとしても、その映画が作者の意図をこえて、傷つけることになったり、その人に危害を招く事態になった場合、いかなる責任のとりようがあろうか。通常の故意の侵害、名誉毀損の場合は埒外である。映画表現者の固有のモラルとしてである。私小説ならぬ私映画がすべて他者の映像で綴られている。これはほとんど恐怖に近いことである。だがこの危惧を解き放たなくて、どうして映画ができようか。映画づくりは、そのような危惧との闘いがあろうと、それを超える過程をもち、人間的昂揚感と解放感でつづられたものでなくては誰の感動をもよびえない。苦行のままの作品、未消化の思想のままの作品は本来ありえないものだからである。

ときに使命感や意図過剰のナレーションにおおわれた〝良心的映画〟をみるとき、そこに透けて、私は作り手の苦悶はよみとり得ても、同じ作家として同意しかねるのはその点なのである。

裁判は一段落し、水俣が日常性に埋没したかに見え、かつて闘った人びと、発言した人びとも黙しはじめた。だが矛盾はその人びとをつつみ、水俣病事件は深刻の度を加えている現在、かつて闘争の昂揚のなかで、そのプライバシーの中味ごと撮れた時代は去った。だが撮りたい事実は生々流転している。そうした人びとをみつめ、記録するしごとに私はひかれる。どんな小さな動きにも、予兆がある。それにむかおうとするとき、映画はどのように〝心のなかで言っていること〟を撮ったらよいであろうか。またどう撮るべきであろうか。

私は水俣の地ごろではなく、映画プロパーの他所者である。漁民とは無縁に生きた人間であり、都市生活者として、村にあったような共同体的共鳴板はもっていない。その私がどう写した相手との関係に責任をもつべきか。あれこれ思案しても所詮、そのかかわりを私の側から守りつづけ、その人の生活をみつめつづけ、ともに難儀を分かちあうことしかないのである。

今までの映画にのこった人びとのシーンは撮れたもののみであり、あえて撮らなかったもの、あるいは拒否ゆえ撮ることを断念したものの氷山の頂きでしかない。そしてその水面下の世界を描きたく、その歴史的な運動をまるごと撮りつづけたいと思う。そのかかわりの持続性のなかで、無数の人びとと一つの責任を感じつづけることとなろう。

患者の個人史はぶ厚い。

「わしの一生な本《ほん》にでもかけば、こんな（一寸も二寸もの）本になるとばい。どこひらいても苦労の、苦しみのって言葉にはできんと。おんなじ水俣病患者といってもなあ、わしほどの苦労したものはおらんち思うなあ」。これはついに撮らしてくれなかった一婦人患者の述懐である。「それを映画で撮れようか」と問責するかのようである。私の映画には撮った人たちの背後に、このようにして拒んだ人びとの層々たる存在があるのである。そして、私はこうした拒否の人を怖れ、撮れた人に親しむという人情のままにいま身を水俣にむけているものの、その拒否の人びとの命運に決して無関心ではいられないのである。

　こうした痛手とうずきつづける感覚ぬきに〝水俣病事件〟とむきあうことはむつかしい。

　だが、「それは思いすごしだ……思いつめすぎる」と自ら反語するときもある。例えば昭和四八年三月、水俣病裁判の判決の日、渡辺栄蔵老人(訴訟派患者代表)は裁判長の英断ある判決と弁護団活動を高く評価したのにつづいて、「全国の支援者の皆さん、そしてマスコミの皆さんに心から感謝いたします」とのべた。マスコミの皆さんはそれをどんな感慨で聞いたであろう。私は映画人であっても、いわゆるマスコミであることはただの一度もなかった。手づくり、手渡しの自主製作・自主上映の徒輩であったが、彼のいうマスコミの人びとのなかに当然入っていると感じないわけにはいかなかった。

「水俣病が水俣市の漁村の中の出来事であり、永い間、かくされていたこの厄難を、広く日本中の人びとに知らせ、私たちの身になって報道してくれたこと――その反響と激励と、支援に支えられたこと」を丁寧にのべた老人の思いには、世に知らされるまえと世に知らされたあとの、天地のようなちがい方があっただろう。それがたとえ、新聞社やテレビ局の企画ものであり、一過性であり、特種《トクダネ》意識を抜けない職業人のアプローチであったとしても、その夥しい報道者の行為によって、水俣病裁判は勝訴したと老人は信じて疑わなかった――こう考えると、私も表現者のひとりとして、その言葉を聞きながら、素直にその謝意をうけようと思った。そうした一瞬のむくいをローラーにかけ金箔のようにのばすと、つい〝思いすごし、考えすぎ〟などという自己弁護の論が頭をもたげるのである。

だがそれはいつも新たな映画をひっさげて患者の前に立つごとにミジンに打ち砕かれる。決して私は正義の味方でも、公害の告発者でもなく、彼らのプライバシーなるものを侵害する映像表現者として人びとの前に立ち現れているのだ。

いつも初会であり、写される人によっては思慮の千々に乱れる初体験であり、その人にとっては前例のない異常事態である。ときに私は私の映画を参考に上映し、私たちの映画の心づもりを分かってもらおうと心を砕く。しかしそれは分かってもらっても無益である。

「私のむすめは大阪に働きにいっていて、母ちゃんはテレビになど出て見苦しか。わたしがどんなに肩身のせまい思いすっとか分からん――ちいいますもんな。ほんなこつ、嫁にいけんといいますもんで……」。個人個人にあるこのような弁明に打ち勝つことはむつかしい。ごくまれに、「あ、映画で(亡き)父さんに会った。懐かしかった」と上映ごとに来て、その父の出る二、三秒のシーンをみるばかりに通う初老の娘ごさんもいる。またある日、私は新盆にいき、亡き患者を偲ぶ遺族に、「映画にうつらしとって良かったばい。蛸をとるきゃ、そりゃ嬉しか顔でしたもんなあ」と泣きくずれられるときもある。だが、これは一連の映画を撮り、発表し、作品として定着した時間の流れのひとつの結果であって、撮る撮られるの一回性のはざまに思いつく思慮では決してあり得ない。

新たな映画にかかるたびに、私がスタッフに「今までの人脈と、いきさつはすべて捨てよう。新しくこの映画のためのつきあいをつくることから始めなければならない。〝水俣慣れ〟の垢をすべてそいで落としてほしい」というのはそのためである。だが、それほどに人に求めても、私の十三年間の水俣とのかかわりは、そぎ落とせないあるものをすでに付着させているかもしれない。あるとすれば、水俣というもののもつ特殊性への慣れであり、無知にはとうていなり切れぬ〝通〟であり、初心にはもどれない連鎖性であろう。

私は十三年前に水俣を見た。見たといえるもののうち、そのもっとも強い目撃は小児性胎児のまま娘ざかりをむかえていた故松永久美子さんであった。それに加えて、七、八歳に成長していた生まれながら有機水銀に犯されていた患児たちであった。今にして思えば、その遭遇は聖なる一回性のようであった。先年来、二、三の環境庁長官も胎児性青年患者を目撃している。推測すればそれらの人なりに忘失できない出会いであったろう。また、彼らをひき合いに出すまでもなく、水俣を訪れた有志の人びとはこれら、水俣病の原核ともいえる患児に会ったことによって、水俣病闘争とのかかわりをもつに至ったであろう。だがこの多くの場合は、心の用意をもって出会ったであろうことだ。テレビなり映画なりでその像を知り、そのよって来る原因を知り、ひとつの覚悟をもって目撃したであろう。

しかし私の場合はちがっていた。わずかに写真(桑原史成氏によるもの)と新聞記事ほどの予備知識しかなく、さらに身心障害者や疾病者一般すら私生活的にも映画経験のうえでも一片の知識もなく、水俣市立病院の一番奥まった特別病棟で出遭ったのである。そのとき、私は八歳と五歳の娘の父親でもあった。そして私は頑健そのものであり、ドキュメンタリー映画作家としての野心もあり、四肢強健でまさにこわいもの知らずの三十歳代半ばのおとこであった。

胎児性・小児性の患児も、今は成長してそれぞれに女のにおいを帯び、ひげそりあとの青い若衆となった。その彼らも昭和四十年当時は、私の五歳の妹娘と同じような幼い未発達の体軀であり、とても八、九歳とは見えなかった。その彼らが、一様に平衡を保てず、手足を操れず、口がかなわず、たえずよだれを流し、瞳の定まらぬまま、人恋しそうに、何の不幸の思いもなく無垢のまま天真爛漫に生きているさまを目撃したとき、人は人をここまで犯すものか、天や神はあるのか、と私はこれを知らずに生きてこれたことを床をたたいて呪いたかった。

だがそんな私の思考停止的な時間を次々にうばって、私を慰めたのは他ならぬ胎児性の子供であった。私をもしたい、相手になって遊べとすりより、十畳ほどの畳数の病室で身と身を接して、私を構ったのである。私は水俣病がこのような非人間的な障害、全人的な病患であるとは予想もしておらず、それでいて、まごうかたなき人間の子供として、吾が子のように、人間のなつかしさ、やさしさ、ひとの愛を求めてやまない〝ひと〟に会ったのであった。この目撃は、恐らく子供たちの赤子としての時期の最後にあたり、二度と立ちもどることのない幼児期のもっとも花咲いたときであったことと、私のもっとも多感であった二児の父としての愛惜と重なり合った意味で、もっとも深く作用しつづけるにいたった出来事として稀有の聖なる一回性であったと思うのである。

「なぜあなたは水俣を撮ったのですか?」という問いが少なくない。あるいは、「なぜ撮りつづけるのか」と。それに答えるのに「私は見たからだ」といい、あと言葉をつづけるのに迷う。それはその見たことの私にとっての重たさと意味を伝えるのにあがくからである。ときに不親切に、ときに思わせぶりにとられやしないかとあわてるのだが、実は見たという一言がやはり私にとって決定的であり、一回性のもつ不可逆的な出遭いであったことにつきるのである。しかも私は撮った——。

私は子供と遊びながら、「やがてカメラマンの撮影のゆとりをつくった。子供たちは、つねに写される立場にあり、あやしむこともなかった。生まれながら調べられ、診察され、観察され、記録されていた彼らにとって、写真機や映画カメラは見舞いの菓子折やおもちゃ、絵本などに必ずついてまわる大人の携行品だったにちがいない。恐れを知らない子供たちを私たちは撮りつづけた。病院も医師も、「少しは世の中の人も眼をむけてもらいたい」といった。この時期、昭和四十年頃、水俣病は終息したとされ、胎児性水俣病の存在が確定され（昭和三六、七年）ていわば全懸案をこの子らの認定をもって処理したとされた時期だった。おそらくこの子らのための設備、施設、備品、看護要員等について病院関係者はいつも事欠く時期であったのであろう。写すことをむしろ願う市立病院の配慮のもとで撮影できたことは、水俣病史のあとにもさきにもこのときしかなかったと思える。こうして、私はこの胎児たちを撮り、さらに言葉も発せず、一切の反応を奪われている植物的生存者、松永久美子さんをカメラに撮ったのである。

見るのと撮るのでは雲泥の差があった。私は撮ることで、この人たちとの関係に映像をもちこみ、この映画を媒介に水俣病を思考することになったのである(このときのフィルム『水俣の子は生きている』昭四〇年、NTV「ノンフィクション劇場」は、いま当時のプロデューサー牛山純一氏の好意で水俣病センター相思社に資料として寄贈され、保存された)。

この病院内での撮影が進んだことに力を得て、私たちが生活者のいる世界、つまり患者の棲む漁民集落に入ったとき、私ははじめて、子らの母親から、厳しい詰問と非難に立たされた。たまたまレンズをむけた漁家の庭に在宅の患児が漁具をつくろう部落の女衆にまじって、日なたぼっこをしていたのである。その子がいるとはまったく予想しなかった。カメラをまわすなかで、こわきにかかえられた子供が家に連れこまれ、あたりに母親の罵りと、女衆の非難の声が一斉に起きたことで、はじめて事態を知ったのである。

「うちのこはテレビのさらしものじゃなか。何でことわりもなしにとったか、おまえらはそれでも人間か。わしらを慰みものにするとか。——あやまってすむとか。みんなしてわしらを苦しめる。写真にとられて、この子の体がすこしでもよくなったっか。寝た子ば起して」。——これは私の記憶ではない。母親はたて切った障子のかげで、上りがまちに手をついて詫びつづける私に放った声と泣きごとと責め言葉を、多分かくあったであろうと書いたままでである。その声は決してやわらぐことなく数分、いや十数分、つづいたであろうか。私はこのとき全き挫折にひしがれ、首の根を折ったのである。

『不知火海』上映のチラシ．1975年1月．

(この体験はしばしば書いた。私はいつもこの日の出来事につれもどされ、それを避けるわけにいかないのだ。)

以来、私は水俣に原罪を感じつづけ、それからの全的解放はない。

私はその五年後の『水俣—患者さんとその世界—』『水俣一揆』から『医学としての水俣病—三部作—』『不知火海』『水俣病=その20年=』と十一本の水俣病映画を連作してきた。そしてどのシーンを撮るときも、そのとき母親の放った肉声を内耳に聞かずにはおられない。この質の声は昭和四五年株主総会席上、江頭豊社長(当時)が聞き、昭和四八年、裁判後の直接交渉の席上、島田賢一社長(当時)がしかと聞いたはずである。私はこれをフィルムにとどめた。この種の声を編集し録音するとき、私には江頭氏であれ島田氏であれ、決して無縁の人ではないのである。私は立ち合わなかったが、三木武夫氏、石原慎太郎氏(ともに環境庁長官)にしてもこの質の声に出会ったはずである。これとも私は無縁ではない。水俣病にかかわるもの一般ではなく、事、天職として水俣病にかかわるものには、この声に応える贖《あがな》いが求められているとしか言えない。ときに私は患者とのやりとりの席上、チッソ社長の至近距離でテープをとりながら、この声を彼とともに浴びてきた。転向回心するなら今しかないとその島田社長のひざをつつきたかったくらいである。——今年に入って島田社長も亡くなられた。彼として、席上、あらんかぎりの力をふりしぼって誠実であろうとされていたが、ついに企業人としての殻から脱し、回心を経ることなく冥界に去られた。資本への忠誠心ゆえに彼の全人間的力量をもってしても患者の声に身を托すことなく世を去られた。

こうした事態に立ちあって、私は水俣病にかかわる人間が必ず問われるであろう根源的な意識のパニックについて思う。そのパニックを受容し、水俣病にどうむきあうのかの回心を得ることなく、〝流し〟てしまった人間の社会的人間たるところ、つまり資本主義的人間なるものの非人間性を思う。チッソの社長はもっとも責任が重いと同時に、これをつぐなう唯一者でもあった。もし彼にいささかの回心でもあったら、患者はうって変わって、ともに解決する途への共同の絆を反対者の座から投げ渡したにちがいない。

水俣病事件の節目節目で、行政から医学、そして市民社会に至る患者への抑圧装置を自らになった人びとの側についに〝身をなげ出してこそ浮かぶ瀬もある〟ことを信ずる人はなかった。この矛盾が実は根深く残ったまま、今日に至っているが、水俣病事件とはとどのつまりそこまで行き着かなければ解決をみない意味で、抹殺も忘却も不可能な現代のわれわれに課せられた問題なのだと思う。

このドキュメンタリー映画の問題意識は、やはり私には重い。水俣を私の映画のやりとして……と言うはやすいが現実は刀身まで摩滅してしまう愚も再々である。

まして水俣とは生来縁もゆかりもなく、育ちはほとんど東京であり、どっぷりと近代に浸って今日まで生きながらえている人間である。都市貧民ではあったが決して窮民ではなかった。麻布中学から早稲田大学とすすみ、日本共産党員の十年ののち、党を離れるなかで、職業としての映画を選んだ人間である。映画もきわめて狭い体験しかない。現在よわい五十にあと一年、もはやドキュメンタリー映画の方法をひとつでもふたつでも開拓できたらという希望に生きている。

旧友、津金佑近《つがねすけちか》氏(日本共産党統一戦線部長)の突然の訃報に接したのは、去る八月八日水俣の宿でであった。朝鮮戦争末期、都下小河内《おごうち》村のダムで沈みゆく地点での山窩《さんか》生活を送りながら、軍事方針のもとダム工事現場の放火を命じられ、未遂のまま逮捕、彼と同じ裁判体験をもち、ともに有罪を宣告された間柄である。同年齢である以上に同世代であった。党派としてはたもとを分ったものの、つき合いはつづいていた。彼の水泳中の事故死の記事をみて、哀悼より、彼の不注意を責めたい気すらした。あとのこる人生に何ごとかをしなければ死に切れまいと思ったからである。私にとっても他人事ではない。まだ水俣・不知火海で作りたい映画がある。水俣病にせよ、不知火海にせよ、水俣の地域社会と人びとの暮らしにせよ、その動向は、私にはまさに映画的であり、ドキュメンタリーの方法の飛躍を迫られる対象世界に思える。文章がもっともそれに適し、科学的記述がまさにそれにふさわしいと、それぞれに思い、それを深められる人びとと今も交わりつつ、私は映画的世界としての構築に今後もかかわるつもりでいる。言いかえれば私にはそれしかできない。

去年、私はスタッフとともに自作のフィルムをもって四カ月間、天草・不知火海の離島を上映行脚してまわった。それまで日本全国各地の水俣病の発生していない地方の上映に赴いたことはあった。また水俣病の発生のおそれのあるカナダ・インディアン部落をはじめ、世界各地でも上映した。のべ一年余は海外の上映に費やした。だが、現実に汚染され被害者の潜在している地帯での上映は初めてであり、勝手は違った。観客は同時に被害者たちである。

「なぜ観せにくっとか。寝た子を起こすとか。魚がうれんごとになる。分かっとって上映ばせらすとか」と漁協や町の有力者は面とむかって反撥さえした。男の漁師のボイコットによって女子供ばかりの上映会になった地点もあった。だが映画で観る作業力は私たちの予想をこえた。私たちは上映ごとに、シーン中の患者と観客との感性の通い路がつくられるのを見た。そして何よりスクリーンに登場するひとりひとりがその症状と障害を人目にさらすことでしか伝えられない水俣病を、とりもなおさず映画で表現したことの意義を確認できた。この百二十日の旅は、いわば、自らの暗さと気おくれの累積を、上映の旅の形で燃やしつくし、次なる映画の糧をたくわえるための自己改造の機会ともなった。映画をみた人たちからのべ数百人の申請への動きが出ていることを知ったのはこの夏である。

水俣の病める人びとを背にかついで本来、不知火海を練り歩くのが一番だとある人はいった。見知らぬ者同志が宿にとめあい、話をききあい、被害者ならではの共通の体験を交流するのが今年の夢だと患者同盟の川本輝夫委員長は私に言う。これは巡海映画よりさらに進んだイメージをさそう。映画はこのような運動のあとをまた追うことになるだろう。そのとき、さらに多くの人と映画を撮るうえでの関係づくりが層々と果てしなくみえる。それは恐れと期待のないまぜになったものである。

巡海映画の旅のなかで、映写機を一時とめて私はよく、ある患者を指さし、その出生、閲歴まで知る限りのべたりした。「この人の母親は水俣からうんと離れた田浦の女網子で、たまたま水俣の明神の前田さんの網を手伝い、最汚染地区での魚をたべてこの子を生んだ。今も母の顔さえ分からない重症です……」。

こうして患者の全人的な領域に立ち入るとき、私は映画で犯すことから始まったプライバシーをさらに極限までつまびらかにしていく自分に気づく。会場にその親せき縁者がいる場合もあるのである。私はそこでただつき合いつづけるから許してほしいというほかはない。恐らくすべてを許されることは決してなく一生その関係をまるごと背負うことしかないであろう。だが映画で記録することをしごとと決めた私にはこれしかなく、喜びも辛さも渾然たるなかでころげてゆくしかほかはない。こうした緊張の一瞬をみて、石牟礼道子氏は映画会の袖にいながら、

「映画屋さん冥利につきますね」とひとことというのである。

（「世界」一九七八年十月号）

映画と現実とのかかわりについて

映画が、あるいはドキュメンタリーが、現実の認識をいささかでも補うものでありたいと私はねがっているものの、それがどこまで果たせるかについてはいつも迷うしかない。まして「現実変革の武器」といった仮定に組することはできない。やはり、それをできれば契機のひとつにして、実際の体験、直接の行動におもむくものであればそれで充分である。このテレビ、週刊誌文化のなかで、情報は過多ともいえる量をもち、その〝質〟は変転する現実の内実の一側面だけ切りとり、〝現実〟より興味ぶかくさえ描かれる。直接体験への一歩の踏み出しを求める態のものではなく、間接体験で充分すませられるものとして、情報は流されてくる。投書、あるいは視聴者参加という〝フィード・バック〟論も、情報による世論操作のひとつとしてしか今は機能を許されていない。「マスコミの責任」というとき、現実の変革については、つねに彼岸に置いての話であって、直接体験を記者なり、カメラマンが代わって〝体験〟してくるのであり、観る人読む人に、「その場にいけ」とか「その人々とつながれ」という真の変革へのモメントは指示しない。「責任」とはその範囲での情報上の〝正確度〟に限られているようである。映画にせよ写真にせよ、ルポルタージュにせよ、ある現実に対し、たかだか何事かがなし得るものであり、何事は〝直接体験〟〝直接行動〟のみによってしか知り得ないものではなかろうか。そうした隔膜を自から知らなくてその個有の役割をどうして自覚できようか。私の水俣に関する一連の仕事にしても、映画を見ただけで、現実に赴くことなしに、気のすむ、あるいは自足できる映画ではない。やはり肉眼と肉体で相むきあわなければ、その映画での認識は運動しないであろう。

昭和五〇年、夏は、私にとってはカナダ・インディアンの人びととその映画化の仕事にあけくれた。文明の病理、資本主義社会の根源的病理としての水俣病を、あらためて、地球半周のかなたの人々によってその思いを確かにされた。カナダの一婦人からの手紙が緒口で、二年前から現地に飛び、以来、日本の研究者と患者との交流に腐心してきた写真家アイリーン・スミス(ユージン・スミスの妻であり協同者である)のことが心につよく灼きついている。かつて水俣でそれぞれ仕事をしていたとき、私たちは映画をとり、スミス夫妻は二人で写真をとり、互いに同じ現場で顔を合わせてきた。同じカメラアングルを譲り合ったりする瞬間に、〝仲間〟を意識してきた。だがそのときは、表現者同士であった。しかし、今回、インディアンを引率しての彼女はオルガナイザーであり、通訳であり、彼らにとっての水俣病の学習のリーダーとして、私も舌をまくほどの八面六臂の活動に明けくれた。写真家ではなかった。その彼女が、日本での仕事に一つの区切りをつけ、帰国の直前、九月六日、神田の全電通会館でのあいさつのことばほど、私の心にしみ入ったものはない。彼女は冒頭からこう話し出した。

「私はカナダで水俣病のことを色々話してきました。写真集も見せ、何百枚のフォトで説明してきました。しかし、今度、彼らが水俣に足を運んで、実際に見たときの彼らの新鮮なおどろきは大変なものでした。一つの見たことが何百枚の私たちの写真よりもつよいものでした。……私は、何て、オロカナことを……写真で分かってもらえるなんて……思っていたのは間違いと分かりました。やはり現実を

SHOWING MINAMATA FILM— A Japanese delegation, population of the effects of Minamata disease, gave a film presentation Sunday night to local citizens at Knox United Church. Taking part in the presentation were (from left) Tsuginori Hamamoto, chairman Minamata maker; Aileen Smith, photo-journalist-translator, and co-author of the recent book 'Minamata'; Jill Torrie, local researcher; and Mr. A. Morita. (Staff photo)

Kenora Miner & News 9/22/75

70 at Minamata film presentation

By PAT TONKIN
of our staff

About 70 persons attended a showing of "Minamata Victims and Their World" Sunday night at Knox United Church.

The film is an examination of the lives of individuals and families affected by mercury poisoning in Minamata Japan and their fight against the company that polluted the Minamata Bay waters.

Present at the film showing were Tsuginori Hamamoto, chairman of the Minamata Disease Patients' Alliance; Noriaki Tsuchimoto, the film maker, and Aileen Smith, translator and co-author of the book "Minamata".

The film has been show in 14 countries around the world as well as at the U.N. Environmental Conference in Stockholm in 1972 and at the World Environmental Film Festival in Montreal in 1974 where it won a grand prix.

After Sunday night's film showing Mr. Hamamoto said a few words and answered questions.

He explained that there are now 860 designated patients in Minamata now. Through translator Mrs. Smith he said that the reason he and the other patients have come to Kenora is that they want people here to know the "dreadfulness of the disease".

"It is not a time to close one's eyes to the problems. I hope that you will become interested in and know about pollution; fight it and hope it is stopped."

Mr. Hamamoto said he understands the need of industrial progress, but that he feels people should come first.

Mrs. Smith gave a summary of the report written by Dr. Harada who visited the Whitedog and Grassy Narrows reserves earlier this summer and in the spring. The report was just released a few days earlier when the patients arrived in Winnipeg.

89 EXAMINED

In his report Dr. Harada says that 89 people from the two reserves were examined by him during his visits. He says that there is a very great possibility that the symptoms found among those patients were caused by mercury poisoning.

カナダ巡回上映を報じる現地の新聞．左端が土本，その隣がアイリーン・スミス．

見てもらって本当によかったと思います」。このことの言い出しはじめから、私は予感もあって一語一語をとり出す彼女の表情に釘づけになっていて、「オロカナこと」という一ことをきくとともに大きな嘆息を発しないわけにいかなかった。同じ表現者としての諦念ともいうべき辿りつきかたであり、同時に、彼女が実践者としてひとつのことを完璧にしおえた充実感によって、はじめてそのことばが形をとったものに思えた。だからといって、彼女は決して写真をやめることはないと信ずることもできたのである。表現者としては辛い思いで自らの隔膜の所在を知った以上、さらに自覚的な方法で表現と現実、認識と行動の関係を洗い出していくであろうと思ったからである。

映画が、あるいはテレビも含め映像表現が、形、音、色という感性の多くを求めるものであっても、それは映画体験にすぎない。そのあとに行動への模索の開始を期待し、実際の関係をむすぶことへの希いまでしかその思いを托し得ない。もし強烈な闘いとクライマックスが映画にこめられており、そこで自給自足でき、行動への胎動を、虚像的に空想妊娠的にすませるものとしたら、それはドキュメンタリーとして、あまりに劇化されたものではなかろうかという疑問が残る。作り手の私たちにとっても、映画をとる作業を一まずどこで終えて一本にしあげるかが問題であり、「さしあたってひとまずここで筆をおく」といったものであり、筆をおいたときから現実はさらに進展し、ときに爆発してゆく。そのときをカメラとして、撮影行動として逸することの方が多い。唇をかむ思いがするのはそうしたときである。ただ、これと同質の現実を必ず次の機会にとるであろうという一片の可能性と、決心をもとに断念するのである。だから、映画は現実の闘いを予感するとしても、その予感を、観る人の心のなかにも分ちあえる認識の骨、現実の岩盤を正しく提出できるかどうかに私はかかずりあう。そしてドキュメンタリーの場合、運動が顕然化したときにしか、運動は記録できないことが多い。だが運動が潜在化せざるを得ないときの状況、その現実の構造を描くことで、時期を得ての爆発がまさしくその過程から生まれたものであることを直感的に理解しうるだけの運動性はフィルムにとどめておきたい。私たちのこの二年間の『医学としての水俣病』『不知火海』はこのような思いを心にしずめて辿ってきた。しかし、そういう思いがみる人びとに伝わったか否かは、別の点検を待たなければならない。

「告発」のあとその志をついで出された「水俣」(運動機関紙)にのった「観る側の作業を待って完成する映画」の文章は私たちの『医学としての水俣病』について、運動の現時点から批判した。

その批判(熊本・水俣病を告発する会・水俣病研究会メンバー　宮沢信雄氏)を紹介する前に、現時点での運動と医学との「敵対」についてのべておこう。それは映画『医学としての水俣病』のもつ運動との関連性そのものをも指摘しているからである。

すでにシナリオ全文、及び、この映画をつくる経過やその立場については拙文を参考にしていただきたいが、この映画に登場する医学者はたしかに水俣病全史のなかで良くも悪くも足跡をとどめ、今日にかかわっている人びとである。その学用資料と見解を恐らく大衆的、映画的にははじめて公開したものである。しかも、その撮影期間とタイミングは恐らく裁判判決以後の数カ月間しかなかった。

大まかに言えば、その病理・病像は、水俣病認定制度の生んだ歴史的な歩みの結果、一部委員の手中におかれ、二十年にわたって公開されなかった。患者としては、人間の病いとしては未曽有の疾病であるために、「水俣病とはそもそもどんなものか」という合わせ鏡がなかったのである。歴史的裁判の終息はやはり一つの節であり、はじめてわれわれの映画への協力が得られた。数カ月の撮影の終わりとともに、再び医学は行政の手によって、再編成され、水俣病像を過去の研究の段階にとじこめることによって、患者の〝認定〟を限ろうという〝再構築〟の時期に入った。時期として昭和四九年四月以降であり、とくに八月に、認定促進の名の下におこなわれた約五百名の大量検診は医学の名に価いしないものであり、今日もそのデータを認定に使うことをやめよと患者さんは強く訴えつづけているものである。かつて、映画で少なくとも真摯に水俣病像の深みとその全身病的な臨床把握や、疫学重視を示唆した学者さえその新認定制度に決定的批判をつきつけることなく後退し、患者はまともに行政の医学者操作による「水俣病否定のための医学」とぶつかることになった。これが四九年四月以降の基本的対立であり、全国的には有明海、徳山湾、佐賀、長崎の第三、第四の水俣病様疾病もすべて「現時点ではシロ」という結論づけにむすびつけられた。こうした流れのなかで、かつての研究を提出したこの映画の協力者の一部もこのシロ説に組し、他の〝進歩的〟と思われる人も後退するという水俣病闘争史中の暗転もまたあったのである。また、撮影開始時には、熱心な協力者としてのみ認識していた学者が、一カ年余ののちには、その学問的業績もふくめ、かつての脳外科手術における〝脳ロボトミー〟を糾弾され、その資料ともども記録作業できないような情勢も生まれていた。変転極まりない医学であるとともに、水俣病史をつらぬく医学の壁もまた幾重にもかこい直されたことを実作の過程で知らされたのである。

当然、映画の発表時の現実の運動との阻誤がいくつかあらわれた。その最大のものは、熊本県の認定制度にあらわれた医学の反動化との闘いに同時的に、真正面に対応してないという批判である。その批判は宮沢氏によって代表されていると思う。つまり、編集している一年の間の現実の激変のなかで、〝医学〟に対する糾弾性が相対的に弱く、焦点を今日にしぼっていないとする意見である。たしかに、患者の発掘と救済をすでに過去のものとみなしている某教授が、昭和三二・三年頃に行った映画による臨床記録を再構成して〝研究史〟のシーンを作り(第一部「資料・証言篇」)、そのコメントはその教授が担当している。その時期のコメンテーターとして、以後の研究史には二度と登場はしていない。そして、新しいアプローチを行っている医学者の研究にその歴史をゆずっていくようにしてある。今日、その医学者が何の役割を新たに担うにいたったかは記録していない。「それでは日本の医学がすべて正しい足跡をとどめてきたと短絡はしないか」という氏の危惧はあたっていよう。だが私としては「病理・病像篇」「臨床・疫学篇」そして長篇記録『不知火海』という私にとっての映画の立体像としては必ずや分かってもらえるだけの記録はしたつもりでいる。だが現実の闘いとの隔膜はまたも私の未熟ゆえに残っているのである。

宮沢信雄氏は、大前提としてこの映画『医学としての水俣病』を「この映画は『水俣病医学の真実』を露頭せしめた。水俣病のおそろしさは有機水銀によって脳細胞をおかし、溶かされて、いわゆる急性激症といわれるようにバッタグルッたり生ける人形のようになったり、生まれながらの胎児性水俣病があらわれたりすることだけではない――ある意味でそれ以上に恐ろしいのは二十年来汚染にさらされ確実に影響をあらわしながら、放置されたり、〝水俣病でない〟といわれたり、〝研究が進んでいないからはっきりしたことは分らない〟といわれたり、現にしていることである。これが医学における水俣病の実態である。この三部作は、そのような医学不在とそれによる二重被害者ともいうべき、患者の存在を提示している」と一定の位置づけをしたのち、次のように批判している。しかし、なぜ、そのような状態が招来されたかについてである。「それを考えることは観る人にまかされている」。そしてその実例として彼は詳細に当面の問題点との脈絡をつけてのべている。

「たとえば、『資料・証言篇』で、急性劇性患者の悲惨さについて語る徳臣教授が、何故その後、ハンター・ラッセル症候群に固執して追跡調査をやめてしまったか。同じく病因究明に大きな功績を残した伊藤元保健所長が、何故その後、県衛生部長としての潜在患者発見を怠ったのか――それこそが水俣病の社会病理であり、認定審査制度という形をとって被害者を救済から遠ざけ、医学をゆがめてきたのだ」(傍点筆者)。その「なぜ」という前に、名を挙げられた人々の役割についての私の知るところは宮沢氏とほぼ同じである。そのため熊大での教室占拠も知っており、患者による直接抗議行動も知っている。もしその力で、この公的所有に帰さるべき〝学用資料〟が解放されるだけの力量が運動にあったら、私たちはその運動のなかから、この資料を患者の側にもち運ぶことができたであろう。当時の運動の力学が、この資料の公開を当時のスローガンの中心の柱としてたてたのではなく、医事行政における彼らの反患者的役割についての指弾に焦点をしぼられ〝学用資料〟までに及ばなかった情況の下で、映画、映像による資料の取得はましで不可能であった。むしろ、そうした緊張関係のなかで、彼は資料をさらに秘とくできた。これを全的に私たちにもちはこぶのは、別の系の、『医学としての水俣病』の製作への志向のみが針の穴のように細いメドであった。ゆえにその限定性も、運動上の部分性も承知のうえの作業であった。

さらに批判は「更にまた、医学はなぜ患者の側に立たず、認定審査制度にとりかこまれる形で行政に立つのか。本来の医学とは全くかかわりのない、各教室間のナワバリや対立が、なぜ水俣病という現実を前になくならないどころか、むしろ尖鋭になるのか。なぜ新潟と熊本では水俣病に対するアプローチのし方が異なり、救済のされ方が異ったままなのか。なぜ熊本第二次研究班(筆者註・この映画の主な登場者としてこの時期にまだ現役であった)が立派な成果をあげながら、いやむしろあげたがゆえに、立ち消えにされたのか」。私はくりかえし〝なぜ〟に傍点を付した。この疑問こそ、映画のみならず現実の運動も、そこに迫るための闘いをつづけるための核心であろう。常識をこえ、理解を絶するために〝なぜ〟と問責しつづけてやまない。そしてこれこそ、現実にまだ克服できていない水俣病闘争総体の課題であり、今後の長い現実変革を要するものであろう。だが映画は現在においては〝なぜ〟以下の実態そのものを知ってもらうべきものとして、提示することに止まらざるを得なかった。

だが氏が、こう映画に〝医学〟を仮託されるとき、私は理解できない。「水俣病をめぐる状況がこの映画が作られつつあった時以上にくらい現在(註・〝昭和五〇年四月二五日『水俣―患者さんとともに』〟紙上論文)不知火海周辺に放置されている無数の被害者にとって次に必要なのは、あるべき水俣病医学についてポジティブに語ってくれる映画(その圧倒的な説得力を信じるが故に）ではなかろうか。医学に欠如している方法論を映画が先取りして、現状を整理し直し、あるべき方向を示すこと……。」（以下略、傍点筆者）

私はこうした映画が次に再び「医学」の世界でとれるとはどうしても思えない。患者さんのもつ「水俣病像」とその治療についての針灸、薬草、マッサージ等の多くの試み、そして疫学についての圧倒的把握等のなかからしか、新たな「医学」映画の出現はないと思うし、再び当分「医学世界」内を歩く興味もない。私としては、ポジティブな映画とは、次のドキュメンタリーの方法上の進歩としか受けとめ得ないのである。まして、「医学世界」の現状を整理し直し、あるべき方向を示すつもりは内発的にも外誘的にもないのである。患者とすぐれた医学者との関係と協力と共同の闘いだけが、私たちの参加できる作業であろう。

右にのべたのは私の映画の仕事のうえでの抗弁であり意見である。しかしこの宮沢論文のなかで、しばしば運動者としての宮沢氏が私たちに送るはげましのなかで、もっとも心うつ言葉は文中次のものであり、それは見出しともなっていた。

映画について〝何故〟とくり返し問いかけた自問についで「おそらくそれは、水俣病を発生させたと同じことがら、近代日本の根本的な病根、この日本に生まれあわせたことの不幸の根にかかわる問題だと思われるのだが、それらを考えることは観る人に課せられているのだ。この三部作は、観る側の作業を待って完成する陰画だといえよう」。

この批判の核心と批評としての私のなかでの存在感はまさにこの一語に托すことができるし、私たちにとってのすくいである。運動を心にとどめつつも、映画をもって何事かをしたいとする私たちが、異なったベクトルをもっていようと、ときに陰画をもって描くことの未熟をもつこともあり得よう。その陽画への転位について、運動者としてかくも簡明直截にのべてくれた言を外に知らない。この映画が批評を得てはじめて運動のなかに入れる気がしたのだ。

すでに上映してから四カ月たった。その間、批判は数多く出された。それは主として、本来、ともに協力しあうべき〝白木糾弾共闘会議〟と森永ヒ素ミルクに対し闘う〝「犯罪」企業「森永」を糾弾する会〟からである。

前者は、主として「病理・病像篇」中、猿・ラッテを実験動物としてのオートラジオグラフによる水俣病像を解説した白木博次氏の登場シーンの削除を要求したものである。後者は映画『不知火海』のなかの市の施設「明水園」の夕食シーンに映った森永牛乳についての批判であり、上映阻止、あるいは上映中止の形で批判し、とくに前者は全国の反医学諸組織に対し、糾弾することをアッピールしたものである。これに対し、ひとつひとつ克明に論点に則し私の意見をのべたいが、その機会をのちに留保したい。映画は表現であり、アッピール・ビラも運動者の表現である。少なくとも、私たちはその表現物について阻止も中止もよびかけなかった。それは自由である。私たちの誤りも未熟もすべてはフィルムのうえにある。それを見ての批評はまったく自由であり、大衆的討議もこばむものでは決してない。しかし、「上映強行阻止」の声には私は表現者として服従することはできない。

ただこれらのことを通して、映画がかくも現実と厳しい接点をもつことを改めて知るとともに、映画の現実への関係について、たえず正確に測定しつづけなければならないことを痛感する。しかし映画は映画として自立し、その運動を遂げなければ、その測定もまた、おのずから不可能なのである。

最近、『医学としての水俣病』「臨床・疫学篇」のなかで、大きなスペースをとって描いた問題例が、私たちの願いもむなしく現実的には敗退した。表現をつくしてもついに及ばなかった事例である。

昭和五〇年七月二四日、環境庁はその裁決で、行政処分の訴えのあった棄却処分患者、浜本亨さん(熊本県芦北郡津奈木町浜)と柳田タマ子さん(水俣市内)の二人を熊本県に再審査するよう差戻し裁決を行った。それ以上の責任ある判断はとらなかった。この行政処分は、棄却された場合、患者にとって唯一のこされた抗告であり、熊本・水俣では、この種の問題が続出しているため、非常に注目されていたケースである。熊本大学・原田正純助教授の診断意見書や、その棄却の主な理由となっている〝脊椎変形症〟の専門医、川崎幸病院・整形外科の今井重信博士や、元東京都公害研の土井陸雄氏らのあしかけ二年におよぶ証言や資料提出の努力によってすら、ついに環境庁の〝認定〟を得られなかった。そして県はその一カ月後、再検診もせずに、再び両名を棄却処分に付した(八月二十二、三日、大橋登認定審査会会長)。

映画は、原田正純氏の再診断から撮影し、その男の子、胎児性水俣病様の精神障害児(目下・保留)をあわせ臨床的に記録したほか、その二百戸あまりの浜地区の地図をつくり、その生活歴、漁師歴のつながりをたしかめ、証言者としてすでに認定されている妹、いとこ、そして同じく申請中の隣人の「あん人が水俣病でなからんば、誰が水俣病ですか……」といった全員口をそろえての声をあつめてきた。今も鮮魚商として、人一倍食生活のうえで魚と密接に関係しており、撮影時は体と狂っていく頭をかばっての彼の行商の日々を記録した(今はついに廃業に追いこまれ、体も廃人同様となっている)。そしてその妻には、夫には確かめられない激甚な典型的視野狭窄をまざまざと見つけ出した(熊大筒井眼科)。これは通常の映画記録としてではなく、撮影時も撮影後も引きつづき環境庁の裁決に付されていたため、その判断資料となる場合も考え、徹底取材と、疫学的には抜きさしならぬほどの証拠をフィルムにとどめたつもりでいた。環境庁でも無視できず、映画完成以前に四〇分に及ぶ音声の入った仕上げ用フィルム《ラッシュ》を担当官だけで見たのだった。

〝脊椎変形症〟の診断で、水俣病を否定されているこのケースについて原田氏が苦しみ抜いたのは、知覚障害、難聴、振戦等がありながら、他の典型の症状は不備とされており、しかも現状、疫学的要素が無視されている認定審査会の結論に対し、いかに臨床的にもその影響をとり出しうるかというパズルのような作業に終始せざるをえなかったからだ。もし疫学が正当にとり上げられれば、その家族歴一つみても、その環境と生活歴のどの一片をとっても、いわば疫学的にみて典型ともいえるケースなのである。

水俣病について、〝医学者〟ではない私たちが、この「専門医学」の砦である認定審査会の結論に拮抗しうるドキュメントにするにあたって、被害者とたえず接触し、観察し、聞取り調査をし、原田氏やボランティア活動家の意見をきき、診断に立会い、その地区の全面的調査も行った。この努力は、審査会の委員が彼について費した努力の総量に決してひけをとるものではないと確信しうるまでつみ上げたつもりである。その記録が世の中に発表される、つまり、多くの医学者、患者、研究者にもひとしく見られるという事態のなかで、平然と再診察、再審議もなしに、旧決定を出すことの厚顔と無恥心の前にまず暗澹たらざるを得ないのである。映画はかかる種類の〝現実〟には何の寄与もできないものであり、蛙の面に小便どころか、小便すらとどいていないのである。能本で上映もしたし、心ある行政医学関係者に対しても、この映画を見る機会は充分につくったはずである。しかし、何の影響力ももたなかった。だが、私たちは少しも萎えるものではない。現実はますますはっきりと存在しているのだから。映画はここにあるからである。

やはり映画を見せることからはじめなければならない。それだけでなく、運動と交合しての映画でなければ彼らに対しては役に立たないのである。

私たちの映画をいかに見せるか、また、その批評をいかにうけるか、そして映画をいかに人々の運動とかかわらせるかについて、この数年の経験をもってしてもまだ定型はない。今度、小さな常設映画会場を「思想運動」の諸君や出版社有志や若い労働者・学生たちの力で〝映画運動「試写室」〟の名のもとに始めることになった。私たちにとっては『医学としての水俣病』『不知火海』はじめ一連の水俣病の映画の上映の一つの場である。しかし、他の自主製作した映画全体の活動の場でなければ、私たちのものも活性化し得ないとの思いが切である。

映画運動全体の地層のせり上りなくして個の映画はなく、あらゆる全運動の地熱なくして映画のその個有の運動もまたないであろう。

持続することだけを胆に銘じて野たれ死にするまでやってみたいのである。その意味で「試写」の運動であり、前駆的活動の困難をひたいに刻印してはじめたものであるのだ。

映画は現実にどうかかわれるであろうかという一点を、現実にかかわらせ、その考え悩んでいる感懐の一端をのべたつもりである。そして解析できることのあまりの少なさにたじろぐばかりである。幸い私には近く二カ月間、英語版の『医学としての水俣病―三部作―』他四本を携行して、新たに水俣病の発生が気づかわれるカナダの中部オンタリオ州のカナダ・インディアン居留地への上映活動が目前のものとしてある。今回、前半は患者さんに同行しての旅であり、後半はカナダの各主要都市横断の旅である。カナダ・インディアンの生活と受難というモチーフであれば、早々と映画にとれる題材ではないので、もっぱら「水俣病とは何か」を知らせるための旅となる。この映画行動がカナダの現実とどうかかわるか、いま考えつづけていることに加えるべき一つのささやかな試みと体験にしたいのである。

（『逆境のなかの記録』未來社、一九七六年）

映画でなすべきことは何か

「その苦しみがわからんという苦しさ」

今もってなお、映画で水俣病を撮るほど「映画とは何か」「撮るとは何か」を考えさせられるテーマはないと思う。水俣病そのものは難儀と苦悩の絶対値をもち、相対的に見る視点を許さない。苦あれば楽あり、夜には朝がある。冬には春の訪れが来るといった希望の糸は断たれた世界である。映画をとっても、親密に交わっても、愛しても、その病気そのものは消えることも軽くなることもない。当方から理解できるものではない。「あんたらに患者の苦しみが分かるか」と問われれば、「その苦しみが分からないという苦しさが分かるか」と反論したくなる。そう言い合うとき、私はもっともかかわりたくない人間に会ってしまったのだと思ったりする。

でいながら、私は患者の心を探り、身を寄せ、その相かかわる関係性から「私の患者像」を描いてきた。視点もそこにおいてきた。しかしカメラとマイクのある日常はあり得ない。撮影をみとめ、そこで物を語り、全身とその肖像をさらすとき、すでに非日常的な時間であり、ある意味でその対象となった人の表現ですらあるのだ。患者の側でカメラをとるばあい、私は感情移入をつとめて避けてきた。カメラとしても音楽としてもナレーションとしてもである。その人の表現にまるごとむき合って感応し、対話し、応答することを観る人にうながす作法をとってきた。私は患者の全的理解者でも代弁者でもあり得ない自分をそのまま露呈してきたつもりである。愛するともかかわるとも異なる位置である。

運動者は決して表現のためにむき合うことはしない。その人の心をなごませ、悩みを分ち、力づけ、その人のできないことを助ける。〝私なるもの〟を空しくすることで、生きている患者の生きざまのなかにその自分を埋没させる。映画はそのどのひとつも即自的には不能なのである。離魂術師であり暗示にかける霊媒であり肖像を盗むものであり、その総体でいわば〝ペテン師〟にもっとも近い。〝ペテン師〟の詐術は一回性であり異常な倒錯をともなう。しかし私なる〝ペテン師〟はそのつきあいの連続性のなかで、その平常な雰囲気のなかで、長い持続とかかわりによってその対象者の表出をうけとめるに値する撮影・記録者になるのである。したがって撮ったものをより純化し、より対象化することによって、より本当の像に還元したいと思う。本当の像とは彼にとって非日常の世界でしかありえなかった撮る撮られるの関係をまるごと含む日常の姿であり、その人でしかない質感とディテールである。

水俣病患者に沸々とある怨念や、疎外感、被差別の心、そのはてしない絶望は、彼があらわすことを望まない限り片言隻語も表出しない性質のものであり、一方、表出を決意した以上、その人の演技と言葉の魂《たま》ふるいの世界に入ったのである。私が純化し、対象化し、本当の像に還元するといった意味は、その表出のみを切りとって同定することでなく、日常から非日常へ、非日常から日常への時間のプロセスをできうる限りとどめたいという思いなのだ。そのことで私は長いつきあいぬきに水俣病とかかわれず、〝ペテン師〟にいつ立つか知れない演出者の自分をペテン不能な〝関係者〟にまで持続しつづけなければならなかった。

私は〔土本著『わが映画発見の旅』〕文中にもすべて本名を記させてもらった。これは私が水俣病にかかわると決めたときに越えねばならなかった峰である。文字とちがい写真と映画はその人をまるごと撮り、その表情、表現についてはとられる側は意識できずすべて撮る側で始末できる点で、私は彼らの人格についてのオールマイティである。この映画特有の表現性ゆえに、私は映画での実名性を文章のうえでも踏襲することになった。

私が水俣病にはじめて触れた昭和四十年春、私はNTV「ノンフィクション劇場」『水俣の子は生きている』ですでに実名性を宣言していた。篇中、熊本短大の学生がまだ運動のほとんど起きていない時期に声をからして街頭で訴えたであろう活動実態をその部室で撮影した資料を作り、患者発生図をパネルにし、視覚的な宣材をつくっていた。

そのなかに、写真家桑原史成氏の胎児性、小児性患児のクローズ・アップの写真が幾枚もあったが、そのすべてに黄色いビニールで眼かくしがほどこされていた。医学書にも〇田×子といった配慮がされており、プライバシー上なんら責めるものでもなく、患者の気持をおもんぱかってのことであったろう。だが私は理屈をこえたある情動に駆られて、カメラを据えたうえで、そのテープをはがし、眼の像のあらわれるシーンをとった。それは桑原史成氏があえてとったであろう〝眼〟であった。故松永久美子さんの眼であり、坂本しのぶさん、半永一光君の眼であった。テープはかさぶたをはぐ思いでゆっくりとはいだ。テープは粘性の音をたてて印画紙からはがれた。

このとき私は冷静ではなかった。異様に興奮し、ただ剝したかったからはがしたといっていい。しかしこのときから、私は患者のプライバシーなるものを破ることを映像的に宣言したのである。その五年後、『水俣―患者さんとその世界―』で数十人の患者を登場させ、とった患者はひとりも落とすことなく位置づけたうえにそのひとりひとりの患者番号をつけ、背番号を背負った人間とされていることをスーパーで焼きつけて示した。このとき(昭和四五年)患者数は百二十一名であった。

こういう思想的葛藤を強いる点で水俣ほど私にとって厳しいフィールドはない。水俣はつきない創作方法の源泉なのである。私はドキュメンタリーの修業者として水俣を選んだ作家であり、したがって、いつも未完成であることを端的に告げられる対象世界なのである。またこの描いた世界が観られるなかでどう磁力をもち、その観客の感性にどう影響するかを巡回映画で痛く知らされた。やすりにかかる人工宝石のように私は恐れもした。またときに映画人としての浄福もえた。取材の舞台不知火海が発表と上映の最重要な舞台であるといったかかる種類の映画は私にもめったになかった。だがこの場に私は安住を許されるだろうか。

患者を憎み、チッソを想う人びと

第一作『水俣の子は生きている』(テレビ用)のあと五年の空白をおいて作った『水俣―患者さんとその世界―』は患者の側に立って、その四カ月の関係性ともども一つの表現世界として世に示すことで、一定の意義と役割があった。その後医学の映画三部作も、全体性、網羅性を志す点で成立し得たかもしれない。とくに前者はチッソを憎み患者を想うことだけで貫けた。しかし今、じつは患者を憎み、チッソを想う人びとの方が不知火海の実権者なのである。その人たちに映画を見せることに心を砕いたが、その人びとは絶対に見ないことで意志の表示をしたのである。私はもし見たら、映画に心を動かされるはず、などと言うつもりはない。私は彼らの感性を信じ、「知は力なり」の楽天主義に立つのだが、その人びとにとっては映画と無縁に立つことで、つまりみないことで水俣病問題の圏外に身を保った――そのことをいま批難できないのだ。不知火海が最重要な上映の舞台であることは、水俣病映画にとって今後も変わることのない命題でありつづけるとしたら、この人びとと映画でかかわりをもつにはどうすればよいであろうか。

別の系統の話をひき出してみよう。『水俣一揆』という映画をとった。その撮影対象に当然チッソ首脳も主役のひとりであり、なかでも島田賢一社長は焦点の人であった。二台のカメラのうち一台は島田社長の応接と答弁を追った。私はマイクをもって島田社長と久我正一常務のはざまにいて、テープをとめているときも、明りょうにその息づかい、つぶやきまで聞きつづけた。応酬のうち大半は患者の抗議であり告発でありねがい、とどのつまり怒号であった。私はとり終えて映像のなかの社長を見ながら、個人の領域をこえて社会の矛盾の渦中に引き出されたひとりの老人の声を聞かないわけにはいかなかった。

「あんたは何かに変われるじゃろ、わしらは患者でなくなりたいと思っても変われんのじゃ」「あんたは逃げてゆかるるじゃろ、這っていけるじゃろう。わしらは患者のこの苦しみから這って去《さ》るきはできんのじゃ」

事態は被害者と加害者に別れ、中間はなく、あらゆる矛盾は善と悪、健康者と病者、資本家と漁民・患者に分極するなかで、その価値区分で描く限り善玉悪玉のドラマ以外何ものでもない。私は編集にあたって言葉少ない社長の言語は極力ひろったつもりである。社長のモラリスト、信心のあつさ、潔癖といった資質もにじみ出した。にもかかわらず水俣病事件史の負を背おう当面の資本の代表者として、人間の城にひびが入り、こわれ、機能停止し、そしてついに〝逃げて去るき〟〝這って出る〟人間しか演じられなかった。この歴史の審判ともいうべきもののもつ間尺の長い評価に立つとしても、彼は患者に敗れるべくして敗れ、人間的に崩壊したのである。私は彼のなかにも〝私〟を見、〝私〟と私の葛藤にまでその映画を高めるべきであった。しかし私にはそこまでの才覚がなかった。彼に対しても実名と実の肖像をとった以上、私にはそうすべき責任があるといま考え到るのである。

挑戦したい未知のドキュメンタリー

今後も私は水俣・不知火海を描くにあたり患者の側に立つことにかわりはない。しかし、彼らのみを描くことでなく、むしろより多くのスペースをその反対者、その障壁となって立ちはだかる人びとにむけなければならないだろうと気づく。「本心いえば、わしはチッソはもう憎んどらん。水俣病、水俣病とさわいで、わしら漁民の生活を脅やかす患者を憎んどります」と東町の宇都組合長は言った。この四月再会し、彼の心からのもてなしの席上であった。私はそれを耳のなかにうけながら、すこしも彼を責める気はなかった。彼をしてそこに立たせている東町漁業者の生活の未知の部分を知り、宇都氏の人生観をききつくさなければ、私は歴史的なスケールで見る地点に立てないであろうと感じた。そして宇都氏のような人びとの声を聞く映画づくりを試みたとき、不知火海の人びと、とくに漁業者はそのプロセスに共感をもち、彼らのほうから水俣病映画に近づいてくれるだろう。

私がさきに患者の闘いが正面作戦、正攻法の時代ではなくなったとのべたのは、私の映画も、敵の後背地を調べ、その退却路をたつ、新たな視点を映画としてもたねばならないと思ったからである。

一、歴史的な尺度での人間への信頼、二、映画人としての独立、三、そして何より、科学をもって四囲のデータをかため、その科学を表現としての芸術に高める力量がなければ、私は無限の相対論にはまるであろう。いわゆる通常テレビ局の客観的報道なるもの、Aの意見、Bの意見をならべるといったものと劃然と区別されるファクターは、右の三点のほかに、両者ともに正負にせよ関係を持続しぬく覚悟であろう。このような質の映画がいま私の挑戦したい未知のドキュメンタリーなのである。それはその映画を運ぶ地を不知火海に決めてはじめて見えた模索の糸である。そのためにも、私は不知火海を私の新しい映画方法論の主戦場としつづけるほかないのである。

不知火海には水俣病の歴史よりさらに長い歴史が可視的にみえる。水俣病患者もそれに内包されるほどの人びとに加えられた暴虐がある。それは近代百年がこの地に強いた貧苦、過疎、挙家離村、逃散、疫病、その放置、老人孤独地獄、共同体の死滅過程といったなかに水俣病はその惨苦の近代化をたてに貫く毒のまっ赤な糸である。それはそのすべてにかかわる毒の神経繊維のように不知火海の全体軀に迷走しているだろう。

一方、人びとが相争う場となっている不知火海に今も魚と共生の世界があり、他方、人の手で魚をつくる海の独占産業が台頭している。そのいずれも魚とひとの関係である以上、水俣病患者を敵視する構造からぬけ出られないのだ。だがこの背景に、水俣病の歴史を重ね、その科学を描き、この不知火海の現在、過去、未来をとらえられたら、それは国と資本はしょせんこの地の人びとと相容れざる世界であったことが浮き出てくるのではなかろうか。

日々闘いがあり激突のある水俣病事件の今日性からみれば、なんとも迂遠な映画づくりに見える。しかし、そのような旋回の対極に、あるべき現実の先端がみえる気がしてならない。

（『わが映画発見の旅――不知火海水俣病元年の記録』筑摩書房、一九七九年）

『水俣の子は生きている』

一九八五年六月七日、東京・四谷駅前の主婦会館で「水俣から水俣へ」と銘打った集会が開かれた。この日は第一審で患者側原告の完全勝利判決をひきだした、いわゆる「待たせ賃」裁判の控訴審の結審の日にあたり、あらためて水俣病事件のもつ意味を考える機会としてもたれた。

一九八六年は、水俣病が確認された一九五六(昭和三一)年から数えて三十周年をむかえる。その三十年の節目を意識してであろう、報告者のひとり、水俣病センター相思社の柳田耕一君は次のように語りだす。「私は一九五〇年の生まれで現在三十五歳です。私が五つか六つのときに水俣病が発生しました。私の生まれそだったのは熊本空港のすぐそばの農家です。村の道は小石まじりの凸凹道で、はじめてタイヤの轍《わだち》をつけた大八車にのって、こんなに揺れない車もあるんだと子供心にうれしくなったりしたものです」と、自分の三十年とチッソ(新日本窒素株式会社)＝水俣病の三十年とをつきあわせながらのべる。貴重品のマッチもチッソの日の丸印なら、肥料もチッソ、水道をひいたときのパイプ、ホースの塩化ビニールもチッソのものだった。はじめ冬の朝などパリパリ割れた硬いホースも、ゴムのような軟らかいものに変わった。それにつかう可塑剤を発明し、チッソは一時期、独占的に製造・販売をして巨利を得た。その工程中、アセトアルデヒド反応塔のなかで有機水銀が生成され、水俣病をひきおこした。

「つまり、私の農村の生活を一変させたチッソが、私の三十年のなかにあったのです」。

私は一九二八年生まれ、五十九歳である。だが柳田君のことばで思い出される。――戦争中の物資不足のとき、人絹とかスフ(ステープル・ファイバー)などで織られたものを着た。旭ベンベルグなどはチッソの旧子会社旭化成の製品であったし、味の素とともに旭味というその社の調味料も使っていた。――水俣病の三十年を私にひきあてて言えば、奇しくも水俣病発見の昭和三一年の一月に岩波映画製作所に入り、水俣病第一号の所在を確認したその年の五月、私は結婚している。胎児性患者の多発した時期と同じくして一女をもうけた。映画人として生活しはじめて十年目に水俣病に出会い、以後二十年、仲間といっしょに水俣病映画をつくっていることになる。

学生運動をして大学を除籍になり、まちがっても映画会社などに入れる資格のない二十八歳のひねた青年が臨時雇員にせよ映画会社に入れたのは、チッソと同様、巨大資本の大規模設備更新期に一挙に需要のあったPR映画時代の人手不足による。(その頃、岩

波映画はチッソの企業スライドをつくったようだ）

「何がきっかけで、またなぜ十数本も水俣を撮りつづけてきたのか」と聞かれる。それは結果的にそうなったので、別に映画人として義務感をもってつづけてきたわけではない。決着のつくと思った水俣病事件がこの二十年一向におわらず、その局面ごとに、これだけは撮っておかねばと思ってきたことの結果であろうか。ひとことでいえば水俣、不知火海と出遭ったからであり、その地、そこの人びとが好きだからとしかいいようがない気がする。

ちなみに水俣について撮った映画を年別に列記する（発表時）。

一九六五（昭和四〇）年

『水俣の子は生きている』（日本テレビ・ノンフィクション劇場）

一九七一（昭和四六）年

『水俣―患者さんとその世界―』――翌年、英語版製作（東プロ＝青林舎の前身、代表高木隆太郎）

一九七三（昭和四八）年

『実録　公調委』（東プロ）

『水俣一揆―一生を問う人びと―』（東プロ）

一九七四〜五(昭和四九〜五〇)年
『医学としての水俣病—三部作—』第一部「資料・証言篇」、第二部「病理・病像篇」、第三部「臨床・疫学篇」(青林舎)、その英語版『不知火海』(青林舎)
一九七五(昭和五〇)年
テレビドキュメント『水俣病とカナダインディアン』(日本テレビ)
一九七六(昭和五一)年
『水俣から世界へのメッセージ=THE MESSAGE FROM MINAMATA TO THE WORLD』(ラジオケベック(カナダ)との合作、英・仏語版)
『汚れし海に結ばれて=HANDS JOIN ACROSS POLLUTED WATERS』(前作の改訂英語版)
『水俣病=その20年=』(青林舎)
一九七八(昭和五三)年
テレビドキュメント『わが街わが青春—石川さゆり水俣熱唱—』(東北新社・青林舎、のちにプリント化した)
一九八一(昭和五六)年
『水俣の図・物語』(青林舎)

他に不知火海を舞台として、テレビシリーズ『育て零才！　クルマエビ』(一九七七年)、『海とお月さまたち』(日本記録映画研究所、一九八〇年)がある。このほか、仲間のつくった『勧進』(一九七一年)、『死民の道』(一九七二年)についてはのちに詳説したい。

最初に水俣を訪れたとき、患者数一一一人、二十年後のいまチッソ水俣病総申請者一万四五九六名、うち認定患者二七一四名、未処分者約五千余名、つまり認定患者で二十倍、被害を申し立てた人(申請者)は百倍を超えている(昭和六一年六月三十日現在)。これが私に水俣映画を連作せしめた基盤的数字といえる。

そして今、水俣病三十周年にあたり、新作『水俣病―その30年―』を製作、次回作として『海は死なず』を撮ることにしている。

「海は死んだ」とは今まで映画ではひとことも口にしなかった。むしろ、映画に好んで現役の漁師とその生活を描いてきた。そしてこれからも人と海の甦りを描こうとしている。これは逆説ではなく、私の不知火海、私にとっての水俣病事件として、二十年ひとめぐりして辿りついた現在の地点なのである。

この機会に、二十年前の映画体験から今日まで、ひとつひとつの映画に即して語りたいと思う。その間出遭った人、いっしょに映画をつくった人、見せて歩いた人、映画で水俣を見た日本と世界の人びとの記録のなかに、私にとっての〝水俣病三十年史〟があ

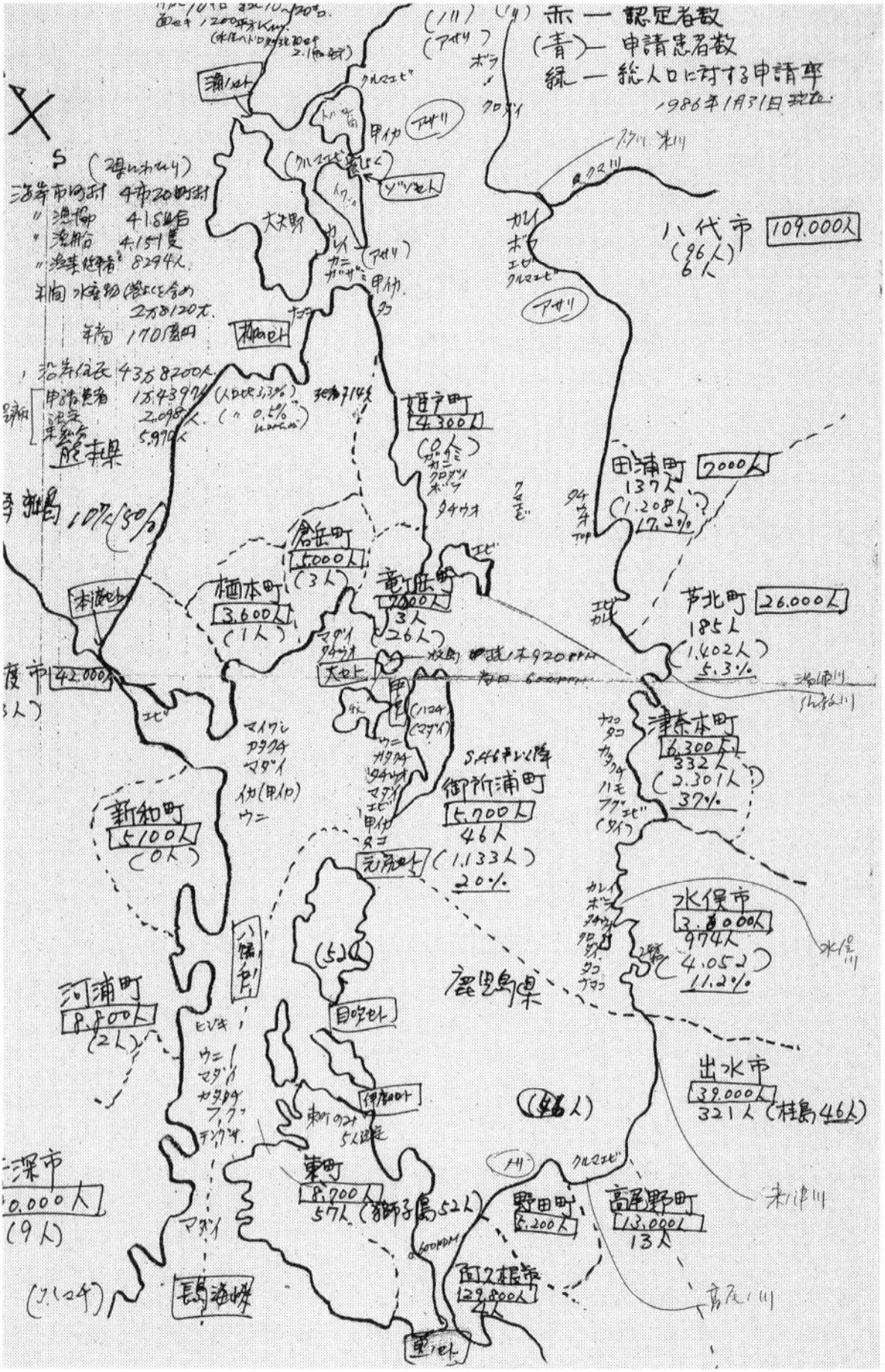

『水俣病―その30年―』(1987年)製作時に作成した地域別の認定患者分布図.

ると思うからだ。

私の手もとに、断片の文字で拾うことのできる二十年前のノートがある。日本テレビで「ノンフィクション劇場」を何本かやろうとした時期のものだ。（一九六四〜五年）

そこには企画ものの題名が並んでいる。

（1）「高見 順――ある典型的日本人の肖像」
（2）「怒りの海、秋田県のハタハタ漁――季節風下、強行出漁するしかない漁民の冬」
（3）「死の海の記録――水俣病、その十年、胎児性の子どもはいま」
（4）「マレーシア留学生・チュア スイ リン――亡命を強いられたアジア人学生」
（5）「山岸会――日本農民のより合いの精神構造」
（6）「韓国密航者の記録――新植民地論として」

などとある。つまり第一作『水俣の子は生きている』はこうした一九六〇年代の私の関心のうちのひとつであったに過ぎない。ドキュメントとして面白ければ、どんなテーマにでもとびついていった私の三十歳後半の映画的胃袋の雑食性をここに見てもらえれば足りる。PR映画状況からのがれて、人間をテーマにドキュメンタリーがつくれればもって瞑すべしと考えた時代である。

このなかで手がけたのは『留学生チュア スイ リン』と『水俣の子は生きている』だけである。前者はテレビ局の製作中止命令によって、はじめて自主製作なるスタイルで完成することになったし、このトラブルから、『水俣の子は生きている』を最後に、テレビドキュメンタリーの仕事はこのシリーズではできなくなった(『留学生チュア スイ リン』(藤プロ、製作工藤充)のてんまつについては未來社刊『映画は生きものの仕事である』にのべた)。

『水俣の子は生きている』の企画にかかったのは、一九六四(昭和三九)年の秋であった。日本テレビのノンフィクション劇場のチーフプロデューサー、牛山純一氏とそのデスクから三、四枚の新聞の切り抜きをわたされた。「事件から十年たって――」というジャーナリストらしい着想からピックアップされたものであろうが、そのころたまたま水俣病に胎児性発症のケースがつきとめられたことが、報道されていた。小さな記事を見逃さなかったのはさすがプロデューサーである。

新聞記事の切り抜きの一枚は熊本医学会総会で「水俣に胎児性患者の所在」と報告されたとするもので、出生いらい七、八年経過しており、死んだ患児の死体解剖によって病変がみとめられ、同様(脳性小児麻痺様)の患児が公式に認定された(一九六二年十一月)というもの。「水俣病多発地帯で出生した患児は重篤な症状で入院したり、在宅のまま療養生活を送っている。その生活はきわめて貧しく窮迫しており認定されることによりその救済に一条の光がさしはじめた」という記事(一九六二年十一月)、そして日付けがとんで、北海道の北星高校の女子生徒がその子らにプレゼントを送りつづけているというもの、ついで熊本短大の社会事業研究会のサークル員が、夏休みに水俣を訪れ、慰問し、これを機に「水俣病の子どもを励ます会」が結成されたというものであった。

当時すでに宇井純東大助手が、富田八郎(トンダヤロウ)のペンネームで、「月刊合化」に「水俣病」を執筆、連載していたことは知らなかった。この作品の放映を機縁に宇井氏を識ることになるのだが。

さいわいデスクが、新進の写真家桑原史成氏の写真のファイルを借りてきた。写真集用にレイアウトされたもので、まだ未発表のものだった。それには胎児性患者ばかりでなく、生きている人形とコメントを付された少女患者松永久美子さんや急性激症のまま生きる村野タマヨさん、船場岩蔵さんら成人患者にいたる群像がうつしとられていた。指の折れまがりのアップ、爪の変形までその克明なカメラ・アイに一驚したものである。

貧しい資料とメモを手に熊本にロケハンにでかけたのはその年の十一月である。まず熊本大学を訪れた。

数人の医学者にあったが、顔の記憶は薄れている。ただ取材メモによれば、病理の武内忠男、神経内科の徳臣晴比古、衛生学(当時)の入鹿山且朗の各氏など、のちに水俣病の医学を辿るうえで鍵となるかつてのいわゆる水俣奇病研究班の方々にお会いし、そのレクチャーをうけた。そのメモの内容は、今日では周知のことばかりだが、当時の各氏の状況認識を知ることができるので、重複をおそれず書きうつさせていただく。

「不知火海は日本でも魚種の多いことで知られるが、なかでも水俣湾は第一級の漁場。

「昭和二五、六年頃、水俣漁協の水揚高は年十四万貫(五十六万キロ)。

「湾内百間港に排水された工場廃水によるとにらんだが、その奇病の奇怪さに悩まされた。昭和二八年頃からだ。

「汚染のひどさは色でも分る。コーヒー色から青、緑色まで。

「魚貝類のへい死により、昭和三二年には水揚げは十分の一の一万八百貫(四万三千二百キロ)に激減。

「熊本大医学部では三一年八月に奇病研究会をつくった。死亡率四〇パーセントという高率である。病理、内科、小児、薬理、微生物、公衆衛生の各科からなるメンバーをつくった。

魚類の摂取が原因に思われ、水俣湾の水質を調べてみたら、疑わしい重金属が各種検出された。マンガン、タリウム、セレン、カドミウム、砒素など。はじめは水銀の分析をせず。高価な水銀など流出（ムダ）していないと思ったから。――

「工場側は異説をだす。戦争中、袋湾にあった旧軍の補給隊の爆弾の湾内投棄――その腐蝕による毒物の流出という。

「動物実験により、文献をあさって有機水銀中毒と一致。しかし一〜二年みとめられず、アメリカのカーランド博士（国立保健機関）の追試によって権威づけられる。情けないことだ。

「文部省の科学研究費は三カ年で打ち切り、あと厚生省の研究費は条件つき――大臣の許可なしには研究発表は不可とされる。――

「昭和三五年以降、経済企画庁が調査の主管者になる（水俣病調査研究連絡協議会）。そのごの熊大独自の原因究明の研究は、地方行政への社会的考慮を優先ということで、やりにくくなった。

ここにいう地方行政への社会的考慮とはチッソへの配慮ということであろう。『水俣の子は生きている』の前史の奇怪さは、メモをたどることで浮かびあがるが、あまりに淡々と語られたせいか、憤まんやる方ない物言いとか口調は思い出せない。こなれた解説として語られたのであろう。

この頃の熊大医学部の各氏とその研究室の印象では、研究成果の資料整理がもっぱらのようだった。病変の顕微鏡写真の厖大なファイルを見せられても、門外漢の私にはほとんど理解できなかった。

胎児性水俣病の所在確認については、その臨床にあたった教授たちの出張でくわしいことは聞けなかった。

薬理の入鹿山氏は「学術的に最終結論をだすにあたって、現在、有機水銀へドロのサンプルの化学的構造式の究明と、工場の工程内における合成の化学的機序の解明が残っている」という。これは映画に撮りにくい。

病理の武内氏は「猫実験」のプロセスとその発症の状態をくわしく説明してくれるので撮りたいと申し出ると、動物飼育室だった一画につれていった。しかし現役のネコは居なかった。これではどうしようもない。

臨床の徳臣氏は患者たちを映画フィルムで撮っていた。「非常に特異な症状のあらわれ方なので資料的価値が高い」といわれるが、医学研究の場でしか公開していないという。つまり、すべては終わっていたのだ。一九六〇(昭三五)年の徳臣氏による水俣病終息説の発表から四年たっていたのだ。いわゆる絵になるものはひとつも見出せなかった。

メモに、今日読んで気になる記述がある。

入鹿山氏のことばとして、大意次のようだ。

「この年(昭和三九年)水俣漁協は水俣湾内の漁獲禁止(注・漁協の自主規制)を全面解除し

た。

「現在どべのなかに有機水銀はほとんどない。あるのは無機水銀としてだ。

「魚の検体も同じで、有機水銀はほとんど見られなくなっているが、貝類にはある。一キロの貝中に五ミリグラム・五ｐｐＭほど。水俣病多発の頃は一〇〇ｐｐＭもあったものだ。

「貝やカキのほか底棲性のナマコ、タコにも五・六ｐｐＭあるが、回遊性の魚には今は目立った数値はでてこない。

「しかし、地元の人は貝やカキを多食するので、漁獲を解除したら発症の可能性なしとしない。いま港湾の浚渫がおこなわれるが、浚渫をしたあとの様子を見てから解除すべきじゃないかと言っているが、市としては行政上の立場から解除にふみ切った。

これが氏の疑問符つきのコメントとしてメモにある。注意ぶかく耳をかたむけたなら、浚渫と発症の時期的関連性や、その後、慢性型として発症する水俣病への警告として聞きとれたであろうが、当時の乏しい知見では死語を聞くにひとしかった。

映画の取材の重点は「水俣の子どもを励ます会」になった。熊本短大は冬枯れの木立のなかにあった。女子学生が多く、華やいでいた。めざす「水俣病の子どもを励ます会」のメンバーは部室でむかえてくれた。そのなかに、来春、水俣にボランティアとして赴くことをきめていた西北ユミさんもいた。彼女は映画にでることをほぼ承諾していた。今の支援者のどこかまなじりを決した風貌と比べ、いかにも良家の子女といった印象で、「忘れ去られたものへの愛」が支えのようだった。

部屋には水俣市の略図と当時の一一一名の患者の発生地図が展示用につくられ、発症にいたる機序図解――つまり工場廃水から魚貝類へ、そしてヒトへの線に、もう一本胎児への線が赤くつながれていた。校内や市内でのカンパの際展示した写真パネルは、桑原史成氏の写真がたて六十センチ、よこ四十センチほどに引き伸されたものだ。氏の処女写真集の秀作が惜しげもなくこの学生たちの活動に提供されていた。私は出発前にそれらを見ていた。桑原史成の写真は人物の眼元のシャープさに特色がある。とくに生きている人形といわれた松永久美子さんのきらりと輝く瞳や、半永一光少年の訴えを託したまなざしなどに惹きつけられたものだ。だがすべての小児性患児の眼の部分にビニルテープが貼られていた。原写真を見ており、その眼、その瞳の訴えるものが作者のねらいとして私の胸を衝っただけに、それに貼りつけられている目かくしのテープは、さまざまの惑乱をよんだ。「やはり撮ってはならないものか。人の前にさらすべきものではないのか」。私がそれを問うと、彼女らからは「プライバシー」という言葉が返ってきた。当時は新奇な用語だ。だが、それだけでは説明しきれないものを、学生たちも感じているようだった。私はこの目かくしされた一連の写真をまえに、気持の萎えていくのを感じた。熊本ですらこのように封じられた水俣病観ならば、水俣ではどれほどの壁があるだろうか。

サークル顧問の内田守教授(社会福祉学)は私を頭から活動屋と決めてかかって釘をさした。「あの西北ユミさんは都城の名家の出です。しっかりした子で、自分からボランティアに志願したんです。一緒にいっても決して間違いごとのないように」。

私は熊本まできながら、水俣に足をのばせなかった。何か絶対に触れたくないテーマに出遭ってしまった気がした。


帰京後、取材中にあつめた熊大の資料や熊本日日新聞、全国紙の熊本支局で得たメモを読みかえした。チッソの加害性はほぼ社会常識になってはいたものの、歯切れよく断定し、告発した文章は少なかった。新潟水俣病の発生確認はこの半年後、厚生省の水俣病についての正式見解はさらに三年ちかく後のことである。むりもないことだった。ようやく、水上勉の『海の牙』、石牟礼道子の『日本残酷物語』(平凡社)の漁民闘争の一章をよんだにすぎない。それでも、知識をつづりあわせてチッソと水俣病事件の像を組み立てた。「人間のつくった新生毒物が、人間を倒した――その治癒は現代医学では絶望的なものであり、人間のおごりへのしっぺ返しとして文明史的な一事件だ。それが次の世代まで冒し、胎児性水俣病を生んだ。これを医学的に解明した熊大研究班は駅弁大学とさげすまれている。そして事件は終り被害者は残された。しかも眼を目ばりされて世をはばかる存在のように扱われている。この患者・患児たちがどう生きていくのか。それは社会の責任ではないか。せめて、患児の心まで水俣病にしてはならない」（当時の演出ノート要旨）。

年あけた一九六五（昭和四〇）年正月、私とカメラマンの原田勲（日本テレビ）はまずカメラを熊本短大の「水俣の子らを励ます会」のサークル部室からまわしはじめた。

学生たちの街頭カンパ活動準備のシーンは屈託がなかった。西北ユミさんはとりわけ明るかった。子どもたちひとりひとりの名をそらんじていた。夏休みの慰問のスナップの彼女、大学での報告会でスピーチに立つ彼女の表情と笑顔は若いつややかさと晴れやかさにみちている。「だが」と思う。「学生時代のサークル活動だから、こんなに呑気なのではないか。あるいは一生の仕事として水俣にかかわるとしたら？」「ボランティアとしての一、二年の間なら、やめるのも自由なはずだ。この映画に出たために辞めるに辞められなくなるのでは……」と案じもした。

資料として展示されている例の写真を撮る段になって、目ばりのことが気になった。目ばりのまま撮ることはこの活動の質を物語るとしても、私自身目ばりを許すことになる。桑原史成がこの人物像にこめて撮ったものをおおってよいのか、胎児性水俣病患児の瞳の輝きをつぶしてよいのか。惑い迷った。迷いながらも言いたかったことを口に出してしまった。「西北さん、あんたの手ではがして下さい。ゆっくりと、ネトネトとはがす音が聞こえるような気持ちでテープをはがしてみてくれませんか」。自分の気持がきまっていたわけではない。そうしてみたいぐらいのモヤモヤの気分が、ことばとして出るとそうなった。私はテープが生皮をはぐような音をたてているのを聞いた。半永一光君、坂本しのぶさん、加賀田清子さんの眼が開いた。この撮影のあと、軽い貧血だろうか、眼の奥に一しきり緑色の幕がかかった。

現地に足をふみ入れたのは、その翌日だった。はじめて水俣を訪れた私には、道ゆく人がすべてスローモーションのように見えた。歩き方がおそく、表情の反応がものうく、物腰の全体がふつうのリズムから一拍も二拍も遅れているといった風に思えた。南国特有の顔の浅ぐろさとは別に、不健康な蒼みが沈着しているように見えた。そうした人びとの背景にあるチッソの蒸留塔らしい銀パイプや屋根といわず煙突といわず、あらゆる隙間から洩れでるガスとけむりが濃霧のように地表を這っている気がした。いつ雪がふりだしてもいいようなどんよりとした雲がかぶさり、工場の臭気まじりの白い煙がそのまま境目なく雲につながっているような冬の日に足をふみ入れたからに違いない。そんな曇り日がロケ中つづいていた気がする。それは私の滞在中の心象風景そのものだった。

ロケは水俣工場への通勤風景から始めた。水俣駅はチッソ正門前である。あさ駅から一直線に入門する労働者の群れのなかに西北ユミさんをおいた。当時チッソの従業員四千六百人。その流れはレンズを圧倒するものがあった。

熊本大学医学部の研究班からの紹介もあって、私たちの取材は市当局にすんなりと受け入れられた。テレビの取材は昭和三四年十一月のＮＨＫ『日本の素顔』以来だった。市役所の徳江衛生課長はむしろ歓迎するふうだった。それというのも、当時厚生省より水俣病治療研究助成金が出ていたものの、大蔵省は、内意として研究費などを打ち切る方向にあった。また二億数千万円を起債して建設中の湯の児リハビリテーションセンターにさえ中央からの補助金はなく、その運営に必要な人材あつめもはかばかしくなかった。だから無給でケースワーカーに志願した西北さんに感謝していた。その彼女を追うカメラにも好意的になったのだ。

当時、患者の治療には九州温泉治療センターの鉱泥浴療法がいいと分かっても、患者本人に療養費を負担させられないし、何とか厚生省による特別措置、つまり医療費にたいする国庫補助を願い出ていた。当時入院加療中の患者は別として通院患者の治療費免除がやっとその二年前に実現したものの、運動機能訓練などの予算に事欠くしまつだった。

「助成金を出してくれというと、〝水俣病の再発〟とうけとられるんでしょうかね。もう苦しい台所事情です」と課長はいう。当時、見舞金契約による患者の年金は、年四回に分けて赤十字水俣支部から患者に渡されていた。「当初の子供年三万円、成人十万円」は物価指数の上昇(二三パーセント増)によって目減りした。「数年前から患者から増額してほしいと言われていたが、あのチッソの安賃闘争(昭和三七〜八年)がすまなければ言いだしきらんということで、のびのびになっていて……」と課長はいう。その逼迫の分を市からの生活保護費で手当していた。患者さんのなげきや市職員のぐちの端々に、いま思えば「生活保護手当」問題のややこしさがうかがえた。当時、水俣の生活保護費はわずかな額にちがいなかったが……。

アップされた年金は、成人の場合年にして重症一一万五千円、軽症十万五千円、子供は八万円である。どうもこの見舞年金のアップを期に、生活保護手当との〝二重どり〟のチェックがはじまったようだ。「それではチッソの初任給より上まわる」と市民の批判が出てきたのだ。これに反発して患者は「ならばむしろ、会社からの金はそっくり返上して、生活保護一本にした方が、気持ちのすっきりする」という。

そのあたりの事情を聞きに出月の中津美芳さん宅にいき、互助会の有志に集まってもらった。撮影は断られたが、テープをとることは許された。

会社は機会あるごとに、水俣病は軽快してより軽くなっている。年金はむしろ引き下げたいぐらいだと口にするという。

「患者のなかには体の調子をみて舟にのって魚をとりにいくもんもおる。十人くらいはおりやせんか、その人は一万円ぐらい差っ引きたいぐらいだと会社じゃ言うとります」。

「軽症者は快癒し——ちゅうふうに世間に印象づけたいんじゃないですか。働きにでれば快癒しとる証拠だちゅうわけです。そりゃあ人夫の口があれば病気ばかくして出っとです。でもすぐクビです。なんせ高いとこにやのぼりきらん、物は担げん、指先のかなわん。すぐ見破られるとです」。

「こうして話のでくるもの、口のかなうものはもう快癒したとみられる。ですけん映画にでて物ば喋れば〝全快全快〟でしょうもんな」。

市役所は新年度の予算獲得に理解を得たいし、とはっきりいう。しかし水俣市当局はもともと「寝た子を起すな」と報道には非協力であったようだ。水俣の町の雰囲気も、やはり同じであった。夜、屋台でこころみに水俣病のことを口にすると、ざらっと座のしらけるのが分かる。だいたい患者をその眼で見たという人が少なかった。タクシー運転手さんが「わしらいっちょも見んもんね。たった一回、市立病院の前のカキ氷屋で、さじで口にはこぶとに苦労しとった人がおって、あれは水俣病の患者らしかと思ったですがなあ」といった一例を聞けただけだ。

「どこからこの町と人びとを撮ればいいのか」と途方にくれた。カメラマンの原田君は日ごとに憂うつの度を深めていった。それにひきかえ西北ユミさんは明るい健やかさを失わないでいた。願っていた入院中の子どもと遊ぶ時間をもてたからだ。

病院取材のゆるされた日、鉄筋建ての市立病院は外来患者でごったがえしていた。廊下をつたっていくつもの病棟をつききり、そのもっとも奥、霊安室と伝染病隔離病棟となりあった一画に、その二階建ての水俣病特別病棟があった。鍵こそないが、病院訪問者は間違っても足をふみこむことのない死と伝染病のためのスペースである。「ああ、これでは患者を目撃した人はいないはずだ」と思った。まず桑原史成氏の写真に「生きている人形」と書かれていた松永久美子さんを見舞った。医学用語で植物的生存といわれる重篤な病み方のまま横たわる彼女は、扉からの冷気に反応したのかふっとかすかにうごいた。私もカメラマンも思わず後ずさりした。

二人は廊下にとびだしたままうめいた。往還のにぎわいがかすかに聞える。百歩ほど先の病院待合室には人びとが群れている。そしてここに、惨苦を一身にひきうけた少女がいる——。

原田カメラマンは「とてもカメラをむけられないよ。しかしカメラなしではもっとだめかも……」という。「ではそとの病院前の通りからこの人のベッドまで、カメラをまわしながら歩きつづけて撮ってみよう」。それ以外のカメラワークは思いつかなかった。

外光下と暗い院内、わたり廊下と特別病棟と一《ワン》カットで撮るのはむずかしい。しかも撮影助手なしで絞りとフォーカスをおくるのは容易ではない。だがどうしても撮りたかった。二分に近い手持ち移動で、病室の彼女のアップまで撮る——これが病院での最初のカットとなった。そとの娑婆世界から歩きだして、はじめてこの幽閉の門をくぐることができたのである。

西北ユミさんはカメラを気にせず、会いたい人と会い話をしていた。そんなシーンなら撮れると思った。たまたま、彼女は気さくな坂本たかえさんと病室で話しこんでいた。十七歳で発病し、口も不自由で、指がかなわずボタンがけも苦労する人だった。撮ると分かると、ふたりとも、しゃがみこんでベッドのかげにかくれた。髪の毛だけが動く。だが話はつづく。

「あんなあ、店じゃ、おるの手からは銭もうけとらんかったっぱい。『そけぇおき！』ちってな、その銭ば洗うてから使ったたち、奇病、奇病ちゅうでなあ」。このシーンは一つまみの髪の毛だけの語りとなった。

幼児病棟はまったくちがった。当時、七〜八歳になっていた胎児性水俣病患児たちは人の訪れに飢えていたのか、まつわりついて離れなかった。どの子も成長がはばまれ、四、五歳ぐらいの発育である。私のむすめと同じ年齢だけに比べることができる。幼児っぽさを助長するような、よちよち歩き、よだれ、たどたどしい発言、それはすべて胎児性水俣病の主徴である。介護の看護婦たちも幼児ことばをつかっている。その日常がこちらの気分を狂わせる。

子どもたちは手をのばしながらカメラに寄ってくる。カメラをむける訪問者に慣れ親しんでいる。考えてみれば、ここまで訪ねてきた人の多くは、肉親をのぞけば、医学用に映画カメラをむける研究者やジャーナリスト、カメラマンたちであったにちがいない。取材者――私たちのような種類の人間がこの子たちにとっての見舞い客であり遊び相手ではなかったか、西北さんら学生を除けば……である。

病院を辞して、街に出る。あらためてそこに日常あるがまま稼動している工場を見る。百間港には漁船がもやい、まっ黒のヘドロはそのままで変哲もない。たかが一、二時間の撮影に精気をつかいはたし、無感動に近くぼけた神経に、その風景は心に何も訴えかけてはこない。息づまる病院とちがってそこを一歩出ただけで、煙と臭気ただよう工場風景すら生理的解放感を与えてくれる。怒りはさらにおきてこないのだ。

絶対に治癒することのない新生毒物による中毒である。水俣病は人類のいまだ知ることのなかった疾病である。そして胎内の生命すら冒した、なのに怒れないほどの今の深い疲労感と無力感、そしてこの意気地なさはなぜだろうか。私は泣きたかった。

病院はやはり別世界であった。撮影はできた。だがもっと重症の患児が多発部落にいる。それを撮りたいのだが、そこは市内から望見する入江や岬のかげである。今は国道三号線が一気に鹿児島に通じているが、当時は工事中で旧道からの細道を歩いて入る以外途はない。バスは市街地のはずれ百間港フェリーのり場のところまでしか通じていず、まさに多発地帯は市街とへだてられ悲劇をそのまま封じこめられる地形にあった。

当時、一市民でもここに足をむけたであろうか、おそらく、石牟礼道子、赤崎覚(当時市役所吏員)の両氏、東京からの研究者ぐらいであったろう。

そんな部落にひっそりすむ在宅治療の患者をみまうのが、市立病院のケースワーカーの仕事である。はじめての多発地帯取材に際して、ただひとりのケースワーカー光永輝夫氏が西北ユミさんを患者たちに紹介する機会をまって同行した。

湯堂である。屋根の切妻に網元の屋号を印し、往時の盛んな漁業を思わせる村だった。家々に果樹や植込みがみえる。その屋並のむこうに袋湾があった。その景観に心うばわれているうちに私にとって忘れられない「事件」がおきた。そのいちぶしじゅうをかつて書いたものから引用させていただきたい。

――ワイド・レンズで部落の全景をとっていると、一軒の庭先で主婦たちがさわぎ出した。私はそこにいた患児に気づかなかったのだが、人々は無断でとったとして激しく私たちを責めたてた。私は弁解の言葉もなくそれをきいた。その後から、完全に私は思考力もことばもまともでなくなってしまった。つまり壊れたのである。「水俣病をとる資格はない」という直感から、「映画をとる力はない。もうやめよ」

という自分の声がとめどないのである。どこにカメラをむけることもできず、舟つき場の石垣の上に立ちつくした。もし、宿に帰っても、この金縛りの気持ちはとけない。もし、東京に逃げ帰っても、いま私を襲っているもの、行動と意志の大事な根っ子を打ちくだかれている以上、もう映画は二度ととれぬポンコツとなるしかないと思った。身うごきすることも、カメラマンとまともな話もできず、眼をあげて部落を仰ぎ眺めることもできず、ただおどおどと震えていた。この二、三時間。

そのうちに伏し眼がちに見る海の底にすきとおって、しじまに光る、茶わんのかけらがあった。青いごすの、きれいな陶片である。「これに焦点が合うかな?」と言い出したことがきっかけになって、二人で海底のセトモノを黙々とあれこれ時間を費やして何カットも撮りつづけた……。

（『逆境のなかの記録』未來社、九三頁）

この文に書いていないことがある。西北ユミさんのことだ。彼女に与えた衝撃はまた大きかった。映画に出ながら初対面の患者に会うという理不尽を犯した、少なくともその迂闊さを悔んだにちがいない。しかし私たちへの責めことばとはならず、この新しい仕事を選択したことへの迷いとなったようだ。「いちど熊本に帰って、いろいろ考えてみたい」という。帰ればもう二度ともどってこないかもしれないという迷いが彼女にもあった。私には撮りつづけることしか先の展望はなかった。そうすることで西北さんの苦しみにつれそおうとするほかなかった。だまりこくって歩く彼女のあとを追って、ただその風姿だけをカメラに撮りつづけた。もう映画の仕上りはどうでもよかった。

この時点以後をどう描いたか、テレビ映画『水俣の子は生きている』の完成台本を引用させていただきたい。ナレーションは彼女の一人称形式をとっているが、私の書いた文章である。

6　戸別訪問する西北さん

○漁村のロング　家々がかたまっている。

ナレーション(N)「魚をとれなくなった漁村、水俣病の巣となった漁村──。」

○その坂道を下る彼女。

N「実習六日目、心のどこかで臆病になりはじめた自分を感じながら──」

○湯堂で日なたぼっこする爺さん(坂本しのぶさんの祖父)。話しかけようとしてもぎこちなくなる西北ユミ。

○爺さんの無言につきあって、ただうなだれている長い時間のなかの西北ユミ。

○別の街、坂道を上り、小路を通っていく。

N「この時期、私を歩かせつづけたのは意地だけでした。」

○半永一光（胎児性患児当時九歳）の家の敷居、その上りばなに祖父が出て応待している。父親は奥で手しごとをしており、祖母は鍋で物を煮ている。半永君が爺さんのそばに寄る。

N「この家にはまだ一度もきたことがなかったのです。これまで診療すらろくにうけていない在宅の重症児でした。漁もなく一家のひとは家にとじこもっていました。」

○祖父、くどくどと語り出す。

「（テープ要旨）この子の父親も漁師だ。だがぶらぶら病いのようになって働けん、わしももうとしとって漁に出るわけにいかん。家中のくらしは、この孫にくる金にかかっとる。生活保護ばもらっておるが、会社から出た金はさし引くという。わしやむすこの体さえよければ、なんの人に頭ば下ぐることのあるか……（涙をしきりにふく）。」

○ガラスのとれたパチンコ台に数個の玉を入れて遊ぶ半永君、不自由な指でかたむけた台ではじいている。珍しいのかカメラのレンズをのぞく。すんだ瞳の片方だけのクローズアップになる。

○大鍋が煮えている。食事どきが近い。祖母は一人に一つの碗をならべている。爺さんのかきくどくことばを聞いている父親、その一間のなかの家族四人。

N「家中にしみついた水俣病のかげ、かりにこの児が病院に入ったとしても、家族もまた水俣病とおなじようなもの……会社から出る見舞金と生活保護を加えても、月一万一千円の生活、病院に入れればさらにもの入りになるという。」

○にらむような患児の眼のアップ。

N「慢性栄養失調の一家、いったいこの子の悲惨とどれほどの差があるといえるでしょう。貧乏が原因で病院にすら入れない子ども。一人のケースワーカーとして、私はどこまで背負っていけるでしょうか。」

○黙々と坂を下る西北さん。そのゆく手に工場が見える。

○学生時代の患児と遊んだひと夏の記念スナップⅠ・Ⅱ・Ⅲ。

N「私が学生時代にしたかったことは、ひとの役に立つということ。」

○学校の発表会で水俣をアッピールしたときの壇上の西北さんのスナップⅣ・Ⅴ。

N「私がうったえたかったこと、それは社会の責任ということ。」

○水俣の中心街の商店をのぞき、次の店、次の店と足をはこぶ西北さん。

（「ノンフィクション劇場」台本より）

すべてはうまくいかなかった。歩きつづけ、カメラをまわしつづけたが、気持ちの動揺は大きくなるばかりだ。水俣に吸いよせられる自分と水俣から逃れ去りたい自分との間をゆれていた。それを一気に水俣にひきつけたのは、八六年一月に亡くなった元患者互助会会長の渡辺栄蔵老人だった。のちに水俣病訴訟原告団の団長として、提訴の日「今日ただいまから私どもは国家権力に立ち向かいます」と決意をのべた人である。当時、長男といっしょにアジ刺し網で生計をたてていた。

あとで知ったのだが、もともとは宇土半島のつけ根、松橋の生まれで、熊本市の朝鮮飴屋での小僧奉公のあと、祭礼、運動会などに、夏はぶっかき氷、春秋は太鼓焼の引き店をあきないし、のちに水俣に住みついたばかりに一家全滅に近い水俣病家族となった。

渡辺老人との出遭いは漁帰りの夕方の浜であった。夕餉のアジをみせ、「こんさしみはうまかよ」と家に誘った。私たちははじめて心を結べることのできる人と出遭えた気がした。以下、映画を辿らせていただきたい。

○波止場から網干場を通って帰途につく老人と孫たち、栄一君(十二歳)、政秋君(六歳)。

○細い漁師みちをのぼるみんなの足もと、バケツに数匹のアジが入っている。老人と西北さんの対話。

「あんたは前にきたでしょう。顔におぼえのあっとです。」

「ええ熊本短大の実習で、去年の夏……。」

○玄関前の洗い場ではらわたを出され、切られ洗われるアジの切り身。のぞきこむ孫たち。女の児、松代さん(当時一四歳)もいる。

N「この一家、三人の孫が水俣病に冒されました。けれども、すこしも暗さのないのにおどろくのでした。」

○こたつを中心に渡辺老人とむかい合う西北さん。話にきき入っている。

N「私はこの老人から何かを得たい気持で一杯でした。」

さしみを盛った皿をすすめながら語る渡辺さん。

「(テープ要旨)奇病は伝染病ちゅうことになっとりましたばってん、魚はうれんでしょう。一年間、米のひとつぶも喰えんときのありました。から芋ばっかりでな。……この孫が三人が三人とも三十一年に病気になったですもんな。」

「それから三年間というもの、あっちの医者どん、こっちの病院とくうものもくわんで金をつこうたです。昭和三十四年に、ようやく原因が工場じゃちゅう医学論文が出たですもんな。その発表をきいて、やっぱりちゅうとこで工場にいったとです。」

「私は小学校をビリから七番目に出たぐらいの男ですが、四十日間、みんなを工場の前に座るときの大将にさせられましてな……。」

○工場前、通行止の柵とコンクリートの路上。

「……寒さも寒しというとこでな。」

N「患者の家族だけがここ(工場前のコンクリート)にすわった。『工場の人にも、市民にも応援をたのまなかった。水俣で工場にたてつくのは大変なことだった』という老人。」

○ボール箱の固くむすんだひもをほどこうとする手がもどかしそう。

N「この老人を指導者として孤軍奮闘した患者たちの記録は二つのボール箱の中でほこりをかぶっていました。」

○開けられた中から書類をさがす手もと。やがて嘆願書と筆で記された文書をとり出し、説明する老人。

N「老人は『水俣病はいままでは学問的にははっきりしている。工場のひきおこした公害でありながら、会社はいまも廃水が原因であることをみとめようとはしていません。政府も、もう過ぎたこととして補償の話すら触れようとしない、ただ会社のわずかな〝見舞金〟豚一頭の値段で妥協しなければならなかった』といいます。それも卑屈なまでに低姿勢で会社にたのんだのでした。」

○西北ユミさん、嘆願書を声を出してよむ。その巻紙に楷書の字がきっちりと書かれている。

(注：坐り込み以前に書かれ、ついに呈出されなかったもの)

N「(朗読)先般七月二十二日(注、昭和三四年)熊大における奇病の原因の最終的な発表によれば、貴社より流出する廃水中に含まれる水銀がその原因であることを明らかにしようとした事は御承知のことと思います。熊大がその専門的立場において究明した原因を私達も(二字不明)確信する所であります。又、一般巷間に於ても信じられているといっても過言ではないと信じます。(数行不明)

私達奇病互助会は過去数年の間、筆舌に尽し得ぬ悲惨と辛酸を嘗めて来ました。親を子を兄弟を、そして親愛する隣人をも罹病させ死亡させて来ました。奇病特有の狂死、餓死、或いは悶死、老いも若きも、いたいけない幼児の苦しみを涙にあけ涙に暮れる某月某日を、一縷の望みを唯人間の(数字不明)に於て看護して参りました。(以下十数行不明)

……右嘆願いたします

昭和三十四年九月十七日

水俣病奇病互助会

渡辺栄蔵」

○老人のまわりをかこむ明るい三人の孫たち。

渡辺さんの声「科学の発達のかげで人間が不幸になることがあってはなりませ

んな！」
○面をあげ、明るさをとりもどす西北さん、はじめて笑むその顔のクローズアップ。
（「ノンフィクション劇場」台本より）

話は一挙にとぶが、この作品の放映（一九六五年四月）後、杉並の私の自宅に下駄ばき姿で宇井純氏が訪ねてきた。すぐ一駅さきの西永福（井ノ頭線）にすんでいるという。「いま合化労連の機関紙に〝水俣病〟のことを書いていますが、あの嘆願書は見たことがなかった。ぜひ分かるだけでもフィルムの駒から判読できないか」というたのみだった。宇井さんとの最初の出会いだった。

この嘆願文は富田八郎（宇井純のペンネーム）『水俣病』にこう位置づけられている。

患者が座り込みという思い切った行動をとるまでには、それだけの蓄積されたエネルギーがある。互助会会長は直接工場との交渉のために嘆願書を用意したことがあった。もっとも九月十七日という時点ではとても望みがないと思われたためか、この嘆願書は結局使われなかった。（中略）この『嘆願書』（それはたしかに美文で、被害者の思いが込められているが、農民が領主に嘆願する際のひびきを持っている）から、座り込みという直接的な行動へ飛躍したのは、何といっても不知火海漁民の乱入事件

(注、一九五九年十一月二日)が大きな先例となった。すでに水俣工場は患者にとってはそれまでの神聖不可侵の御領主様ではなくなっていたのである。

(『水俣病』水俣病を告発する会、一九一頁)

話をもとにもどそう。渡辺老人によって西北さんはその笑顔をとりもどしたのだが、私たちが救いだされたのであった。

ほかでもない、西北ユミさんはこのシーンでとりもどした落着きのまま、映画の最後までつきあってくれた。茂道で電気もつかない一間の家で、赤ん坊のような淵上一二枝(当時七歳)さんを相手に、母親のマサさんが娘が一ことの口もかなわないのを承知のくせに、「ホラ、姉さんにあいさつばせんか、行儀のわるかよ」などと一人前のひとに語りきかせるすがたに、彼女は心から感動したようであった。『水俣の子は生きている』はここでワンサイクルを閉じられる気がした。

ラストのナレーション

「ある子どもは私にいいました。『ボクの足は、山の上から落ちてきた石でこわれた』と。おとながきかせたこの童話を信じている子どもに、いつか真実を話す日がくるでしょう。この子らの心まで水俣病にしたくないのです。」

（西北ユミさんはそれ以来二十年、水俣市立病院、湯の児リハビリテーションのケースワーカーとして働いている。胎児性の子どもたちで彼女を知らない人はひとりもいない。病院の同僚と結婚して子どももうけ、今もあの健やかさのままである。）

（『水俣＝語りつぎ2　水俣映画遍歴――記録なければ事実なし』新曜社、一九八八年）

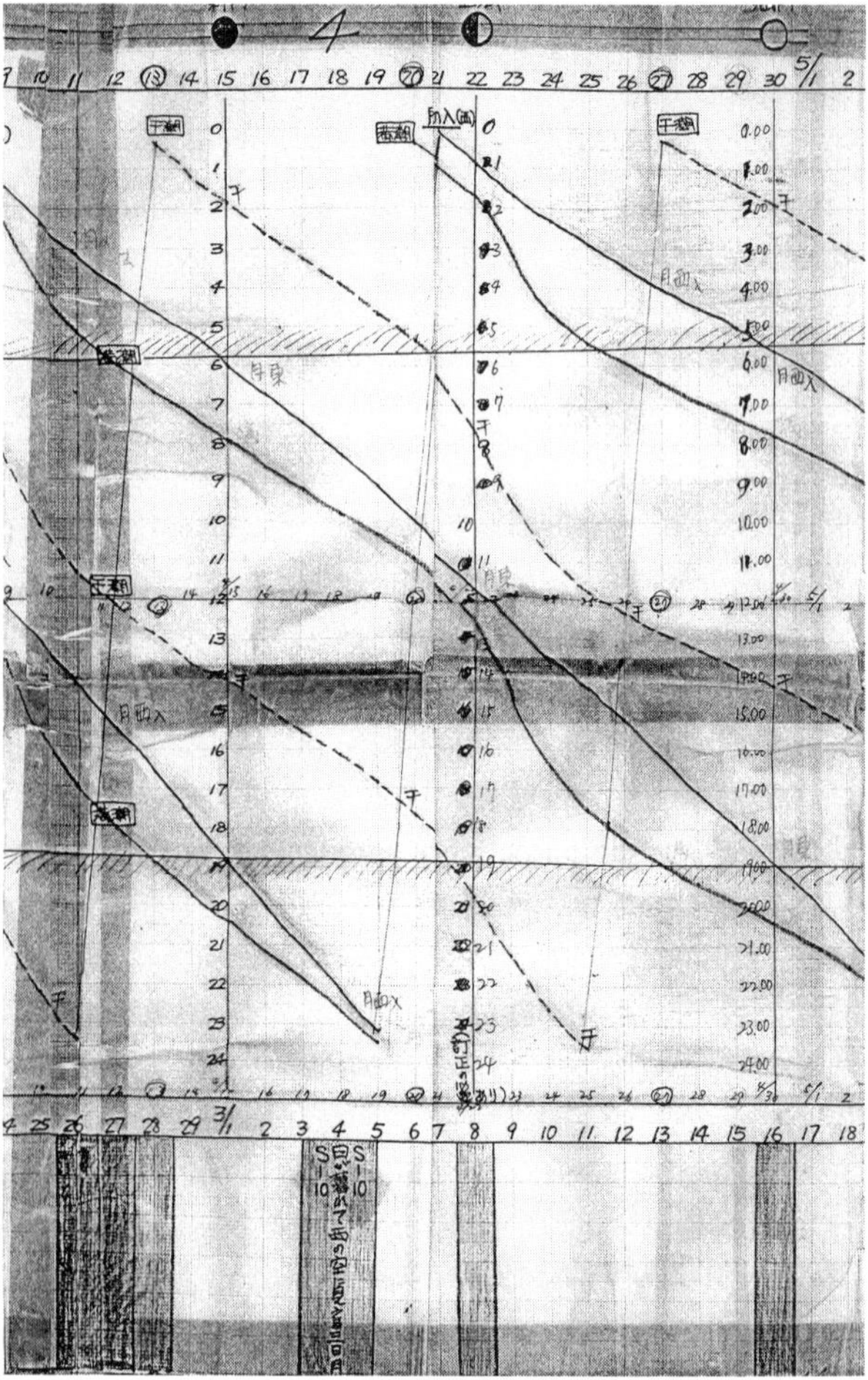

『海とお月さまたち』(1980年)撮影時に使った潮の干満のグラフ.

II

不敗のドキュメンタリーをめざして

日本共産党の山村工作隊員として小河内事件に連座，逮捕され，上本が獄中の5カ月間に書いたノート(1952年).

逆境のなかの記録

よく人からさり気なく「君はなぜ劇映画は撮らないのか」ときかれる。「ドキュメンタリーはまだ若い芸術だし、やりたいことがあるから」と当たりさわりのない返事をする。問答はほとんどそれで終わる。しかし、私には記録という作業のなかでしか足をふみ出せないところがある。まして水俣病のようにどうにもならないものごとを撮るにはそれしかない。

私は、そうした私にとってのいわば〝逆境〟いわば〝最下限〟の状態での耐え方と歩み出し方は、物事の記録、それも明確な目的のない作業からしか始まってこなかった気がする。まして劇映画的ピークや爆発の本来ない現実世界、そして、映画の対象自身、いわば逆境下であり、最下限である場合が多いのである。

現代の知識人にとって、精神的な逆境といえば三十年前までの戦争体験であり、あるいは天皇制軍隊の組織内の生活であろう。しかし昭和三年生まれの私にはそれはない。敗戦前後の東京での都会人生活のなれの果ての体験が強烈である。一家が食べるものについてである。一升ビンで玄米を精白する方法。じゃがいもをつぶしてデンプンをとるやり方。そして電気の両極を利用したパンやき器とかタバコ巻き器のしかけ等の物の像などが、私の記憶の底にある。そのことからこみ上げての戦争体験がある。人間の果てしないいやしさも、また、ほのぼのといえるものもある。だがこれは記憶であって、記録ではない。

いま私の手許に二十三年前の古ノートが三冊ある。獄中メモである。昭和二十七年、日本共産党の「軍事方針」のもと、小河内山村工作隊員となり、小河内＝軍事的多目的ダム粉砕、山林解放の闘争のなかで、官憲のわなにはまってのタイ捕であった。そのときの、具体的な戦術には反対意見をのべつくしたが、決定には従った。だから未決中も「この闘争にいかに正当性を見つけるか」といった自問と思想的動揺があり、また個人的には恋愛問題も秘めていた。したがって、同じくそのとき、とらわれた四名の同士と、一見意気高揚に〝獄中闘争〟を貫きながらも、心中、逆境の思いがふり切れず、志操はときに最下限にずり落ちがちであった。

そのときのノートであり、完黙のため伏せ字的配慮を要したが、その分量だけは自分ながら驚くほど書きためられている。四百字詰めでおよそ三千枚以上。一行に二行分ずつ米つぶ大の文字でかかれたものである。今も、私自身面白いのは当時の官給品のメモである。

「……再生綿のうすいフトン上下各一枚、一畳大の蚊帳、アルミ食器二、竹籠、小さいヤカン。木製便器、手桶二(洗面用、雑巾用)、箒、ハタキ、チリトリ。小机に渋団扇。私物の衣服二点。てぬぐい、歯ブラシ、ハミガキ粉、チリ紙――以上」などとある。獄中にも蚊帳はあったということがおどろきであった。ノートの記録の意味について、数行ある。「何の為に書くのかその答えに窮する。こうしてドキュメントをつづること、〝文唖〟を直すこと、偽りのない〝筆〟をつくり上げること。せめて〝自由〟をこのノートの中で営みたいこと。……鉛筆とノート、もし〝私有〟がこの独房にあるとしたら、それはこれ以外にはない。」と、あるいは、今も適用することばでその趣旨をのべていた。

だが再読してみて、人間、その逆境のなかでかえって夢をつづらせ自己美化をせずにはおかないものであることも知った。恋を語り、革命的人間像を――。今、呆れかえるほどの饒舌をもって延々、筆まかせの長文で埋めている。しかし多くの砂をかむような日々は、苦しみながら何ごとかを記録している。差し入れのアンパンを〝分析〟したり、食事のディテールがことこまかに書かれている。月一回の甘味の日「何といううずら豆のおいしさよ。唾液腺が異様に痛む。口の両わきからのどにかけて……」等とある。それもない平凡な日、一枚のボッシュの絵「手品師」というのか、それに約数千字の感想と分析の文章を書いている。内容は数十字で足りるが、むりやりに書きこめた――そうするより耐えることができなかった、そうすることだけが逆境を一日分先に送る必然の作業であったと、今にして思う。そして、〝想い〟の文章より、苦吟のときを、あてもない記録についやした部分の方が、より今日の自分とつながっているのである。よく「足ぶみしている」という否定的表現がある。それは、歩くべくしてなお、足ぶみしていることをたとえているのであろう。しかし、足ぶみこそ、歩き方をみつける前の能動的動作と思いたい。それが私にとっての記録行為なのであろう。もし、私が、劇映画より記録映画の方が好きだとしたら、それは、私のこのときの足ぶみの心に即した方法ゆえかもしれない。

その後、映画の仕事に入ってからも、これにまったく似た体験に出会った。ちょうど十年前になる。テレビ番組に水俣病を選んで、私は優秀なキャメラマン・原田氏と一緒に患者多発部落・湯堂に初めて入った日、私は部落の人々の嫌悪の眼を知らされた。ちょうど、水俣病は後遺症のようにあつかわれ、まったく部落のなかに封じこまれていた昭和四〇年の二月であった。ワイド・レンズで部落の全景をとっていると、一軒の庭先で主婦たちがさわぎ出した。私はそこにいた患児に気づかなかったのだが、人々は無断でとったとして激しく私たちを責めたてた。私は弁解の言葉もなくそれをきいた。その後から、完全に私は思考力もことばもまともでなくなってしまった。つまり壊れたのである。「水俣病をとる資格はない」という直感から、「映画をとる力はない。もうやめよ」という自分の声がとめどないのである。どこにカメラをむけることもできず、舟つき場の石垣の上に立ちつくした。もし、宿に帰っても、この金縛りの気持ちはとけない。もし、東京に逃げ帰っても、いま私を襲っているもの、行動と意志の大事な根っ子を打ちくだかれている以上、もう映画は二度ととれぬポンコツとなるしかないと思った。身うごきすることも、カメラマンとまともな話もできず、眼をあげて部落を仰ぎ眺めることもできず、ただおどおどと震えていた。この二、三時間。

そのうちに伏し眼がちに見る海の底にすきとおって、しじまに光る、茶わんのかけらがあった。青いごすの、きれいな陶片である。「これに焦点が合うかな？」と言い出したことがきっかけになって、二人で海底のセトモノを黙々とあれこれ時間を費やして何カットも撮りつづけた。水俣病に何の関係もない画面である。それを撮ることでしか私たちは始まらなかったのである。つまり、足ぶみの記録でしかなかったのだ。しかしそのことでのみ、辛うじて映画作家としての根底からの挫折に耐えることができたのである。この体験からしか、今日までの水俣病とのかかわりも生まれなかった。セトモノのかけらの撮影の一ぶしじゅうは恐らく一生忘れないであろう。

以後、私は逆境に立つと、このときのように身を処す。それが私のように想像力の乏しいものを記録映画にひきよせつづけていると思える。昔のノートをよんでも、〝正義〟や〝論〟を論じた部分はそのときのあてどある世界をかたっているものの、ことの本質をもって見れば、今や色あせて見える。しかし目的も、前途も見えない日々、獄中で耐える手段となったダラダラの記録に出あうと、私には当時から今日までの時の距てをこえて、物と心の世界が相互にからまって浮かんでくる。肉体的記憶とでもいうのであろうか。

韓国をひきあいに出すまでもなく、言論、表現の〝自由〟は身辺にもあきらかである。先が見えず、思想の物差しは定かでない。私も、世の中も逆境に見える。私たちの映画づくりはさらに輪をかけて暗い。しかし、記録の方法は私にとって、耐え方と、歩き出し方の基礎にまだある。夢や希望に何かを託すにせよ、その基底にある現実を記録しつづけることから始める他はないと思い定めている。

（「東京新聞」一九七五年一月三十一日）

プロセスのなかの〈作家〉として

――映画『留学生チュア スイ リン』の記録

映画『留学生チュア スイ リン』は、本年初めから、私がつくったテレビフィルム『ある受験浪人の青春』『水俣の子は生きている』(二作ともNTV「ノンフィクション劇場」)とともに、青年を主題としたテレビフィルム三部作として出発するはずであった。チュア君のテレビフィルム用台本は一月一〇日に完成し、クランクイン当日、キャンセルされ、その限りでは陽の目を見ない運命にあった。しかし、工藤充氏及び瀬川順一氏らの映画人の協力によって、今日、完全な自主作品として、完成することができた。まったく幸運といってよい。

私はかけもちの経験はないし、一本に集中しているときは、一本の処理能力しかないという自分を知っているので、三本を同時期に並行してつくることは空恐ろしい気さえした。だがどの一本一本も、私にとって、どうしても撮りたいものばかりであった。

留学生チュア スイ リン　製作　一月六日〜五月一八日
ある受験浪人の青春　製作　一月二〇日〜四月三日
水俣の子は生きている　製作　二月一〇日〜四月一〇日
（受験浪人は脚本＝泉田昌慶、三作とも助監督は四宮鉄男）

私は、当初から政治を主題として『チュア スイ リン』を撮りはじめたのか、そして今日完成したスタイルを予想できていただろうか？ 本年はじめ頃から、私の創作の根には、シェストフ流にいえば「存在するものは正しい」という存在者への肯定から始まり「生きるには他者を手探っていかなければならない」という連帯のディテールの生起部分を描くことを自分のために必要としていた。私自身が、映画運動のなかで、あるいは私生活のなかで、たえず自問している孤独と連帯の結び目をときあかしたい原衝動のようなものに突きうごかされていたからである。

ついこの間、東陽一氏と語る機会があった。彼の最新作が、またまたスポンサーから〝全然違うものをつくられた〟と指摘されて、彼が抗弁しつつ「でもやっぱり仕方ない。仕事をすると、素材はなんであれ、自分を語ってしまうのだ」と首うなだれていた。だがそのラッシュは傑作であった。東君の出したいものが、スポンサーの意図を丸ごと消化したうえで、傲然と発揮されて、音楽的な統一性をすでに帯びていた。彼がそうしかできないことを悄然としてみせることに同感しながら、〝戦友感〟を分かちあうよろこびをもたずにはいられなかった。

テレビ局に本年一月初め提出したチュア君の映画のシナリオ冒頭にこう書いた。それは当時、テレビ局に通すために固くなった文体であるが、当時どのような志向を帯びていたかを知っていただけると思う。

「……映画は留学生のひとりとしてチュア君を描く。平凡な生活に見えながら、これは一つの極限状況に立たされた一留学生の数日の生活の記録となるだろう。

学校を追われ、裁判の闘いに入っている。だがそのチュア君は、茫漠とした不安を未来に放っている。恐らく、その眼はつねに、一つの凝縮された見すえ方をするであろう。状況がきびしくなるにつれて、連帯のいかなる芽をも見ぬき、非連帯の状況とつき合わせて身をすりよせていくであろう。そして連帯のすべての可能性の中から、諸階層のうちただ日本の青年学生との連帯を選び、そこにしか瞳をみすえない時があろう。

この映画が、結果として、日本とアジアの連帯の原形質を探りあてるものとしたい。果して、日本の青年と、ともに手を握り合うことが出来るかの一点を主人公(チュア君)はいつも考えている。そこに不屈の青春の姿が出ればよい。

人間的なあつかいの中から、アジア留学生の問題が、日本の戦争の責任として、あまりにも不毛であることに起因している事に突き当れば、この映画は本質的に人間的な映画となるであろう」

誰かが、この映画は、チュア君の表情の変化で説得される映画である、といった。そして、あのような主人公が見つかったからできたのだろうといわれた。それは当たっていないとはいえない。私は、チュア君の眼に最後まで固執することは止めなかった。そこにもっともつよい集中が、私にはあった。だが、チュア君がヘン君でも、誰でも撮ったであろう。つまり言いたいことは、彼が、異邦にあって、生きることの必要ぎりぎりから政治にも思想にも、すべてにアプローチすること自体が人間的であることに共感したい姿勢を私としてはつよく抱いていた。そのとき、日本学生のあれほどの決起を予想はしていなかった。つまり、そうした決起を未だ獲得し得ない、信じ得ない地点で、それへむかってチュア君自身が闘いすすめてゆく行為のディテールを描こうとしていた。そこには、私自身の問題である私のなかの大衆不信のかたまりと、それを転換させようとする一見無効に見える非力な行為のなかに、連帯を一点回復できる人間の連帯本能のありかを見たかっ

『留学生チュア スイ リン』(1965年)の主人公チュア青年.

たからである。「信ずる、信じない」を同振幅の永久運動と見ることから脱れようとする私の願望が、こうした視点を当初にもたせていたのである。

『ある受験浪人の青春』では受験という行為そのものから脱けだすわずかの一瞬をとり出したかった。試験が終わって発表までの間にはじめてみせた笑顔のなかの歯の白い輝きに賭けたかった。はじめて友人の家に足をむけるようになった頼りなげな歩き方のなかに、彼が人を求めはじめたかすかな振り子の歯車の音を聞こうとした。

『水俣……』では、患者からあいまいな連帯を切断されつづけたケースワーカーのなかに、ふとうごく直視をとらえたかった。無償の行為として訪問していた学生時代と、有償の行為として訪問する職業人となりはじめた彼女を襲う卑怯と勇気のディテールを欲しかった。そのどちらに賭けるかに私があった。

そうした一連の強い志向性のなかで、チュア君の映画がスタートしたし、つねにNTVの『ある受験……』と『水俣……』とだぶり、相互に影響を及ぼしあいながら、テレビとまったくちがったシチュエーションのなかで『留学生チュア スイ リン』をつくっていった。そして『チュア スイ リン』は当初と大きくちがって、一つの大きな振幅をもつドラマ的な記録映画として成長していった。このことはあきらかに、私の予見をこえ、私の人間不信の原点を自らくいやぶるほど大きくなっていったのだ。同時に私の作家そのものが、ゆすぶられつづけ、いまだにそれを受けとめるのに時日と、それにふさわしい理論的・組織的批判がどうしても必要となっているのだ。

『留学生チュア スイ リン』の映画を、どちらかといえば存在論としての組み方をしたのには、一つには、チュア君の視線の先にある日本学生、つまり、私自身をも浸していた「アジアなき日本人」からも出発していた。チュア君を描いたからといって、私はアジアにつねづね連続的な関心と運動をしていたわけではない。つまり、チュア君をおとし入れている今日の状況の加担者の一面をもっている私が、半面、激しいめぐり合いの一瞬に交叉しあい、そのスパークを通じて、意識的になり、自らの加担を、チュア君にかけるという対極変化を起こしたいということだ。その時点では、「私はチュア君に加担する。一般の人々は未だ無関心、これはすなわち怒りである」という単純で無益なパターンからは何も生まれないであろうと考えた。

そして自分のそれまでをかえりみると、やはり鈍角的に今日の脱アジア的体制に押しながされ、無関心であった。かりに気づいたとしても行動しない人間であったのをかえりみると、やはり、意識的な加担なしには、チュア君の人間ですらとれないであろう。それはある種のしょく罪の意識に近いものであった。加担は宣言できたが、そのなかには、まだおびただしくのこる自己不信、大衆不信の根を大きくかかえたままであった。そのことが、存在論的方法論を決定づけていたし、そのときの私への〝誠実〟でもあった。

だがもう一つの面では、正面きって非政治主義を標榜し、政治的発想から下降することを絶対に拒絶するテレビのなかの体制的な権力の網を喰いやぶってゆくうえでも、必要な方法でもあった。

〝人間〟は許すが、〝政治〟は許さない、という対置法でこの企画は没、これはＯＫと仕分けしてゆく体制側の分類法に、どうしても、はまらないテーマの立て方があり、映像だけがもつ分類不能な表現が、人間と政治のかかわりを描かせてくれるだろうと思った。そしてそれは、過去何年も、ＰＲ映画やスポンサード・テレビで苦しめられてきたなかからつくり出した、私なりの映像論でもあった。

意外にもこれすら、テレビ局から拒否された。「反マレーシア映画になりうる。そして裁判中のこのテーマは裁判批判にもなりうる……」私は、愕然とした。それは通るはずのシナリオであった。拒絶できないほど、戦略戦術に自ら耐えたシナリオであったと自分でかたく信じていたからである。

チュア君のことを知ったときから、私は退却路を遮断していた。そのときまでに多くの留学生の声が脳裏にこびりついていたし、チュア君と会うことができ、そして語りあうにつれて、私にはすでに是が非でもという背負わされたものがあった。テレビの企画が没になったからといって、チュア君に説明してこの映画から身を引くことは絶対にできなかった。だからテレビのプロデューサー（大学時代から旧知の間柄であった）との血の出るほどの交渉をしたのだ。そして、こうした交渉は、必ず結果として作品を充血させ、良い結果を生むものなので、実にタフに、楽天的に喧嘩を数日続行していた。

今まで企業の仕事で、制限や圧迫のない仕事は一つもなかった。スタッフ獲得の闘い、予算の闘い、製作スケジュールの闘い、それらはスタッフを団結させ、芸術上肥えふとることにすべて結実した。私にとって、〝企業〟という、眼にみえる敵があり、その敵によって分裂させられた仲間との闘い、そして共感を得るまでの執拗極まる論戦、それらはすべて前進的であり、そうした緊張を生みつけてくれる。そうした〝会社〟や〝職階的ヒエラルヒー〟は、まったく有難い存在ですらあった。だから、テレビは、とくにシンボリックなテレビ塔があるだけに、相手にとって、不足はなかった。だが、結果としては、事務上の言葉、「企画中止」ですべて終わった。私はチュア君にすでに加担を表明していただけに、怒るだけではすまなかった。

一月一三日はその意味で、チュア君の映画の発足記念日であった。この日、ファースト・シーンのロケ予定であり、その二時間前に局としての最終結論が出て、私は、あきらめとともに、すでに頭のなかに、工藤氏の協力を思っていた。とにかく時間がなかった。そのうえ、それまで一言もチュア君のことを工藤氏に話していなかった。

工藤氏はシナリオをパラパラとよみ、私の憤慨を聞いていたが、すぐに「撮ろう」といってくれた。私の予想を超えた即戦即決であった。その場で、フィルムその他の充分な量を手配した。残るロケ時間を読んで鮮やかな段取りだった。瀬川順一氏はたまたまその時間に居なかった。黒柳〔満〕氏がカメラをもち、居合わせた長野千秋氏がテープをかついで同行してくれた。実のところ、チュア君へのすまなさが私の気持ちのすべてだった。この瞬間、映画が完成まで撮れるとは、私は思っても見なかった。ただ、このとき、撮らなければ、チュア君が、また「日本」に裏切られたという失意をもつだろうということがあった。そのことを、あわただしいなかで、工藤氏をはじめ全員が分かってくれていた。

会場で、チュア君と会い、彼を撮った。彼はロケ隊をテレビ派遣と信じていた。のち、これが少数の映画人の自発的参加であると知ったとき、彼は完全に私たちを信頼した。「今の日本の実情では、テレビが私のような立場のものをとりあげられるとは思えませんでした。今夜きて下さった誠意だけで充分です」彼は、日本のテレビをまったく信じていなかった。だが、私たちには明らかな連帯を表明した。私はこのときから、映画はとりつづけたいと決意した。彼の日本での孤立と、人間としての孤独を支えるには、テレビで訴えるという直接目的があっての撮影でなく、彼のこの状況を記録するという〃友人として〃の映画グループが、彼を注視しつづけ、よりそいつづけること、そのことが必要であろうと直感したからである。

今思えば、誰にも製作の見透しがあったわけではない。それほど困難極まる条件にとりまかれていた。私自身、シナリオ化され契約した二本のテレビが放映日まで決定されていて降りるわけにはいかなかった。ただ、人のつながりだけがあった。そして一回のロケでチュア君をめぐる情勢をスタッフの誰もが理解し、撮影行動をへて、チュア君は他人ではなくなっていた。恐らく私と同じような屈折をへて、チュア君に加担していた。歯をくいしばるような誰もがもっている状況の苦しさを、チュア君のなかに見、テレビ局でその映画さえ切られていく情勢への反抗と、生きるものの証しが、先ゆきの分らないこの映画を、とれるところまでとっていこうという行動に結実したのである。

ただ物理的困難は、私自身、他の作品があってチュア君映画にすべて没頭できる時間はなかった。もし私がいけないときは瀬川氏が演出する。瀬川氏もいけないときは他のカメラマンが立つ。ともかく、誰かが、チュア君のあとをたえず追うことにした。そしてそれは、何の報酬も期待しないことでなければ成り立たなかった。だが、映画につきものの膨大な出費は、工藤氏が負わなければ他に負うものはなかった。しかも、チュア君と日本学生との出逢いは、恐らく三カ月あと、つまり四月新学期である。その間の空白のスケジュールは突如、裁判、デモ、千葉大訪問、学長会見と埋められる。だがその連絡も諸種の事情で前もって分からず、その形態も予想困難である。つまりスケジュール化し、集中的に撮影して完成するというテレビ型の撮影より、さらに息長い方法をとれる反面、予算も、拘束期間もまったく不明な映画として製作に入ったのである。と同時にそれは、運動の中のチュア君のうごきを微速度的に追い、彼をとりまく諸条件にスタッフ自身が頭をつっこむ時間を与え、映画のなかに彼をひきこむのではなく、彼をフォローする映画の立脚点をつくり上げたのだ。ここに遊撃的な製作システムがとられた。それは現実的な形であり、チュア君をとらえる網の目であった。

工藤氏の周辺の若い十名近くの映画人及び瀬川氏、そして私の間で、日常的な仕事を続けながら、どうやってこの映画に取り組んでゆくか、独得な形が考え出された。それぞれが生活のための職をもっている。それを棄てることはできない。だからここからしかこの映画をつくる条件はない。つまり我々の今生活している場はジャングルであり、ひとりひとりが独立した遊撃兵のように行動してゆかなければ撮れないだろう。

正規軍のような製作体系は今とり得ない。ここに集約された方針は極めて現実的必要から打ち出されたものであった。これは〝自主映画製作委員会〟ではなかった。もっとそれぞれの生活をひきずった遊撃戦形をもっていた。これを私はベトコン方式と呼んだ。

土本、瀬川、工藤氏、この三角点のどれかにチュア君から連絡があると、工藤から人員配置が決定され、機材の手配が行われ、きめられた集合地点にあつまった。フリーの四宮鉄男氏が助監督として演出部を終始一貫つなげてくれた。以上が主なベトコン配置図であり、一月〜三月の間延べ十数日間のロケが、連絡のある度につづけられ、欠けることはなかった。

チュア・スイ・リンの映画は、こうして針のメドを通すようなわずかの可能性が組み合わされ、参加者それぞれが自分の条件を生みだす主体的な努力の重ねあいから生まれた。何よりベトコン方式が唯一現実性を帯びてきた。だが私にとって不思議なカケモチとなった。

テレビの二作は、まず放映日がきまっており、スケジュールがはずせなかった。一作では受験生を、一作では水俣病ととりくむケースワーカーを、期限のなかで作品に作り上げなければならなかった。ともに外的にはドラマ的な要素は極度にそぎ落として、まったく日常のなかの変革の因子を見出そうというような作品であった。

体制側が日常的であるがゆえに見落としている人々の動きのなかに、つまりテレビでも通る企画範囲にふくまれる人間の営みのなかに現実変革以外、本来いかなる行為も残されていない、ある現実を切りとるのが、二作に賭けた私のイメージであった。

一方チュア君の場合は、その行為が、現状に対する態度として、変革そのものを求めてぶつかっていった。その点まったく他での作品活動と対照的であった。

それにもまして対照的な状況が並行した。『ある受験浪人……』『水俣……』は、ともに、起承転結のドラマがない。慟哭といったクライマックスがない。つまり巨大なドラマをずり落としていく方法論だというので、テレビ内の一部で反対に会わなければならなかった。私の手法そのものも批判され、ノンフィクションのパターンに何とかしてほしいという意見との論争があって、私は全力をそれに注がなければならなかった。何よりも私のドキュメンタリーの方法が、テレビのなかでは、実験的過ぎるとか、視聴者には分からないということで否定され続け、この意見・動きとの対話は実に困難をきわめた。

それと並行して、とっていたチュア君の映画には、まさに無限ともいえる自由があった。瀬川氏のカメラも自由であり、武装をといたみずみずしさをとりためていった。

私は、テレビの仕事ではサイゴン市内で生活し、全身武装の身がまえで仕事しつつ、チュア・スイ・リンの仕事ではジャングルに入って、気の合う仲間とともに武装をといて行動する気安さがあった。素材であるチュア君に対して、この映画のクランク・インから正常な対話が成立していたこともあって、撮影は、さまざまの制約を含みながらも撮りすすめられていた。だが、ここにも、演出上の様々の問題は横たわっていたのだ。それは当初考えていたチュア君の孤独そのものの質をみつめるショットをとることに端的にあらわれていた。シャワーで体をあらっている皮膚の毛穴までとりたかった。彼が、われわれの前にあらわれる間の時間、どのように街で、室ですごしているかを根気よくねらいつづけたかった。そうした映像のふくらみは、恐らく、一人の人間が他の人間にさしのべる〝連帯〟の内部的必然を黙って説明してくるものに思えた。瀬川順一氏もそうしたものの欠けているのを指摘していたし、ぜひとりたいと考えていた。だが、私にとって、それをいつ、どのようにチュア君と連絡してとるかに緊迫した時間の計測がなかった。早くとっていればとれたものを、引きのばしているうちに四月の闘争が始まって、ついにとれなかった。このことが手痛かった。それは私の誤算と怠惰であり、これはかなり深い部分から生まれたものであった。

さらにさかのぼると、とり上ったラッシュのなかに、今一つそのシチュエーションのなかの独自の中心環を映像化しているか否かの点では、微妙な演出と表現とのわずかの差もあった。私が現実に演出家として現場にあったときにもそれが起きた。そこに、私はいつもなら必ずまきおこす、討論と葛藤をもたなかった。どこかで無意識に手びかえる心が動いていた。表現と意図とのかすかなちがいのなかに、実は映像の開拓があるであろう。だがそれをどこかで感じながら、つきつめることなく、すごすものがあった。

散発的に言えば、私は長廻し、望遠レンズといった機材と分かれがたい〝文体〟をもっている。それが手に入らないとき、作家のエゴイズムとしては、何より欲しかった。それを、どこかであきらめていた。

私は反対に、同じ時期テレビ局での仕事では条件の獲得に熱心であり、執拗をきわめた。それを作品の質にかかわるものとして強力に楽天的に要求してうむことがなかった。その敵対的な機構そのもののなかで、スタッフ間でも苛酷なまでの討論をしてきた。ほしいものは全部ほしいと言った。その場合、憎々しい相手がいる程、朗らかに闘えた。だが、まったく事情の違うベトコン方式のなかで、この方法の無力は当然だが、これにかわる私の態度が今一つふんづまりになって出ないのである。

体制との闘いでは元気がよくて、仲間ばかりの自主製作のなかで反対に駄目になってゆくのは一体どういうことかと自問する。〝怠惰〟というほかにまだまだ多くの未切開の部分が自分にたしかにあると思える。

企業やテレビでとげだらけのくらやみのなかで闘っているところからすぐに陽光のあたった原っぱに出てきたような、瞳孔拡散的な現象があったことが一つ。何より、仕事のなかで、まず気持を一つにでき、無償の行為に創造行為をだぶらせているスタッフの一人一人の、精力的な協力、工藤氏の超人的な努力にかこまれている。被写体のチュア君は人間的に間然とするところがない。作家として無限の自由と可能性にとりまかれながら、私にどこかに、その連帯のスバラシサに酔い、自らのエゴイズムを全スタッフとつき合わせてゆく作家としての大事な創造上の唯一物を見失っていたのではないかということを思う。さらに言えば、心の片隅に、どこかで、かくも無償の行為を強いるという負担感があり、それが私から自由を奪い、ひいては、全スタッフへの信頼をさらにつきすすんで検《しら》べたしかめ、芸術の強靭度を高めつつ、先に進めていく指導性をうばい、そのことの裏をいえば、あと二つの作品の並行という条件に甘えて、チュア君の映画に割くべき時間が、テレビの二本にさかれていることを口実に、演出上のエゴイスティックな要求を出せないこと、それに対して当然うけるべき批判のルートを状況の名の下に閉ざしていたのと同じではなかったか。そこでは私は、チュア君及び、全スタッフ、とりも直さず自らの作品を裏切ったのであると自らを断罪せざるを得ない。

だが誤解しないでいただきたいのは、そのなかで実にさまざまの方法が、用意され、ベトコン方式として画期的なやり方が次々と生まれたことだ。

ごく初期の頃はテレビのデンスケを流用したが、そのうちに、ソニーのデンスケを買い、ついに音付け用の高級プロ用テープレコーダーをも買って、手づくりとよぶ録音部（実は撮影部と演出部）が生まれ、音づけを自分たちで立派にできたこと、あるいはボレックスを、完全にドキュメント・カメラのスピードまでにしあげた瀬川氏のカメラワークなど、枚挙にいとまもない努力と創造性によって、この作品は、私のうろたえを包んで戦闘的な撮影行動がつづけられたということである。カメラはますます自由になった。チュア君のひとりの人間としてのつっこんだシーンをとれる条件さえかくとくできれば、といいつづけながら、チュア君をそのためにとらえる時間を日一日と失っていた。

このように曲折をへながら、四月上旬、私のテレビはすべて終わった。それまでにとりためられたフィルムには、日本とアジアの接点をチュア君の眼でみたショットがとりためられ、それはあきらかに〝加担〟を示していた。

と同時に、その頃チュア君の事情もジグザグと混迷をつづけていた。当時の調査網は映画で一人称となった田中(宏)氏とマラヤ学生であり、その判断は苦渋にみちていた。何より四月半ばとなって、チュア君が母校の日本人学生と触れ合う機会を待つ以外はなかった。それは二、三日のうちにきた。

それまですでに数千フィートのフィルムができていた。実質経費は相当額と見越され、誰もが、この回収を考えざるを得なかった。そしてフィルムは、直言するナイーブさを豊富にもつものであった。かりにテレビに出すとしたら、反マレーシア、〝反日〟的ということで何らかの制限を免れない。それにひきかえ、ラッシュの質は、チュア君を支援する体温をもっていた。私は『白毛女』(中国の歌劇、五〇年に映画化)の前半を思いうかべた。いじめられ、しいたげられて、なお生きぬく白毛女にチュア君をみた。だが一体このフィルムをどこにむけてつくっているのか? 体制の狙撃者にとって、あまりに裸の標的然としておおらかではないか?

工藤氏は決心した。「このフィルムでは一切の有償の行為を切る。チュア君ひとりにプレゼントする映画、彼の運動に役立つ映画でいいのではないか? 作品の純度を明確にした方がいい」

それまでモヤモヤしていたことが、これでぶっ切れた。

その後、数日して千葉大の新学期が始まったのである。

私は千葉大での三日に賭けた。私はこの映画のラストを、「日本学生いまだ立たず」という時点においていた。それはテレビのもつ、一カ月あまりの撮影期間を念頭におき、その相互の緊張を準備するという終末のないおわりを構成上のラストとしていた。だがその頃までに、チュア君も、私も、スタッフも、それぞれ追いこめられた。私は直接にチュア君の復学を望みたかった。映画をとりつづけながら、全スタッフもそれがかちとれなければ、今までの映画としての諸行動さえ意味がないというほど、色々感じ、過熱していた。前から行動者の気配は、われわれの間におのずとあったが、四月新学期、チュア君を守る体制がまだまだ不備であることを第一日に知ったときから、全員が行動者に変身していた。そして肉体化さえしていた。

私にとって、『水俣……』や『ある受験浪人……』では、変革を祈るという被写体との接点があった。チュア君の場合には、チュア君をとりまく状況がかわるべきだというさしせまった思いがあった。なぜ、こんなウロタエた監督に、多くの人が作品づくりをさせてきたか、皆チュア君の幸福をいのればこそではないか。私と同様、〝マレーシア〟

と〝マラヤ〟の区別もチュア君から聞いてはじめて知った程度である。だが、その連帯は可能だったではないか。まして学生にないはずはない。映画ははっきりと加担の途を歩んでいる。その果てに、状況そのものの変革、それ自体を祈る以外にはない。苦しい状態をそれぞれがかぶってベトコン方式をとったときに、映画運動と並行して、チュア君をまもるうごきに、実は誰より精通し、誰より心情をかたむける人間となっていた。これはその方式をとった〝本質〟のつきうごかすものであったのだ。

だが確信があったわけではない。私と四宮君はチュア君の眼で、学校の動きを一分も休まず看視した。それを学生に連絡した。カメラはそれを察知して学生を撮りまくった。助手があわただしくボレックスのゼンマイをまく間、瀬川氏は、空の両手でキャメラを廻しているようだった。彼の緊張だけが、その時間をつなげた。学生はある傍観者が望遠レンズのついたカメラで学生たちをねらったとき、そのカメラを奪って、フィルムを引きぬいたほど、撮影には敏感であった。だが私たちが何の断りもいわないのに、このカメラだけは許した。瀬川氏にいわせると「学生諸君は、キャメラはチュア君なんだと思ったのだ」。恐らく、そのベトコン体質が、学生ベトコンに通じたのであろう。スタッフ全体のうごきは一つの呼吸のなかにあった。何より学生そのものと化していた。上でも下でもなくまったく平等の力を出しあった感じであった。

このベトコン方式が、状況そのものに深くかかわりあうという行動を生んだ。私にとっても、初めての経験となった。長期間、人間をみつめることで政治のかかわりを発見するというドキュメントの一つの分野に一すき鍬を入れ得たかもしれない。だが、私は、創造上悔なき闘いをしたかと省みるとき、部分的にせよ自らを裏切ったことからくる傷跡が、映画『留学生チュア スイ リン』にのこっていることを見る。作品が完成すれば、個人の「作品」としてうけとられることへの違和感がこの作品ほど、つよく私にくい入ってくるものはない。映画作品が、映画行動のプロセスの質にかかわるとすれば、行動への参加の前に、労力の多少、ポジションのちがい、役割の区別はなく、まったく平等のはずである。だが、そのなかで作家は誰にも分有できない唯一物によって、どのような状況でも終始自分のなかのエゴイズムの声をきき、自らの創作純度を洗い、原点を求めつづけるべきだろう。私の場合、可視的な敵のなかでできたことを、今回裏切り的にためらった。この矛盾を作品の完成までに見とどけられなかったことによって、私は参加した全員に対し、自らの非ベトコン的ともいうべき「負担」の心情をのこしている。

ベトコン方式に必要なものは、作家とスタッフとの創造上の厳しい論理をぶつけあう無形の委員会を組織できるかどうかであろう。くりかえすが、可視的で、敵対的関係を見分けられやすい資本制生産に変わって、今度のように自主的で可変的かつ散開的なベトコン式生産方式の場合、私の今までの創作の習性はほとんど無力であり、新しい形の作家としての方法論をもたなかった意味でこそ、その裏切りをとらえるべきであった。

そしてそれは恐らく、外に存在する矛盾からくる緊張を、なれあうことなく、内部の矛盾の発見にもとめ、それに集中し、つよい相互批評の場をもつことであったろう。運動をとる映画製作自身、深部に創造のための内部運動をおこす以外にない。チュア君の映画にそれを完うし得なかったことを、一に私の責任としたい。

だがこの映画が、新しい芽をもっているとしたら、それは歴史をかいくぐったさまざまの映画人の未来にかける期待が、創造上、まったく自由を確保できたベトコン方式のなかでこそ発芽しうる可能性を示したことであろう。そしてこの方式のなかにも資本制生産の鉄則が襲うように、このなかの映画方法論にもさまざまの混だく物が入りこもう。それを純化し、極端にいってどの場でも唯一の創作、これしかできない芸術の自立にたちむかわせるもの、それはいかに孤独な作業であろうと、作品と作家とのかかわるただ一つの創造という作業であるだろう。

私は『路上』『ある受験……』『水俣……』とつづけた映像そのものへの試行を止めるつもりはない。だが、『留学生チュア スイ リン』の方法が、いま一番たしかで未来的な気がする。つまり『路上』以下の一連の作品は習作であるだろう。その意味ではチュア君の映画も一つの苦しい軌跡をもった習作であるかもしれないが、だが少なくとも、それまでの映像そのものの試行のすべてはチュア君の映画のための習作であることが望ましかった。私にとって『チュア スイ リン』はそうした位置づけをもっている。それだけに、そうした厳しい「相互批判」「作家主体」への問いかけが自らうすかったことへの内部の空洞は許しがたい。そしてそれは恐らく、「映像芸術の会」での私の非運動行為への点検とむすびつくであろうし、今後の回復もそこに至られなければならないだろう。チュア君以前まで、私を最高とした連帯の質の低さは、芸術的にもチュア君への加担の質に対しても、〝いまだし〟の線をのこしていることは明らかになっているのだ。

ちょうど、この映画の編集中、『ベトナム海兵大隊戦記』の問題が起きた。見終わってすぐ、スタッフ連名で激励の手紙を、私とかつてこの映画では意見を異にしたプロデューサーに送った。そしてその日から放映が狂いはじめた。私は同質の映画の同質な運命を予感した。あれより、はるかに意図まるだしのチュア君の映画が、いかなるルートで見られるだろうかを考えた。ベトコン方式の映画だっただけに、被写体との間に独白の相互関係をもつストレートな〝加担映画〟となった。それなりの感銘度をもつ作品となるであろう。だが、どこで見られ、どう歩きつづけてくれるだろうか？

製作が終わって、その予感は、当たりはじめている。運動の所産として生まれたこの映画は、再び運動のなかに帰っていってこそ意味がある。私は、ある民主的映画配給社に数回足を運んでいる。いまだに回答はない。多くのテレビ局は、そのタブーとの接触を恐れている。それはすでに予見していたことである。そしてそのことは、チュア君がこれだけ苦しんだアジアへの無関心そのものに、この映画がいま立ちむかっているという一面と、ベトコン方式だけでは今一つ組織できない配給部門への困難さを思い知らされる。いま参加したスタッフのひとりひとりが、母校をオルグして学生に見せるという献身的な活動を行っている。その力だけでは限度が眼に見えている。にもかかわらずつづけられていることに感動しないわけにはいかない。映画をつくることにつづいて、さらにむずかしいことは、映画を見せることだということを、胸苦しいまでに知らされている。

この映画はある種の政治映画であろう。すこしずつであるが、チュア君をめぐる情勢を人々に知らせ、とくに学生の間で、身近な地点にアジアとの連帯のあることを示した。だが、それはスタートにおいて政治映画をつくろうとしたのではない。参加した人々の軌跡が、政治的たらざるを得なかったことで政治力の一端に加担した映画になった。ゆえに今直面している大状況の下では、非商業的フィルムとなりかねない。だが果たしてそれだけの原因からであろうか？　芸術的に欠くるところがなかったか。それがあればなお作品のひとりあるきする脚力はさらに強められたであろう。それは真の戦闘的映画の個性であるはずだ。その一点が、今後私自身を追いこめ、次の地点への匍匐前進を迫るであろう。私はそのことに気づき始めている。

最後に、工藤氏はじめその周囲の若い真摯な映画人に心から感謝したい。とくに、困難と闘いながら、カメラを通じて、スタッフを結集し、そのラッシュをもって、チュア君とスタッフ、すなわちうちと外を組織し、学生をひきこんでいった人間的カメラワークに終始した瀬川順一氏に心から脱帽し敬意を呈したい。『留学生チュア スイ リン』は、私をあきらかに次の地点にかりたてる。それだけのものをもつ作品であることを私は声を大にして言いたい気持ちに駆られている。恐らく、スタッフから検討を開始し、そして、映画づくりにとりくむさまざまのグループのなかに、今後、さらに厳しい点検報告をおくりたいと決意している。

（「映像芸術」一九六五年七月号）

ドキュメンタリー映画の制作現場における特にカメラマンとの関係について

私はこの十年ほど前から、映画の製作のプロセスとは何かを、一つにはスタッフとの関係に求めて、「映画＝スタッフ論」という言葉を自分なりに作ってきた。

劇映画には二十人前後のスタッフが要るときくが、私の経験した羽仁進氏の『不良少年』の場合、八人であり、ドキュメンタリー映画に毛のはえたような人数でやってきたので、その点では、やはり劇映画のスタッフ・ワークを言う資格はない。だから私の言う場合はドキュメンタリーに限られる。それも仕上げ段階には、録音、編集、音楽、ナレーター、線画と急ピッチに完成にむけての共同作業がはじまり、大きいスケールでのスタッフ・ワークが展開し、それぞれの感性を太く巻きつけて一巻のフィルムにしていく。

このなかでの相互のぶつけあいのなかで映画が各スタッフの人格を全編ににじませてゆく過程については、また一つのスペースで語らなければすむものではない。しかし、今は、その原型的作業ともいうべき、撮影現場の段階でのスタッフの形成についてのみ論を進めたいと思う。

私の映画にとってカメラマンの比重は極めて大きい。とくに今までの作品で最少単位三人（『パルチザン前史』）から多くても六人（『不知火海』）でほぼ四、五人のことが多く、冗談にロケ用のワゴン一台分のスタッフが一番いいなどといっていたものである。

そのなかで、とくにカメラマンをこの小論のテーマと選ぶのにはひとつの理由がある。それはカメラマンと演出との共同作業の質が、現場スタッフの作業とまとまりを牽引していくものであり、作品はもとより、のちの仕上げの作業を求心的にしていくフィルムの原型づくりの要であるからである。

今お借りしている紙上は主としてテレビドキュメント研究のためのものなので、私のようにほとんど私的な場所で映画を作っている人間には、何か役立たずのことを言いそうであるが、映画があり、映像を作る仕事には必ずスタッフが存在することは確かなことであるので、論を進めさせて頂きたい。

私の友人にカメラマン大津幸四郎がいる。つきあいの初めは、テレビドキュメント「地理シリーズ」（岩波映画）時代であり、私がようやくテレビに限り（映画では助監督のまま）一本作らされた十三、四年前、彼が鈴木達夫カメラマンの助手であった時代にさかのぼる。

それは三人のスタッフで、一定のロケ費のある限り、才覚をつけて一つの県(佐賀県)の話をまとめてこいというものであった。もちろん、文献的に有田焼とか米どころとかの話はシノプシス化されていたが、ロケハンなしなので、行って、見て、撮って、まとめよ、という極めて牧歌的な仕事であった。彼はまだ岩波映画に入って二年ほどであったが、本来はジャーナリスト志望で静岡大法学部をまともに卒業後、岩波書店をうけ、次点かそのまた次点位で機会を逸し、その才能を惜しまれて、子会社にまわされたという。つまり、映画に入るなどとは夢にも考えたことがない人間である。いわゆる映画美学を云々するより、はるかに強く現実世界に心ひかれてやまない青年であったに過ぎない。同世代の仲間が、カメラについて、ライティングについて、あるいはレンズ系について、あるいはカメラワークの技術についての話に耽《ふけ》るときも、彼は一拍はなれたところに身をおいていた。

そのうえ当時、あの若い歴史しかない岩波映画でも、演出部とか撮影部とか区分はあり、旧来の映画界の慣習から、演出部は構成し、演出し、まとめる。撮影部はその演出家の要求される画をとる。といった〝縦構造〟が、やはりあったと思う。劇映画が数十年間に築いてきた現場のヒエラルヒーはやはり、温存されたまま新しい映画環境にももちこされていた。そのためか、演出と撮影の関係のなかで、カメラは演出家にむけて問う関係であり、演出家は答え、ときに命ずる関係でもある——あるいは、演出はリードしていくものであり、カメラはリードされるもの――演出家はつねに演出意図は明確でなければならず、何をどう表現したいかについてカメラを説得する立場に立つものといった構造が身に沁みていた。

ところが、演出もカメラも、たまたま映画のメディアに入ってきただけで、確乎として演出家たらんとしているわけではない。お互いにドングリの背比べである。映画的才能などの長短はないのである。この横構造が横に連続すべきなのにどうして映画は一見縦構造であるのか。これが彼と出会った当時に素朴に抱いていた「スタッフ間の矛盾」であった。

一つの映画が不出来であったとする。ことに、ラッシュをそのまま上映して、その成否を検討する場合、演出家は撮ろうとして撮れなかった、あるいはそう写らなかった画面についてカメラマンを責め、あるいは同じ演出家の仲間に愚痴をいい、カメラマンは演出家の非力をいいつのるという形をやはり私は複雑な思いで感じてきた。

しかし何より幸せは、当時私はまだこれからやれる助監督だったので、白紙からこの関係を作る前途が私にはあった。

テレビシリーズで最少単位のスタッフで他県にいき一つ宿で寝食を共にしつつ、これから撮るべき映画について語る。そこは会社でもなく各部課のへだてもなく、まさにさしたる制約もなく、いわば鮮度と吸引力だけが要求されるなかで、毎晩、今日撮ったものは何だったかを語り、明日撮りたいものは何かを語った。それはシナリオなしなので、いわばシナリオ作りの時間であり、構成の予習でもあったが、実は、私本人も、明日、何がそこにたしかにあるのか分かっていないのである。

明日とるべきものについて共通の知識と調査があれば、より具体的な撮影の手順に入れるであろうが、いわば一つ都市一つ村を対象としての旅である。皆、明日、何があり、そこに何の問題が横たわっているか知らない。しかし、そこで皆一種の共同動作のとりうる一点を酒の力をかり、おびただしい考えとことばのぶつけ合いでたぐっていくことになる。

そこには演出もカメラも助手もない横構造しかないのである。大津もそこでは、雄弁になりシャープな意見をのべた。当時、ドキュメンタリーのＡＢＣも分からぬまま、「決定的瞬間」をいかにとるかを論じていた。それはスチール・カメラの世界から生まれたことばと記憶しているが、ドキュメンタリー映画の現場において、それを逸したことへのつまづきと悔恨が、それへのあこがれがつよければつよいほど、大きいのを知った。だから、私たちは一体、何が「決定的瞬間」といえるものなのかを、カメラを回す以前につきとめることを始めた。

眼で物を見るのは動物的早さと知的判断でできるが、カメラはそれをどう瞬時につかまえ得るものなのか、それは一過性のものか、待ったらとれるものなのか……といった現象的討論から一歩つきすすむと、「決定的瞬間」を共感できるかどうかに先ずかかわってくる。

多くの瞬間の流れのなかから一つの動きにある本質をつかむにはつかめる個性とつかみ得ない個性がある。異なった個性であるスタッフが、一つのことに直感し得るのは何か。その共有感覚がカメラによって撮しとられる――その、そも胸もはずみ眼もくらむような作業を求めるには、それはいつにカメラマンの作業、ボタンをおし、ピントをあわせ、フレームを確定する作業力、腕力のみにあるのか？

ここで、私たちは「『決定的瞬間』とはまず撮れぬものと心得よ！」ということに辿りついたのである。その一瞬はカメラをおいて肉眼で見つめたらいい、撮れなくてもいい。しかしそれは、どんなものであり、その質と像は、次にどの形をとってあらわれる可能性があるか。それは主体のなかで問うことであり、ことばにしにくく、ひとりひとりあえて言語で言いうるものであるなら、映像というメディアはあってもなくてもよい。それを表現するものがカメラマンであるなら、そのカメラマンの撮したもの、その撮す一刻の間に、彼のなかで精神と感性をこめて凝視したもののなかに、不完全・完全、顕然・不顕然にしろ、何かがやきついているはずだ。

つまり演出者はカメラマンとかかわり、共通の対象とのむきあいをつくり、その対象のなかから何かの映像をとり出したとき、演出者は、そのカメラマンがなぜカメラをまわしたかを知り、そのフィルムのなかにカメラマンの生理と意識の糸がどう織られ、把えようとする感性の矢が、当面どこにむいて放たれ、どこに当たったか、つまり何を意図しようとしたかを逆算して探りあてる作業が必要ではないかと考えるに至った。それは編集と一応言われる仕事かもしれない。

しかし、問題は編集以前の「スタッフの撮ったもの」への理解と評価と、それへの徹底的なスタッフ的共有感、うらがえしていえばスタッフしか見えない矛盾を読みとり、現場では完全に見えたあるものに、とれたフィルムを照し合わせ、そのなかにふくむドキュメンタリーの真ずいともいうべき何物かを確実に選びとる作業がまずあるのではないか?

ここからカメラマンの心をよみとり、そのカメラマンの心のなかから、全スタッフの行為の質と量を拡大し、生きもののように大事にし、映画の中核にすえるならば、それは、スタッフの映画そのものになるはずである。

演出とカメラ、演出と編集といった職能的な異相はその次元ではなくなるのではないか?

大津幸四郎とのはじめての仕事で、現場的につかんだスタッフ論の原型はまず、そういったものだったと思う。それはスタッフの旅の軌跡であり、行為の所産であり、「自由」の映画的かたちと言えないだろうか。映画はスタッフのそのなかからしか誕生しないものではないだろうか？

昭和三五年頃から、岩波映画の若い人々、監督、カメラマン、録音、編集の別なく三十人余の仲間で「青の会」を作った。そのできかたは自然発生的ともいえる。大津幸四郎もその中心的メンバーであったが、ここに黒木和雄を兄貴分に、東陽一、小川紳介、岩佐寿弥、カメラでは鈴木達夫、田村正毅、奥村祐治、録音では久保田幸雄らのメンバーが集った。

きっかけは、地理テレビをドキュメンタリー映画の方法の駆使できる実験場にしたため、スポンサーからのキャンセルが相ついだ。ついで、私の映画の第一作『ある機関助士』のカット問題等、習作から実作に移ろうとする時期に、スポンサーの形であれ、プロデューサーの形であれ、スタッフの論理とは異った形の「映画」への干渉が始まったからである。

断っておくが岩波映画は非官僚的な体質をもって出発しており、そこでカット問題が起ることとは、それぞれのドキュメンタリー映画の模索期においては、やはり重大にうけとめざるを得なかった。そこで、力も金もなく暇だけあるわれわれは、今後のドキュメンタリー作りのために、多くの思慮をめぐらさなければならないと感じた。

当時キザまるだしのことばでいえば「不敗のドキュメンタリー」をどうつくるかであった。

つまり、もしその一カットを切りすてれば、――シェイクンス全部が不具合を起こし、ひいては作品があきらかに統一した肉体をもたなくなる。その不全性が誰の眼にもあきらかになり、その骨抜き作業を簡単にできないほど、知略と策略にかけて、ドキュメンタリーの本質を体現しているようなフィルムそのもののつくり方、根底からの剛健な映画方法論はないものか？　どうかである。カット問題はカットの要求をゆるすスキが作品自身にあったのではないか？　とすれば、どこを方法的にも表現的にも防護し、映画としての生命を貫くものでなければならないか？

そしてもうひとつ、作品は、誰の手で守られなければならないかである。

私たちは悪くいえば岩波育ちのボンボンであろう。あまり厳しい制約を自覚したことはなかった。その負点が、私たちをスタッフ中心の思想ではなく、管理機構との「調和」をどこかで配慮しているといった不徹底性をのこしてはいないか？

例えばカットの要求の場合、それは決して職能上のカメラマンにはむけられない。「監督」にむけられる。或いは編集にむけられる。それはプロデューサーの行使できる権利としてあらわれる。

その場合、もしその映画がスタッフの文字通り全体で作られたとするなら、どうして監督がひとりカット作業を承認し、ひとり妥協のなかで果てられようか？

その一カットはカメラマンのものであり、エディターのものであり、ミキサーのものであるとき、プロデューサーは誰に権利を行使できるか？

そこまで考えをつめてみたら、結果として、映画製作の会社機構とその構造にまったく背反する地点にたってしまっていた自分を発見したのである。

その結果、私たちは誰からともなく会社をやめ、フリーとしての立場に自分を移すことになった。さらに暇だけできたわけである。ここに「青の会」しかない状況が生まれた。

このなかで、私たちは映画についてのみ語った。その核心はスタッフの形成であった。メンバーには複数の演出家と複数のカメラマンがいた。その誰と組んでも、映画とは何かについて、その原則はどこかで話しつくしている関係をもてたかどうかである。

もちろん、Aというカメラマンの個性とBというカメラマンの個性のいずれが今回の作品に必要かという選択はあったかもしれない。しかし青の会で語りあった三カ年の間に、酒ののみ方、暮し方、ありとあらゆる個癖まで知りつくしたうえは、誰とでもスタッフを組みうる境地には誰も到っていたと私は思う。

日本の映画状況を中央指令部的に問う運動も起こってきた。映画創造運動を横断的に試みようとする〝有為〟の運動もあった。しかし私は、スタッフとは何かをとことんまでにつめてみた青の会の根源的な作業ぬきには何もなし得なかったと自覚している。

昭和四四年の『パルチザン前史』(小川プロ)から大津と本格的に組みはじめた。そして助手の一之瀬正史も当時からで、五年になる。その間に『水俣―患者さんとその世界―』『水俣一揆』『医学としての水俣病―三部作―』『不知火海』と六本の長編ドキュメンタリーを作ってきた(水俣のプロデューサーはすべて高木隆太郎である)。そのスタッフのあり方は基本的に変わっていない。しかし、水俣を対象とするとき、私は大津をぬきに考えることはできない。

その理由の主なものは三つある。

彼はカメラマンとしてより、人格として水俣にむきあう資質を人一倍つよくもっていたからである。第二に徹底した長期的困難に耐えぬける人であり、第三に、決してカメラワークを自分の手なれた経験から作る人ではなかったからである。今回の『不知火海』でも見事なまでに迷いぬき、自分がモサモサになるまで映像を探し求めたのである。

一つの画材といわばいえる水俣の風景、そして旧知の患者さんに対してすら、一本の映画のはじめは、失敗の連続であった。

先にのべたスタッフの画づくりからいえば、それはとりもなおさず演出家の失敗である。その失敗を自分に返してみるとき、恐るべき対象へのナレナレしさがあるのだ。私たちの皮膚が水俣になれすぎていわば角質したものを、彼はカメラを廻さず、仮に廻したとしても初めてカメラをもった人のように自分をあやしみ、うろたえ、下手をそのまさらけ出すのである。それが、どの各編の始まりもそうなので、ひとつとして始めから自家薬籠中のもののごとく征服者的に歩みすすんだことはなかった。

　私たちは、連作しつつもたえず「零からスタートしよう。今までの一切の関係一切の人脈を無きものとし、新たに求愛《プロポーズ》するようにしよう」と口では言うものの、半ば生活的な垢が身につくのをどうしようもないのだ。それを映像的に偽ることなく零から始めようとする大津のフィルムをめぐっての討論から事を起こさせたのである。

　今回『不知火海』では同時録音とインタビュー形式のため、私がマイクをもつことが多く、私自身はどこでどう廻したか知らないことの方が多い。そのとき、たよれるのは大津を軸とするカメラと対象との関係の出来工合であり、その重要なファクターとして私はその場に居る。

　しかし狭い意味で言うなら大津こそ演出とカメラの一切をまわし切ったのである。もちろん、フィルムの現像の上ってくるまで、それがどう撮影されたか分からない。

　しかし仕事のあとに、酒をのみながらその日をフィードバックするとき、大津のことばと顔のなかから、正確に画が私に伝わってくるのである。

　その画がどうであろうと、大津のねらったものを私は必ずそのフィルムのうえに発見できるだろうという安堵によってその日は終わる。あるいは、それはとれなかったのだという正しい伝わり方をもって次の日を考える。

　こうした撮影が連続して半年もたつと、フィルムはどんどん日ごとに深化してゆき、自由になっていくのが分かる。ゆとりとやさしさがにじみ出てくる。そして、一定の上昇をたどりはじめるのが全ロケ行程の四分の三をすぎた頃であろうか、核心に近づくにつれて、カメラは予想をこえた画をとりはじめて、ぴしっと一つの峰をこえるのである。それが何であれ、私にとっての、スタッフにとってのラストシーンとなるのである。そのフィルムの生長をみるとき、人の一生を見る思いがする。無骨に、ヨチヨチ歩きから始まり、青年期のエネルギーを見せはじめ、一つの人生のピークに至って、何ものかを産んで終わる。その一作ごとに、ひとつの人生の歩みを大津に感じるのだ。

五年をふり返ると一作ごとに年輪は重ねていよう。しかし私が大津と仕事を共にして感じるのは、一本の映画にその彼の〝一生〟を投入する生き方についてである。そのことから、現場での彼との共同性を思うと同時に、彼と我との微細な異相、他人の関係と自分のエゴ＝美意識とのちがいをあらためて洗うことで、相互の批評をまた次の編集段階で行いうる。

まずフィルムにNG（本質的な意味でNG）はないのであると思いたい。もちろん、技術的な露出の間違いとかピンボケをさすのではない。

NG的に見えようと、それはある見方をもってすれば、予定調和的、思いこみ的なカメラに対して、その撮影意図を転換しようとしているといった思考上のメタモルフォーゼであるかもしれない。なぜにかく〝NG〟といえるものを撮ったかも一つの設問の対象と見ざるを得ない。そうするとすべてはＯＫカットとなるのである。

私は編集という作業のとき、いつもすぐれた人材にめぐりあっている。しかしすべてを託したことはない。その編集者が現場に居なかっただけに、極めてフィルムへの解読力は高い。

その高いフィルムへの解読力をもってしても、撮影のイメージをくみとれないフィルム・ショットがある。このときに、うんうん汗みずたらして、そのなかに片鱗のようにキラリと光る一瞬を、拡大するようなモンタージュにしたいとねがうのである。

対象にあまりにものめりこんで、現場での感触につつまれ、現場ばなれのできない立場によく陥る〝演出者〟にとって一つのカットを選び、選んだうえで切りきざむ作業の身のおきどころ、はさみをもつ手の動かし方のきめどころは、やはり、フィルムのなかにしかない。そのフィルムのなかに、ビュア（編集用スクリーン）を通して、大津＝カメラマン＝スタッフを見、対象と取組み得たものは何であったかが見えたとき、はじめて、現場離れでき、一つのフィルムの四肢のそろった肉体が予感できる。

そうした方法を今回、シンクロ撮影のゆえもあって、さらに厳しく私はとわれた気がする。

一年半かけてとった『不知火海』『医学としての水俣病』に私の「映画＝スタッフ論」の所在を厳しく見とって、批判をしていただきたいと思うのである。私にとっては、この方法の線上にしか未来も次回作もないと思っている。

（掲載誌不詳）

映画は生きものの仕事である

記録映画は、私の場合、ほとんど人と出遭う事業である。一つの運動が極めて大きい役割をもっているとしたら、その運動を生み育てた人物は必ず存在するものであり、またその運動自身が必ずそうした人間を生み出している。その人間を探りあてたとき、映画は実質的に出発しているものではないだろうか。近い私の作品を例にとれば、マラヤ留学生チュア・スイ・リン氏と日本人の世話人田中宏氏と会わなければ『留学生チュアスイ リン』はなかったろうし、京大助手滝田修氏と会い、あるいは石牟礼道子氏、渡辺京二氏（熊本・水俣病を告発する会）らにめぐり会えなければ『パルチザン前史』や『水俣―患者さんとその世界―』を作ることはできなかった。どの場合にも共通していることは、必ずしも映画を作ることを前提に生まれた関係ではないことである。結果として映画に結実することはあっても、それが映画を撮るためだけの出会いであれば、そこには一種の映画を仲介とした便宜上の交換行為として処理されるものにしか過ぎない。

私と山岸会とは映画をとりに三重県春日山を訪ねたのがその機縁であったが、結局一尺も撮影できなかったことが、今日までつづいているつきあいのはじまりとなった。一部には深く識られているように、山岸会の本質は「研鑽」と呼ばれる対話法にある。怒りをぬくこと、エゴから離れること、無固定、無所有、共生といったユートピア志向への解放は、まずその手始めに、自由な参加資格で集った雑然とした人間集団の間の「特別講習会」から始まる。私は養鶏法やそのコミューンにも興味は少なくないが、その一週間にわたる特別講習会の解明に心ひかれた。このいわゆる略して特講は非公開と聞いていたが、なぜか一度は、私に撮らせることを許可してくれた。恐らく、偏見なく山岸会をみていたことと、これが宗教でも秘儀でもなく、特講で行われる果てしない絶対対話のなかで、つまるところ、答えを自分のなかにのみ求めるという思考の回路が、ある部分で奇妙に洋の東西を問わず、コミューンを形成する場合、ほとんどこれに似た道筋をふむことになろうと信じていたことによるだろう。

先生も居ないし、思想誘導もその会議のなかでは抑制されている。「人間はなぜ腹が立つのか？」という一つの問いを二日も三日も考えあうという。「なぜ」「それはなぜ」と「怒りについて」自分の経験のなかでもっとも腹の立った実例を通して、理由を探っていくうちに、ほとんど豁然《かつぜん》ともいえる開示があるという。「そのときは一人だけ分かるというのではないのです。皆答えの近くまでぎりぎり煮つまっているので、まるで電流をうけつぎうけわたしていくように一挙に各自が自分の答えを発見するんです」と口の重い山岸会のある幹部は説明する。その曰く言いがたい一瞬を撮れることに、私はほとんど昂奮その極に達したものである。そこでカメラマンと録音技師とともに同時撮影の用意をして山にのりこんだのは八年前の正月のことである。

結果として撮ることは完全に失敗した。いざ特講を撮るに当たって、一つの部屋のなかに、撮影班と受講者と二つのグループが別々の目的で七日間もいるとすれば、受講者は雑念のため、つまり背後から正面からのカメラを意識し、事、意志に反し自ら本質を見極める一瞬をとり逃すだろうという。なるほどと納得する。カメラは音のしない装置のものであり、テープはほとんど邪魔にはならないが、それを扱うのは人の手である。で私たちは、いつでもまわせるようにセットしてカメラマンも録音技師ももどもその受講者の一員として、自ら特講を体験しようということで、話がついた。簡単な経過だがここまでくるまでに三日間位禅問答のようなことがつづいてのうえである。はじめ、私ひとりが撮影の意図をもって手ぶらできたときはほぼ一日の語りあいで、全員ニコニコしながら話をきめたのが、一山ほどの機械を背負っていざ撮影というときから、彼らは物思いにふけり出したのである。そして一応受講しつつその体験のなかで撮るということでその翌日から始まる特講を待っていると、首をひねりながら山岸会の人が来て言うのだ。「もし熱心に受講をうけた場合、あなた方はきっと怒りの原因について空の割れたように分かるときがきます。それをあなたは撮りたいとおっしゃるが、あなたがたが、その自分の啓示に撃たれているときに、カメラを廻せますか？　誰方が？　それを廻す方に神経がいって、その人は受講の本当の歓びも甲斐もないでしょう。そこんところが分かりません」という。誤解のないように言えば、山岸会の人々は撮らせるのを嫌ってのことではなく、受講者の心理に精通していて、その一瞬の祭りの情況を冷静に客観視することが可能かどうか真底いぶかって案じているのだ。そのことが分かるまでが、変な言い方だが、私にとっての特講だった。そしてこの特講を撮れなかったこと、また、撮れぬことを深く納得できたことは、私がカメラとテープをもって映画として万事を考えるなかで、はじめてぶつかった問題とうけとめた。もし手ぶらならば私はここまで深く、山岸会の人と一つの行為をつきつめ得たか、恐らく否である。その五日間で得た体験は、映画を一尺も廻さなかったとしても、私にとってドキュメンタリーな体験であり映画の体験である。私は自発的に、そして奇妙にも、うきうきしたものを感じながらスタッフとともに山を下った。

この場合、映画のとれない一瞬があるという自覚を私にのこしたが、それ以上に、カメラをもつ人間の立場をも考えさせた。私が職業として映画を択んでいることは、私は素手素面の人間でなく、それの機能を付着させつつ、さらに人間としていかに裸身にいたるかの自覚を深めることを自分に課する。

かつて、『留学生チュア スイ リン』を撮っているときに、逆にカメラをもっていることによって、そのポジティブな役割を意識したことがあった。今も日本人学生のアジア人留学生に対する関心が強まっているとは言えないが、七年前事情はもっと悪かった。本国が英領マラヤの時代、イギリス帝国のパスポートをもって日本に学んでいたチュア君は滞日一年後、本国がマレーシアとして「独立」することを日本で知り、英国の特殊権益のつづく限り、本当の独立はないとして、在日マラヤ人学生とともに抗議しデモを行った。それを理由に本国では、彼に対する召還が決定され、本人及び日本文部省に通告された。文部省はすぐに国費留学生の身分をとりけし学費を断った。それにつづいてしかるべき手続もなく彼の通う千葉大学留学生部は彼を除籍した。彼は迷ったうえ、日本での反対運動と日本文部省に対する裁判闘争に起ち上がっていた。一方、千葉大学は歴代の留学生に対するポリシーとして、同じ大学内で日本人学生との交流をもたせなかったので、チュア君のことを知る日本学生は極めて限られていたし、知っていても直ちに行動に出るにはあまりに隔離の時間が長すぎた。映画を撮りはじめて三カ月、私たちスタッフは、彼とかかわる前の自分らのアジアへの関心の薄さを省みて忸怩《じくじ》たるものがありながら、日本学生と手を結ぶ以外に彼の日本留学を継続させる闘いは勝ちえない現状認識に立って、ほとんど苛立ちのなかでカメラをまわしはじめた。その時点の展望は真暗であり映画の結末に日本学生、遂にチュア君を救うことはなかったという悲観的なエピローグを想定せざるを得なかった。私たちは北ベトナム爆撃開始に日本で初めて抗議した大衆デモが、ベトナム留学生によってアジア人留学生のみを組織し行われたことをカメラで撮りながら、その敏感なアジア人留学生の対応にくらべ、脱アジアに拍車をかけている日本をみるとき、後の問題をただ単に大学内の闘争だけで逆転させうるとは思ってもみなかったのだ。

昭和四〇年四月一五日、千葉大の構内で、はじめてチュア君が不特定多数の日本人学生を相手にメガフォンを手にした。それは国費打切り後六カ月近くたってからであり、さしせまってパスポートの期間の切れる数日前であった。学内は平穏であり、学生はチュア君の訴えの前を流れ歩いて必ずしも足を止めない。「チュア君を守る会」の数人の日本人学生が同じ焦慮をもっていたが、ときは四月の新学期第一日であり、考えてみれば他のことにあまりに興味をもつこと多く、チュア君の訴えすら一つのサークルの呼込みのように新入生の眼に映ったとしても無理はない。そのときカメラマン瀬川順一氏は、チュア君を中心に、ぐるぐるとその全身を塑像するように撮りはじめた。録音機をもった助手さんも、マイクをもって、一言も逃さずその声を記録した。スタッフ四〜五人のアクションは、誰の眼にも、カメラが記録すべきもっとも重要なことがここにしかないことを示しているかのように行動しはじめた。人々が集りはじめるとカンパ袋をもった女子学生が活気をえて歩きまわる。そのカンパ袋をカメラは丁重にフォローする。熱心に耳をかたむけはじめた学生を、カメラは当人が耳をかたむけている事実を撮っていることが明らかに感知できるアングルの配慮のもとに撮る。私はスタッフのその共同動作が三カ月の呻吟を分かちあったものの必然的な「演技」でそれはほとんど呼び込み動作に似ているのを見た。やがて刻々と、カメラのある異常な事態に足をとめ、チュア君をとりまきはじめた学生を抱えこんでスタッフとチュア君と学生はかたまりをつくりはじめ、あたかも、一つの野外劇のように発展するさまを目撃した。チュア君の訴えが集会の本旨であり、闘いが目的であり、獲得さるべきはチュア君の身分であり安全である。映画はそれに比べてチュア君にとってごくわずかの関連作業でしかない。むしろない方がましな位である。そこのことをスタッフは知ったうえで野外劇を演じている。そのカメラの動きは、本体の闘いを邪魔しないように配慮をつくしていることはチュア君を見つめながら、傍眼《はため》でカメラマンを見ている聴衆にも了解されてゆく。カメラは空気のような存在に近づいていったに違いない。もしカメラがなかったら、新学期第一日のその集会への集中度はこのようになったであろうか。「カメラやテープが記録していること自体が、ゆきずりの歩行をとめ、聞き入る自分を撮られたことが、チュア君への関心を確かに自分に留めるのに役立った」と、後日、ある学生は語ってくれた。それを決して夜郎自大的に大げさに評価したいのではない。カメラのある状態とは平常ではなく、かりに平常としても撮るものと撮られるものの関係をうみ、それが相互に一つの緊張を生み出す作用についていいたいのである。以後三日間、千葉大に泊りつづけて、一応の勝利(私費再入学決定)まで見とどけたが、この勝利は、当初私たちが予想した悲劇的なエピローグを転倒させた。そして勝利の結果だけを報道する新聞やテレビと異質の、闘いの生起する経過を克明に記録したドキュメントとしてできあがった。この経験も、私の映画作りにまた一つの光りを与えてくれたのである。

ドキュメンタリーとは人と出遭う作業であるとのべた。それとともに、カメラをもつことから始めて見えはじめる人間に投企するものであり、「被写体」という妙な言葉でいわれる対象者との関係から、真の人との出遭い、新しい人との出遭いを重ね、それを記録していくものだという漠然とした思念を以来映画作りの心として抱くようになった。

記録映画にとって、スタッフほど重大な要素はない。まず第一の人間関係は映画づくりにかかわるスタッフとの共同性である。それはひとりひとり歴史と個性を異にする点で、夫婦の共同性づくりと同じ困難がある。結局相互の異質の核をさぐりあてるまでは、酒の力をかり、あるいはおびただしい討論をへ、あるいは合宿しながら、最後には異質への愛といたわりまでいかなければ、現場において「スタッフである」とは言えない。『路上』のカメラマン鈴木達夫氏や『パルチザン前史』『水俣―患者さんとその世界―』の大津幸四郎氏及びスタッフをぬきに私にとって「作品」を考えることはない。スタッフ形成がうまく成就したときにのみ映画は独自の輝きをもつ、それが失敗したときには、たとえ演出者がいかにひとり卓抜していようと映画は統一した光源をもち得ない。

私はいつも、企画をもっているかとか、主なテーマをいくつもっているかと聞かれて、ただひたすら困惑する。いつもないのである。テーマを先に立てて映画を作ることに根本からの不安がある。世界の作家にせよ、日本の作家にせよ、一人の作品の歴史を縦にみるときそこに、ときに記録映画を手がけ、ときに劇映画を作ろうとも、一つのモチーフをもつ作家を発見する。その作品のテーマは多種多様であろうとそこに一つのモチーフの流れのある作家の作品に私は触れることを願ってきた。

私の場合、それが何か今だに分からない。ただ言えば「飢えの心情」をテコにいつも満たされぬものにむかっている気がする。小学生から中学生にかけて食べ物についてつねに飢餓感がつきまとった。大学に入る頃敗戦をむかえた私は、既成の体系が、戦前の思想が音をたててくずれたあと思想のうえの飢餓に悩んで満たされることはなかった。飢えが常態であり、満たされるときが不安といった心情が固定している。自分の映画表現、自分の映画手法についていつも満足したことはなく、がつがつとより美味なものを夢想し、それにむけて野犬のように赴くのが実のところであろう。これはモチーフといえるだろうか？　ただの原動力にすぎないだろう。もしかりに言えるとしたら、何かコミューンのようなものへの飢えがいま一番の飢餓感であるといえる。

記録映画が性に合うのは、決められたシナリオを批判的媒介として創造する劇映画とは異なり、スタッフが同じ現実とむきあいつつ、共同して一つの表現をとり出し、そのとき撮れたスタッフの真実を手がかりに次の表現に赴き、次の事実に立ちむかっていく、その共同性と異質性の葛藤・矛盾そのものにある。そして、他人は「私」ではないというごく単純な認識を基軸に、製作、撮影、録音、演出が一つのコミューン的な境地に、ときに到るその一瞬がフィルムに定着されたとき作品がうまれるのである。相識っているはずのカメラマンが、鋏をもって切りきざむことの不能なほど未知な質をもった茫然とさせられる映像を撮ったとき、録音が、潜在していた響きをまごうかたない感性の音としてとり出したとき、異質な核をもちあったものの闘いが一つの映画としてまきとられる。映画としての可視的な対象物となる。これは何者にも代えがたい快楽であり、飢えるものの生き甲斐なのだ。テーマは最後に浮上し顕然化するものであって、テーマ性から私の映画は成り立つことはほとんどなかった。そのことはのちに触れよう。そしてスタッフと根本的に語りあうのはつねにその人のもつ「モチーフ」についてであり「思想」であった。

　スタッフ論と京大助手、滝田修の五人組(共産主義的共同労働団)の構想とは酷似した部分がある。人のつながり、全人格的に相互に掌握し理解しいたわりを分かつ最少の部隊単位を五人とし、自らの暴力を生み出す部隊とする滝田の組織方針は、政治的テーマ、映画のモチーフとは独立して、私たちのスタッフの在り方とその共同関係のつくり方の点で心魅かれるものであった。

映画『パルチザン前史』は繰り返し、未だ確立されていない五人組共産主義的共同労働団の提起で終わっているが、この作品をつくり上げるまでの約四カ月、我々映画スタッフと滝田たちとは、暇があれば起居をともにし、酒をくらって、未だ生まれざる真の闘う原集団を夢み、その間とりためたものが一巻の映画として完成した。彼は、映画の完成後、映画とともに各地をまわって、次の二点を修正した。一つには共産主義労働団に自分が身を投じていないこと。それができれば楽しいし、やりたいが、残念ながらできていないこと。しかしこれをやりとげなければ、新しい戦闘部隊の質は獲得されない。その信条は今も変らないが、この矛盾につき当たっている——

一つには、映画のなかで、家庭生活がうまくいっているように受けとられるけれども、その市民社会の最後の砦である家庭も、いま言いがたい破局につきすすんでいる。女房を愛し、子供を愛するけれども、予感としては、それすら守り切れない道につき進んでいる。どうすればいいのか分からないが、これは映画を見る人々のために申さねばならぬ。

だが、「私の考えるところの新しい暴力、新しい人民との結合、新しいつき合いの形成はこの映画にのべた如くである」とうったえつづけた映画完成後の滝田修について、作者としての私もまた責任を果たさねばならない。彼はくりかえしのべるなかで、映画をスタッフ的に共有し、そして公開の場を通じて虚像の余地ある部分を修正し、映画を実像として受けとめることを観る者に要請した。映画完成後、二年間、彼はその約束通り、あらゆる局面に彼の力を惜しまなかった。

滝田は本年一月、いわゆる朝霞自衛官死亡事件の首謀者として、別件「強盗予備罪」容疑の下に全国指名手配された。活動の場を非合法に移している。私は映画『パルチザン前史』の作者として、映画づくりのなかにあった「五人組」的な結合を交したものとして、この情況のなかで彼とともに闘わなければならなくなった。一月下旬、朝霞署刑事による家宅捜査以来、電話の盗聴の疑いは極めて濃厚であり、身辺落ち着ける情況ではなくなった。このことについてはこの稿では立ち入ってのべるつもりはない。今、私たちしかできない反撃の方法として、小川プロとスタッフの主催によって、映画により、閉された滝田の発言を上映の場で解放すべく『パルチザン前史』の上映活動をつづけることを決めている。

私は官憲の加えたガサ入れや参考人としての任意出頭要求には拮抗してそれに耐えることはできる。しかし、このことから、今後記録映画を撮りつづけるために考えなければならない課題が継起してやまない。その方が今重大なのである。

記録映画は具体的である。一本の映画ができるまでに何百人も実在の人物に会い、無数の事実を調べ、そのなかから撮れるものを撮る。一つの表現までには多くの資料がある。『パルチザン前史』のようにもっとも権力との尖鋭な闘いを通じて、その暴力を描く場合、撮り編集する過程で充分な配慮はしたつもりである。この二年の間に、火焔ビン規制法案が上程されたりして映画フィルムが刑事上の対象となりかねない情勢が象徴するように、夜はさらに暗さを増している。この種の映画が対象として描いた諸個人、諸グループ、そして事柄が一括して「刑事事件」となり「犯行」となり、「犯罪容疑者」となるときがこないとは言えない。ドキュメンタリーの製作者の身辺に、権力から見れば「言論弾圧」としてではなく「犯罪の証拠」のために手をつけるであろう。記録作業の場は彼らの眼には証拠品の宝庫とも見えるであろうからだ。その場合、二重の意味で表現者としての立場が扼《やく》される。非協力者として権力をもって捜査し、刑事法の対象として仕事のできないように追いこむこと。もう一つ、協力者にしたて、裏切りを慫慂《しょうよう》し、ドキュメンタリーを作る場合の対象世界の人々と切断する。この両方の恫喝を併用して、自己規制を強い、ドキュメントのもつ告発力をぬきとる。

これが単なる予想ではないことは、本年二月から始まった、いわゆる日活ポルノへの攻撃を重ねあわせて読み取って頂けるであろう。黒木和雄、小川紳介、岩佐寿弥、東陽一と五人で行った警視庁保安一課への抗議とその応酬の全文記録はすでに発表したが、権力は些かも「言論弾圧」としないで「刑事罰」の対象とし、その容疑を固めるために、映画の上映の場から製作者、撮影現場スタッフから出演者に至る二百人に及ぶと言われるいわゆるポルノ映画の関係者の供述を求めている。自白の連珠によってワイセツ物陳列罪を構成しようという手口である。その被疑者に擬せられた関係者は確実に仕事上の責任を問われ、生活を脅かされ、自白に近い供述をとられることで映画づくりの自信を失い、映画の特性であるスタッフ間のつながりを断たれ、相互不信の苦さを味わい、陽気さを失い、映画を作るたびに根拠ぬきの果てしない自己規制のなかに創造力を閉じるようになる。現実にこのような事態が映画の世界で今起っている。このことをドキュメンタリーの今日的状況と表裏一体のものと感じないわけにはいかない。

「イタリヤでは独自のドキュメンタリーを作るには非常に勇気がいる……ニュース映画を含めて、イタリヤで上映されるドキュメンタリーは内外の作品を問わず、政府のつよい検閲下にある。そして映画館では、ニュース映画の上映が義務づけられており(傍点筆者)このニュース映画も全く体制べったりで、そのうえ、この方針に忠実な映画館には〝報奨金〟がある……」。これは昨年、日本テレビが主催した『映像記録の国際シンポジューム』のため来日したヤコペッティ氏の語るイタリヤにおけるドキュメンタリー及びニュース映画の状況である(昭和四六年六月二日毎日新聞)。二年前イタリヤの映画関係者が『パルチザン前史』をイタリヤで上映する場合、たとえサークル的な上映であってても「火焔ビンづくり」のシーンはカットして上映しなければならないが了解してほしいと私にいったことを思い出させる。恐らく、日本の官憲の描く構想は表現の規制、映像の国家管理をここまで国際化することであろう。『奴隷大陸』のヤコペッティ氏が、これに対する闘いの報告をしたかどうかはその紙面につまびらかではない。もし勝手な推測が許されるならば、『世界残酷物語』から知られた氏の作品歴は、イタリヤの現状から眼をそむけた果ての旅立ちになっていないだろうか。

この国際会議を設定し実現した牛山純一氏とは古くからの知己である。私は一言今日の現状で彼にいっておきたいことがある。数年前、時の官房長官、橋本登美三郎の圧力によって、第三部まで制作するつもりの『ベトナム海兵大隊戦記』をその第一部だけで中止し、再放送をやめ、以後、一切公開しなかったそのフィルムが、なぜ、その国際シンポジュームでは見せられ公開されるのか。『ベトナム海兵大隊戦記』は当時、すぐれたドキュメンタリーであった。この作品への弾圧はその後のテレビドキュメントへの内部から自己規制を強化させるきっかけとなった敗残のモメントとして歴史的作品である。その後、海外旅行〝ドキュメント〟、家庭的〝ヒューマン・ドキュメント〟と、それまでに、NTVが「ノンフィクション劇場」に拠って発表した作品活動を転回せしめ、ドキュメンタリーの本来具有する告発の牙を抜いた前記作品系列へと向かった事については憂慮しているが、今それに深くふれるつもりはない。

私たちが今、表現における弾圧に対して、ただ単に政治的に闘う一元論だけではすまないとき、あの作品の表現上の闘いには多くの学ぶものがあったと考えている。

私たちが今、はや古フィルムに属しはじめた『パルチザン前史』を今日上映するとき、上映の趣旨とは別の問題として、あらためて作り手としてもつ私たちの不安は、当時の政治情勢やアジテーションの共有にたすけられて、あの映画が価値づけられた節はないか。あるいは、たかだか二年にして、その内容と表現がすでにその真実性を失っていはしないか。映画がその時代の反映であり、そのときの事実に基くものであるとしても、はげしい時代のゆれうごきのなかで、この映画は〝今日〟にも耐えうるであろうか。ましてここには実在の、今日、権力が「超過激派殺人者グループ」とし、また「犯罪者」としている主人公、滝田修が登場し、その彼の言動、思想が今日の情況と重なり見えつつ、今も人々と語りあえるものをもっているかどうかである。いいかえれば映画はそのフィルムの力だけで立つことができるかどうか。これが新作の発表のように心ふるえる作業であり、今日の観客の心のひだまで改めて知りたい想いとつながっているのである。

ドキュメンタリーが最後に守られる場は観客のなかにしかない。それを守るものはつまるところ、その作品のもつ真実によってでしかない。現在、私たちはまだ健在であり、身体的自由は拘束されていないから、映画を観客の前に呈出するため、小川プロの諸君を中心に精力的な運動がすすめられている。そうすることにともなう新手の弾圧や妨害も予知できる。イタリヤの現状が示すように、映画が権力の手で出口なしの状況に追いこまれたとき、映画は映画であることによって、観客を求めていくだろう。それは映

胎児性水俣病を疑われる患児の自宅で解説しながら上映する土本.
熊本県・横浦島.

画の表現の質によってであって、いわゆる「政治性」や「社会性」や「運動性」といった外皮によってではない。権力が「刑事対象」として映画を扱う時代に、端的に「映画」がその映画の質によって立ってほしいのである。映画を基本的に守り、保証するのはこれらの作品がことごとく同志的な独立プロで作られたものであり、その著作権も上映権も一指だに権力の触れることを許さない場所でつくられていることによっているが、それだけに安住できようか。

『ベトナム海兵大隊戦記』における争点は、有名な首狩りのシーンについて、権力は「表現」を残虐として表現そのものを問うたのに対し、「ベトナム戦争の現実」そのものが残虐であり、表現はその事実によるものであって、表現がひとり残虐を意図したものではない、という一点にこの弾圧のポイントを要約できると思う。不幸なことに、同じ時期のテレビ、同時代のいわゆるドキュメンタリーに、観賞用の「あばかれた恥部」とか「非情な眼でみた残酷シーン」とかをうりもののドキュメンタリーが横行しているのであって、権力はそれと脈絡をつけ、世間の常識に訴える手口をとって弾圧を加えたのであった。

私はこの作品をドキュメンタリーを志す一人として見、権力の物言いを予感した。見終えて、この作品のまとめに敬意を表しつつ、プロデューサー牛山純一氏に書き送った。その一部、今も記憶にのこっていることを記すのを許して頂きたい。「……カメラマンは政府軍が首狩りをするものと予想して行軍のあとをついて行ったであろうか。恐らく突然に起こった現実の事態に最も恐怖しショックをうけたのは彼であろう。カメラはしげみのなかにかくれ、その位置に釘付けされていた。練達なカメラワークを見せていたカメラマンが、そのときは放心したように、レンズの交換もできないでいる。たえずゆれ戦《おのの》き、カメラ前の草むらはほとんど視界をさえぎりつづけた。……ただカメラのボタンを押しつづけただけだ。戦慄する現実にむきあって、ただひとりの人間としてその場にいただけであることを反映している。これは『狙った現実』でなく『起った現実』だ。加害者側の南ベトナム政府軍海兵大隊の後尾につきながら、その加害を『撮って』しまった。このシーンをとることで同時にベトナム戦争の汚い戦争といわれるものの本質を『撮って』しまったのだ。現地にいったスタッフは、このシーンを除いて編集することはできなかったのは当然である。作り手が、このシーンを登場させることを決めたときから、まとめは、このシーンを軸に展開していったであろう。そのことが、作品全体に肉声をともなって、作り手の苦しみをつたえ、見る人すべてをベトナム戦争にむき合わせたのだ……」。要旨は以上の点にあったと覚えている。

私は一般的な声援でなく、記録というものの真実を権力からまもれる闘いの方法にふれて語ったつもりである。「表現」が残虐でショックであるより以上に、現実そのものが残虐であることを作り手の側で映画の論理とし、映画の思想とするのに、当時これほど教示にみちたケースはなかった。以後の経過はそれが生かされなかったことを語っている。六年をへた今、その映画を自ら非公開とし、日本の人々の眼にふれえぬものとして来ながら、国際シンポジュームでは公開される構造が今日のドキュメンタリーの日本的情況を端的に物語っている。これを「幻のフィルム」とすることのないよう切に願いたいのだ。

本多勝一氏の近著『事実とは何か』のなかで「どの視点に立つのか」という立論に心惹かれた。どの側に立つか、その側の主観的な事実こそ本当の事実であり、「客観的事実」などというものは、仮にあっても無意味な存在であるというのだ。「『対立する二者』といっても世はさまざまです……その最大の対立する二者は支配する側とされる側です……抑圧する側とされる側、搾取する側とされる側、公害でもうける側と不具にされ殺される側、戦争でもうける側と徴兵され戦場へ駆りたてられる側、その駆りたてられた兵隊に殺されるもっとひどい側……という風に考えるとき、どちらを選ぶ記者になるかが問題です……中間の記者は結局は支配する側へ吸収され、利用されてゆくことになるでしょう」(『事実とは何か』九七頁)。この二つの側の例証が次第に下降し、かりたてられた兵士によって殺されるものに至る階梯は感動的ですらある。中国人大量殺戮を扱った「万人坑」のルポに対する氏の姿勢を改めて思わせる。それとともにどちらを選ぶ記者となるかという記者の心がまえについては、明快な決断とうけとるけれども、私たちは、すでに一つの側を主観的には選びとる外ない以上、その側ゆえに起こるべき問題について考えなければならない。しかも映画に、特殊にはドキュメンタリーにたずさわるものとして今一つの武装が必要のように思われてならない。先に独立プロによって守られる地平についてのべたが、それすらも権力の弾圧を予想できる今日、それはさしせまった問題であろう。

私はまだ二十歳前後の頃、戦後盛んだった文化活動を地域でしていて、詩人であり、作家であり、画家であった故中野秀人氏宅で数年毎日曜日のヌードデッサン会に通った。

毎回モデルは変わってもヌードばかり描かされた。彼は決して石膏や静物を教材にしなかった。初心のときからヌードであった。その理由が次第に分かった。本当にみつめて描かないと人体の場合、嘘が一目瞭然なのである。静物ならばもう一個リンゴをかき足しても悪くはないが、ヌードの場合、ごまかしをすれば必ず人体が人体でなく、その奇形性が描くものの精神の奇形性をそのまま対象化してしまうのであって、改めて教師に聞かなくてもその日その日の感性は刻々証明されてしまうのである。巧いか下手かは素質であって、どうしようもないが、私は一つの素描が生きているか縫合屍体か二つに一つを選択させられるこの作業に一時とりつかれた。ある芸術には、そうした心身の一体性があるのであって、バラバラたり得ないものだという認識がそのときつよくうえつけられた。だから石牟礼道子さんの文章にはかりに無署名であれ、指紋に似た「文紋」の如きものがある。論文とちがって、すぐれた文学には分断されてもその言魂《ことだま》のようなものが死滅せずに息づいているもののように思える。絵画にしてもボッシュやブリューゲルの絵はどのようにトリミングされてもその作者を主張しつづけるであろう。たとえ複製されたものであってもその作家を見てとることができる。しかしいわゆるニュースやドキュメンタリーはどうであろうか。先日チャップリンの切れ切れのキーストン時代のフィルムを見たが、その断片のなかにもチャップリンはチャップリンであった。私はここで記録映画の作家性とか逆に無署名性について論ずるつもりはない。それぞれの時代と人間を記録してきた記録映画が今までいかに多く改変され変造されてきたことか。国家権力が映画資料をあつかうことにおいては、社会主義国の場合にも危惧はある。先年キューバで革命後十年に及ぶニュース映画のほとんどを私ひとりで見る機会があった。そのなかで、今は公表していないという革命後間もない時期のニュースがあった。なぜか？　と聞くと、ここに出ている人物は三年後、アメリカのマイアミに亡命して、プラヤヒロンへ逆侵攻してきたときの指揮者で反革命的人間だからという。だがそのフィルムはオープンな形で試写室では見れたし、保存も確かであった。開放的なキューバでの話で、いささかも歴史的フィルムの歴史性について尊重の気持ちを失わないキューバＩＣＡＩＣのフィルム・ライブラリーの女性担当官はこの問いに対して困惑をかくさず肩をすくめていた。このようなことは、今日、ロシア革命の後の公的記録映画フィルムの運命を思わせる。革命期の中央委員の大半を殺してしまった歴史を、フィルムはまだ保存されており、再び証言可能であろうか。戦後、旧『日本ニュース』を中心にした記録映画作家の一部がかつて、『日本の悲劇』という精一杯時代の証言を行ったフィルムを送り出し、それが無残にオクラにされた時代に育ち、当時視る側にあった私には、記録映画とは体制の批判者であり現実の矛盾点をつくものとしてあった。同時にその困難も考えさせられてきた。その点では、亀井文夫氏の戦中の仕事（『上海』『戦ふ兵隊』）は、苛酷な戦時下の仕事として神話的ですらあった。しかしその後映画に入ってから、単なる記録フィルムは、その「事実」のまま、編集により、音楽により、そしてコメントによってまったく見事に変わるものであることを学んだ。「記録映画」の嘘は劇映画の嘘より悪質である。歴史的フィルムが体制の手でとったものしか残っていない場合、そのフィルムの当時もった宣伝性を、再モンタージュによって逆の主張に変えた例として数本の反ナチス映画を指摘できる。当時軍用カメラとして開発されたといわれるアリフレックスは、たとえユダヤ人収容所を記録しようと、カメラに答える子供の顔のゆれ、女性の顔のかげりを生き生きと記録していた。一眼レフ系のレンズと手持カメラの自在さは、ナチスの側の映画撮影隊員の眼をもって撮っても、そこに生身の人間を接写し得ていた。戦争が終わってから、収容所に入れられていたユダヤ映画人たちの手により、近くはソ連映画に至るまで何篇の反ナチ映画に使われたことか。アメリカ側が日本の攻撃性能を記録した軍用記録の神風特攻隊のデュープ・フィルムが、『日本ニュース』の出撃シーンとモンタージュされ、何度くり返し軍国主義へのノスタルジーの喚起につかい廻されたことだろう。

俳優をキャラクターとしてあつかう劇映画作家には想像がつくだろうか、記録映画が実在の「肖像」をうつしとり、そのことばをつけたものが、「犯罪」の証拠写真に役立てられるという危惧を一度も忘れ得ないということを。劇映画はその一体性ゆえにショットが切りきざまれることはまずない。しかし縷々のべた反ナチ映画の場合は旧ナチス・ドイツの映画をかえた例であるが、立場をかえて、つまりテーマをまったく逆にして、私たちのつくる映画が権力の手により勝手に再モンタージュされないとは断言できない。事実、滝田修の顔写真に窮したマスコミは、彼が逮捕されるや、小川プロに、『パルチザン前史』からの滝田の肖像の抜き焼きを申込んできているのである。つまりその神経は映画が人相書きの材料にされるのと一歩の距離なのだ。

権力の望む肖像と私たちの選んだ肖像、彼らの記録と私たちの記録、彼らのドキュメンタリー映像と私たちの作るドキュメンタリーと敵対的に対比してゆくとき、権力がそのテーマを換骨奪胎することが至難な方法論をまさぐらなければならない。仕事柄、音も音楽もナレーションも未だつけられていないフィルムを見る機会がある。またテレビドキュメントで音をしぼってみてもよい。その音のないフィルム世界から耳朶《じだ》を撃つような音や声のきこえるショットがある。そういうショットの場合、そのイメージからうける直接的で連続継起した肉声を聞きとろうとする観る側の欲求に対して、作り手の客観的な、あるいは作為にみちた音の技法や、ナレーションは、ほとんど生理的なまでの反撥にさらされるか、そのナレーションの作為はフィルムによってあばかれる。また、対象が一言も発言せず、音のない対象であっても、そのもつカメラの動きが、主観的にカメラマンの行為を示し、対象に接近し、あるいは感性を喚起するとき、そこにはイメージを通じての語りかけが滲《にじ》み出てやまないのであり、この語りかけに反する言語的もしくは音楽的加工は異和感を生み、その嘘を顕示してゆく。それと反対に、ナレーション次第では権力の望むテーマに変化してしまうたぐいの「客観的」なショットがある。そうしたショットの特徴は、映像が一つの記号であり、文法にかなっており、モンタージュの容易な平明なイメージであることが多い。そして必ずしも現実音をともなわず、事実の個別性について一元的な説明を追求する。殺人は殺人であり、暴動は暴動であればよい。ロング・ショット(遠景)、ミディアム・ショット(中景)、そしてクローズ・アップ(大写し)とすべて映画のフレームの最低必要な画面を忘れることはない。これは常識的な技法であり、そのための映像技法に適応すべく、カメラは開発され、発達し、見ダイナミックな映像処理は、カメラのもつ機能により、たとえ客観的立場に立つとしても充分可能なのである。(前にのべたようにナチスが、軍用カメラとして開発したアリフレックスはそのいい証左であり、今も名カメラとして記録映画用カメラの主流をなしている。)

権力はいずれのタイプの画面を脅威とし、いずれのタイプの画面を、テーマのすりかえ可能の「原材料」として見るかは自明のことであろう。言いかえれば、きわだって、個的な映像、ほとんどスタッフによってのみ共有を許されるというに価するほど、きわだって個的な映画の語り方が、その記録を換骨奪胎から守るのである。いわゆる、分からないとか難解とかいう批評に、謙虚に耳を傾けるのは当然であり、その謙虚さはどれだけ深くてもそれで充分とは言えないが、その分かりやすさとか平明さを求める批評の基準が、「事実を客観視せよ」とか「反対意見に耐える公平を期せよ」とかの指示性を秘めている場合が極めて多いのである。テレビ局内の自己規制はほぼこのようなことから始まるのが常道である。一見もっともらしいが、その観点をうけ入れて編集・構成・録音へと作業を進めるとき、もはや現場で獲得したものとはまったくちがう、牙をぬかれ、規格にはまった一人称不在の「製品」となることがしばしばである。そのようなフィルムは、のちに、テーマをもかえた偽造・変造のドキュメントに堕するのにあと一歩の距離ではないだろうか。

権力は「表現の自由」については細心であり、同時にシステム化している。彼らのもっともチェックするのはテーマである。一つ学生運動を素材とするにも、一つ公害反対闘争を撮るにも、そのこと自体を禁止するわけではない。その作品群の量が増えることも本質的脅威ではない。攻撃的なテーマ、反権力的テーマ、権力がその手で管理し、間接的にも統御できない作品を恐れる。したがって、企画意図、シナリオ、映画のテーマの明らかなものを標的にして、それによって、対応のし方を勘案しようとする。その時に、映画を撮ることによってでなく、テーマやシナリオを武器としてそれに拮抗し闘うことは極めて困難である。もちろん、一つの作品を作るのに、テーマ抜きに撮ることはない。しかしあらかじめテーマをきめ、絵をつけていく作法は、すでにのべたように私たちの映画作法の視野にはない。テーマをたて、シナリオを想定することは、スタッフがイメージを共有する過程で必要であり、その想定が、現実にカメラをむけたとき、いかに変革を余儀なくされ、いかに自己解体されるか分からないにせよ、その明日の作業に対して、こわされるべきもの、あるいは深められるものの現在形として必要であり、スタッフの討論のパン種としてあるのである。あらゆる想定を超えて、現実はより自由であり、より豊饒であり、複雑であり、弁証法的思惟を求める。それに耐えうるよう本来ひとりひとりが異質な核をもつスタッフでありながら、全員が創作主体を分かち、一つの同一主体でありたいという架空願望をとき放つとき、テーマは実体的にスタッフのなかに生まれているものであろう。

「よく撮った」という批評がある。しかし実感としては「撮れなかった」ものの方が多い。そして「撮れたもの」しかフィルムにならないのである。ドキュメンタリーを志すものにとって、撮影現場への出入りを絶たれることがほぼ常態である。『パルチザン前史』をとっているときも『怒りをうたえ』(七〇年安保闘争記録)でも、また『水俣』のような映画でも、そこが権力の支配の及ぶ場所である場合、権力は必ず許可した報道人や記者章をもつものと、私たち無記章のものを識別し、撮影可能な領域に入れないし、入った場合でも、排除する。それが大学当局であったり、機動隊制圧下の路上であったり、水俣の場合、市役所やチッソ工場であったり枚挙にいとまがない。もちろん「策略」も立て、「闘争」もする。しかし「撮れた場合」の多くは、基本的には権力に立向う人々の手びきによるか、権力と顔をつき合わせる闘いの動態を利し、そこに這うように近づき得た場合しか「撮れる」条件がない。そしてそのとき、カメラとマイクは彼らと我らの動態のはざまにおかれ、そこで「撮れた」か「撮れなかった」か二つに一つしかないのである。

『水俣―患者さんとその世界―』のラスト・シーンとなったチッソの定例株主総会のとき、事前の情報では一切のカメラ・マイクを入れないということであった。同様にビラ・垂れ幕・旗・メガフォン等の表現の武器も一切取り上げるという措置が伝えられていた。だから私たちは隠しカメラ、かくしテープ・コーダー等を準備しつつも、たとえ中に入れなくても場外の描写をもって語れる準備をする一方、大衆的な闘いによって、そのチェックと防禦線を突破できるチャンスをうかがっていた。チッソの管理は厳重であったが、それが激昂を呼ぶ種となった。その激突の間をくぐって私たちは一挙に器材をもちこむことができた。そして映画をとりすすめながら、最後に浜元フミヨさんが社長江頭豊につめよった瞬間、この一瞬を可能にするために心をくだいていた支援の人々は人垣を作って、テレビやニュースの諸氏を一歩もその円陣のなかに入れなかった。この人々で占有した空間のなかに入り得たのは映画では「東プロ」の人間だけであった。そしだから撮ったのではなく撮らしてもらったのであり、つまり「撮れた」のである。そして、この「撮れたもの」のなかにテーマが浮上して来るのである。極端にいえば、とれる前のテーマの顕示や目的意識性の堅持は、撮るための具であったり、「映画運動」の不可欠な表現ではなく、ひとり、スタッフのなかに、あるいは製作集団のなかにあればよいのであって、映画製作上の外的な附加価値としたり、免罪符とすることは映画を作ることと無縁のものであると思わずにはいられない。

先に現実は自由であり豊饒であり弁証法的思惟を求めるとのべた。その場合、対象のなかにいつも基本的には二つの側が厳然としてあり、どの側から見るかということはドキュメンタリーを作る場合の一つの見地づくりとして重要であり、対象と私との関係を規定するものに思える。このことについて考えるようになってから最近の記録映画論のいくつかのなかで私のこの思考の方法からみて、対極に立つと思われる手法に陥りかねない立論をみるので一言ふれたい。

かつて記録映画の原則を最も端的に要約した大島渚氏は次のようにのべたことがある。「記録映画の原則とは何か。それは一つは記録する対象への愛、強い関心・執着であり、今一つはそれを長期にわたって行うことにほかならない」(「映画批評」一九七〇年一二月号)。彼は『忘れられた皇軍』の体験をもとに、初心を発見した感懐をのべて感動的である。しかしその述懐と作品との関係は必ずしも一致していない。『忘れられた皇軍』は次の点で忘れられない印象をのこしている。陳情デモを空しく終えた夜、赤ちょうちんの酒場で、涙を流して悲しみなげいた朝鮮人元傷病兵のクローズ・アップはその人々の一八年の苦しみの爆発であり、彼の主張、彼の自己表現のピークであった。それは同時に映画のピークと重なり、ラストは、天下泰平な夏の海辺をゆく彼を追いながら、「日本人よ！　これでよいのか！」というナレーションでしめくくっていた。その怒気はほぼ大島氏の肉声であり、観る者を震撼させるにたる重量をもっていた。その構成は一つのテーマに貫かれて間然とすることはなかった。しかしそれゆえにまた、テレビの作品性の要求した枠にきちんとはまっており、そのピークは「劇」的に創出されていて、いわば「劇」映画的な質の感動を収斂しているものに思える。『忘れられた皇軍』の場合、長期間の記録の条件はなかったが、それがないところから逆の方法が生まれたのだ……長期間記録の条件がない時、あるいは政治的規制が存在する時、彼らは逆に、それを主体的な方法と化してゆく作品をつくっていくのだ。もちろんこのことは私が『方法だけを論ずるものは頽廃する』で危惧したように、その記録対象と製作条件のからみあいの中でののっぴきならないものとして発見された方法が、ただちに方法だけ取り出されて他の作品に使われてしまうという不快な堕落をともなうのだが……」(「映画批評」前出号)。この「逆の方法」がその初心とどう向き合ったかがドキュメンタリーの問題であり陥穽なのではないだろうか。

その「逆の方法」なるものはあるいはドキュメンタリー映画のなかでのテーマ性とド

ラマ性をドキュメンタリー風に混沌とさせつつ、開示してゆく、いわゆる「アクチュアリティの創造的な劇化」(ポール・ローサ、イギリスのドキュメンタリー映画の理論家)の方法論と紙一重ではないかという危惧である。「日本人よ！　これでよいのか！」という思いは受け手にとって強く響くが、果して彼と朝鮮人傷病兵とのかかわりは、そのように一体であり、一元的でありうるのか。そこには「劇」化を本能的に志向する演出手法のにおいをかがないわけにはいかない。その「劇」化からあふれこぼれる現実のなかにドキュメンタリーの不断の発見性への継起があり、その総体系へのかかわり(長期記録をふくめ)こそドキュメンタリーの初心であるのではなかろうか。私が大島氏と同じ頃、同じ番組で仕事をしていた関係から、テレビの諸属性は充分理解しており、それへの妥協もそれへの了解もしたうえで試行錯誤を試みたものとして、他在的な見方を片時もできるものではない。しかしその後の氏のドキュメンタリーにおけるコメント重視(『ユンボギの日記』)や爆発点の設定(韓国に取材し、かつて革命闘争に傷つき今は売笑婦となっている一女性を主人公とした『青春の碑』のラスト部分)等を見ると一つの体質的な「劇」の発想をみないわけにはいかない。「季刊フィルム」の七一年七月号に武満徹氏との対談で、氏は『忘れられた皇軍』のプロセスと意図をこう語っている。「ドキュメンタリーというものを、ぼくは日常的な積み重ねで撮ろうとは思わないんです。いわば、その人間が自己変革をおこす、あるいは自己変革をおこすことによって他を変革する瞬間をとらえたいと思ってますね。その瞬間をとらえなければ、ぼくはドキュメンタリーではないと。だからぼくは『忘れられた皇軍』をつくった時から考えついたことを言えば、普通の監督だと、キャメラを意識しないで下さいというのを、ぼくは意識しろと言うのですよ。……人間はキャメラを意識したら喋りたくないですよ。でもそういうふうに抑えながらも、もう一回激発する瞬間、だあっといっちゃう瞬間のようなものを撮りたい。だから『忘れられた皇軍』というのは割合うまくいっちゃった。彼は絶対に自分のことなんか言わないでおこうと思っていたのだけれども、言っちゃった。……」

カメラがそこにあることについて、その存在を意識しないことはあり得ない意味で、意識しろと言うのは一つの見識であろう。しかしカメラを一つの媒介にして、対象をして喋りたくない、自己表出したくない状況、ある意味で一つの抑圧をつくり、それを打ちやぶって自己表現をとげてゆく。そこの激発をとりたいというとき、そこには練達した俳優操作と、現実の重層に対する凝視ではなく、一気に劇的発展をまちのぞむ作家がありすぎはしないか。テレビのドキュメントが限られた製作日数と、その内容にかかわらず二五分定尺という規格が厳然とある場合、そこにも一つのドラマとピークを求められる。終りのない終り、日常と日常とのはざま、連続する日常も、いつの日か非日常に転じ、いつの日か爆発に至るであろう。ある撮影の期間では、胎動といえるうごめきでしかないかもしれない。それは「ぶざま」にもプロセスだけかもしれない。しかしそのプロセスを共有することが、真にドキュメンタリーだけに課せられた「記録」の本旨ではないだろうか。誰もが変革の一瞬を撮ることを夢みる。それは「撮る」ものでなく、まさしく「撮れたもの」であり、作為によって爆発させられ、カメラに納まるといった態のものではないだろう。氏の演出の方法が次の報告とどうかかわっていくのであろうか。

「記録者は対象と対決することによって、記録者自身が否定され、破壊され、そこから新しく生まれかわる状況を記録していくのが、映像記録の原則だと思う。つまり、いま自分がカメラをまわしていることは、相手にとって、そして自分にとって何を意味しているかを問いつめてゆくべきだ。ここでこそ記録者としての主体性が問われるのであり、カメラが加害者であることを忘れてはならない」(一九七一年六月、映像記録に関する国際シンポジュームでの日本報告とする毎日新聞より)。

氏の場合記録者が対象と対決するというとき、カメラをもっての対決であり、それは対象者に意識されるに価するものであり、加害するものである。その立場と特性をもつものが、対象にむきあうことによって、記録者自身が否定され、破壊され、そこから生まれる状況を記録するのがドキュメンタリーだということであろうか。そのとき、記録者の眼対対象一般という図式であるのか、どこの側にいる記録者のどこにむけてのカメラの闘いであり、自己否定の闘いであるのか。記録者の眼という無限定な眼がありうるだろうか。この彼我が一つの現実を対立するモチーフのもとで相争うとき、一つの現実に彼我のはざまにあって相むかおうとするとき、カメラをなぜいつに加害の表徴としてのみとどめるのか。カメラよりもっと巨大な加害があるとき、カメラもまた被害の場に立ち相手を加害すべく立ちむかう構造の自在さがありはしないか。ドキュメンタリーが権力によって物理的に取材規制をうけるのみではなく、いま現代の矛盾が一斉に中間の立場を許さぬまでに二つの側で死闘している場合(側を階級におきかえてもよい)、私達の出発点はカメラがどの側に加担するかということこそ一つの決断であろう。

　我対対象一般、カメラ対対象との間の矛盾・相克といったその基本動作は常に正しい。しかし対象はつねに二つの側のいずれかにあることから応対が始まるのである。この二つの側の闘いのはざまに今日、ドキュメンタリー映画はその反権力的資質を鍛え上げられざるを得なくなっているのだ。同じ論に立って、カメラは加害者の意識のうえに立つことは充分あり得る。しかし誰に対したとき加害は加害の正統な力を発揮するのか、いま、カメラ＝加害の一元論を更に多層に分析し、対応してゆかねばならないところにすでにきているのだ。チュア君の集会シーンを例にするまでもなく、カメラをもった人間の闘争現場への出現を渇望している人々も日本の底辺のいたるところに常在している。カメラの暴力性とか加害性一般はしいたげられた側のなかの記録の精神とほぼ無縁なのだ。

対象に眼をそそぐとき、カメラをもって見まわすとき、事実は生起し、変化し、極めて多彩であり、生きており、とても一つの言語的言語で形容し得ない。とくに対象に対して恣意的テーマ的に選択するのではなく、その対象そのものを理解しその全体性に近づこうとするとき、ドキュメンタリー映画はもっとも有効な表現が可能である。かつてある人は「編集で六十点、音を入れて七十点、音楽を入れて八十点、ナレーションを入れて百点満点」といった意味の記録映画作法を語ったときいたが、私はこれに深い疑問をもつ。映像で百点でないものは、音を入れても、ナレーションを入れても百点にはならないのではないだろうか。ときに、音を入れナレーションを入れることで映像のゆたかな内容に観念や感性上の枠をはめるのではないかを怖れる。一つのシーンはときに事件をうつしながらもそのひとりひとりの人間を語り、あわせて、その風土を包み、その群衆の心情の美しさを描き、また動きの変化のモメントを呈示しているなど多層である場合がある。選びぬかれたコメントの言葉としての規定性とはうらはらに、映像は観る人々の意識のなかの数チャンネルを一挙に働かせることをうながす。もしこれにナレーションを入れればその数チャンネルのうちの一つに添ってこれを見よという指示になる。また、美しさのチャンネルを増幅すべく音楽を使用すれば、変化のモメントとか、事件とか硬性な部分は一つの音楽のテーマのなかに包みこまれて一つのチャンネル、一つのテーマ性のなかに融解し、埋没しかねない。映画がトーキーとなって音を獲得してから、見る人をいつも受動的にうけとるよう馴致してきたように思える。ほとんどサイレント映画に見るような映像の多元的な喚起力を失いつつある。もっとも重大なシーンはつねに副次的解説的な要素を排するほどつよい吸引力をもつ。その映像のもつ力は、作者の意図したコメントや音楽と異和し相克し合うものだと思う。それでも人々はやはりコメントを求めるだろう。しかしその人々が画面からうけたものから自らのコメント自らの音楽を想念のなかで作り出すものだということを、作り手自らのコメントと音楽のかくとくの意識操作をよりどころにし、ひとしく観る人に対し、信頼し、求めてゆくことがドキュメンタリー映画の一つの特性ではないだろうか。

近頃の報道部門、とくに短いニュースのなかで、今でも現実音、例えば国会答弁をできるだけ原音のまま放映しようと努力しているテレビ局と、ほぼ同じ秒数同じシーンを出しながら、必ずコメントをもって説明する局とある。これは些細なことのようだがコメントだけが最終的に管理できるものであり、それを管理しているか、その管理に拮抗しているかの差が見られるのである。

臆することなくわれらの言語、われらの世界観をアジテーションとして映画のなかにぶちこもうという勇しい作業もある。それはそれで私の目下の追求の外にあることである。私が『パルチザン前史』のなかで一切の音楽と一切のコメントを排してみたのはこの作品の対象のなかに、一つのテーマに絞りこむにはあまりに生々転々する青春があり、その語り、その歌、或いはその叫びがすでに充分音楽的に思えたからであった。『水俣―患者さんとその世界―』で中世教会音楽を使用した。東陽一氏の所蔵のレコードから録音を担当した久保田幸雄氏が発見したレコードである。これを、自然と人とのかかわりの個所にのみ使用した。タイトル・バック、蛸と海、海辺、この三カ所である。この人間のもつ音楽的世界はそれ自体彼等の選択としての艶歌であり、小学校唱歌であり、御詠歌であり、それらは、交換不能のものとして、厳存し、それがこの作品にとってもっとも大切であると思えた。撮影と行動の空間のなかの音、声、物の響き、語り、そしてその場で耳にした音楽、それらはそこで現実とからみあって生きている。そうした音をこそ発見し、記録し、フィルムと重ねることへの興味がまだ果てしなくあるのである。

権力に分断されることのない映像と音のこもったフィルムでありたいと思う。その一つの答えを小川紳介氏は出している。『第二砦の人々』で採用した手法はフル・シンクロ（全同時録音方式）による長いショットの意識的使用である。撮影しているとき、音はとられていなければならず、音が生起したとき、カメラはその音を追わなければならない。つまり複数のスタッフが一本のシンクロ録音のコードで相互にしばられつつ相互の記録作業に呼吸を合わせ闘争シーンを、そのわずかの戦いの合間の農民の語りを撮る。

これは練達したスタッフ・ワークと、強い表現上の共同動作がなければできない。予期せぬ現実との対応のなかでそれをしとげるのだからである。このフィルムは、二時間を超える長尺をショットとしては八十五カットで構成している。その一カットを恣意的に使用したとしても音がなければ表現のすべてでなく、絵だけでは何を喋っているか分からない。それでいて、絵だけ見ていても、農民の語りが沸々と湧いてくるような密着があるのだ。つまり換骨奪胎のほとんど不可能なフィルムとして完成されたのだ。同時撮影、長廻しカメラだけならどこにもある。しかしこの方法のなかには、強靭なスタッフ論と側の問題、対象世界の人々とのかかわりが渾然一体をなしているのだ。これはおどろくべき一つの到着点であろう。一つのフィルムのつよさとは技術的なこととしてではなく、総体がいかに生きた体になっており、屍体縫合を拒否するか。先に一つのテーマ主義についての意見をのべた。つまり「記録とは」「事実とは」について本多勝一氏の胸も借りてのべたつもりである。結局、映画における記録の主体はスタッフにしかなくドキュメンタリーはそのスタッフの全時間の対象化、外化に外ならないと考える。映画は作ろうとして作るものでなく、産まれるものだという思いがしきりである。

映画『水俣―患者さんとその世界―』も出遭った人々の協力によって生まれ、その協力はどういう映画を作ってくれという「契約」ではなかった。私たちは映画の期間やフィルムの撮影の量を予想することはほとんど困難であった。「公害反対」のテーマにも「二度と水俣病をくりかえすな」の叫びにも心をすべて託すことはできなかった。ただひとつ、映画はできるであろうと思わせたものは、患者さんが病者としてでなく、漁民に見えたときである。その漁民の住む村のたたずまいが石牟礼道子氏の文章により、私たちスタッフの住みうる広さをもっていることを知り、それを確信をもって裏づけてくれた熊本の水俣病を告発する会の人々の、仕事とも生活とも道楽とも闘争とも分かちがたい姿勢に学んだからであった。『水俣―患者さんとその世界―』が生まれるのに、患者さんのすむ漁村の水俣病多発地帯に居住安臥させてくれることがもっとも必要だった。石牟礼氏や熊本の人々は、妊み婦を産屋に入れるように、まゆをつむぐかいこの習いをまつように、一つの映画のできるのを、じっとみつめていてくれた。そこには幻視の邑があり、人里があり、「惣」的なものがかいま見れないだろうか。

私がこのような考えにとりつかれる契機となった『パルチザン前史』について、その完成の直後にかいた一文がある。創刊号だけでつぶれたと聞く京都の同人誌『表現』に発表したものである。ここに映画をたち切られることを許さない一つの「生きもの」でありたいというねがいをこめてこう誌した。いささか長くなるが、私にとって自己開示の声がありのまま出ていると思うので、その引用を許していただき、最後としたい。

「私のこの二、三年の映画は、撮った順序と編集した順序とほぼ同じである。その点

『パルチザン前史』もがんこにその方法を継いでいる……。

『大阪市大落城』のシーンは京大時計台(註・―の攻防戦)をみつめた三十時間がなければ、あの撮影はできなかった。京大落城、その前日の百万遍(註・町名)闘争――その一見みごとな闘いでありながら、そこに計画されたものより、その力量より、はるかにつよい権力によって不発に終えさせられた。その(権力の)つめ将棋的な統合力を見てきた眼でしか『大阪市大』のシーンの訴えかけているものを抽象できなかった。京大で捉えた教師像、例えば京大時計台を茫然とみつめていた教師、九・二四の文学部再封鎖のときに『退去勧告』にくる教授たち、さかのぼっては九月下旬、同志社大学で『赤軍』のボックスを密偵のように機動隊指揮官に売ったベレー帽の教授たち、こうした使用、未使用のフィルムに残った教師像のつみ上げがなければ、大阪市大の教師を捉える一つの構図(註・機動隊の排除に礼をのべサバサバした顔で帰路についた大学の首脳たちをとらえたもの)とあの『仰げば尊し／わが師の恩』の歌に、ある感慨をこめることができかねたに違いない。

……滝田に関する一連の代表的シーンはほぼ一日で撮られている……。(三カ月の)日々を撮りつづけながら、その間蓄電されたボルテージはどこにむかって噴出するのか。滝田がある日予備校で(註・生徒の前に)〝むき身〟になりはじめたとき、その荷電は正常に流れはじめた。それはその日の午前の出来事であった。その午後、まったく予定しないスケジュールでありながら、ごく自然に、家族を、彼の歴史をこめた書架を、彼の愛するローザ(ルクセンブルグ)とその言葉を辿ることが可能となった。彼の小さな借家の一間に、カメラとテープをもって入ることは、私にとっては、百万遍の闘争で機動隊の前に立つよりはるかに怖ろしく、難儀である。なぜなら、カメラとテープがそこにあるからだ。それが酸素か空気のように、当然ある存在になるときは滅多にないことだ——。この一日の滝田のディテールを撮り終えたとき、私は〝出産〟を感じた。

私は映画の特性である時間の転倒、空間の飛躍、フレームの自在化を充分有効と思いつつも、なぜ日誌的編年史的な時間に、自分を金縛りにして記録するのか分かっていただけるだろうか。記録映画が、人を盗み、肖像を切り撮り、人の言葉を採る……そうした物理的武器、レンズ、フィルム、テープ等を私が一方的に独占し、それを力としてもっている存在である以上、『被写体』の人間と私とは同列平等であり得ない。

まして編集という個的な作業でイメージを創造でき、一見、まったく別個の世界をつくり上げられる立場をもっているものが、シリアスであるべき事柄を表現する際に、フィルムのうえでのみ〝映画作家〟的であってよいのであろうか？　私がこんなチマチマしたことに心患っていらい、かなり意識的に、撮った時間序列とシーン序列を、主体者、作家の旅の全行程として、そのまま陽にさらすことを、過渡的にせよ一時期の方法として私自身に強いる。したがって、撮影の日々に、シナリオから編集まで、映画の生成の

Aから乙までが重層し混沌をなしていなければ、出産に至らないのである。毎日、女と寝ているのに似ている。そして私は女であり、母であり、ときにワギナそのものに似ている。十月十日の日が要り、その順序は崩せないのである。それは、作家の仕事ではなく、生きものの仕事なのである」

（「展望」一九七二年六月号）

III 時代を刻印する

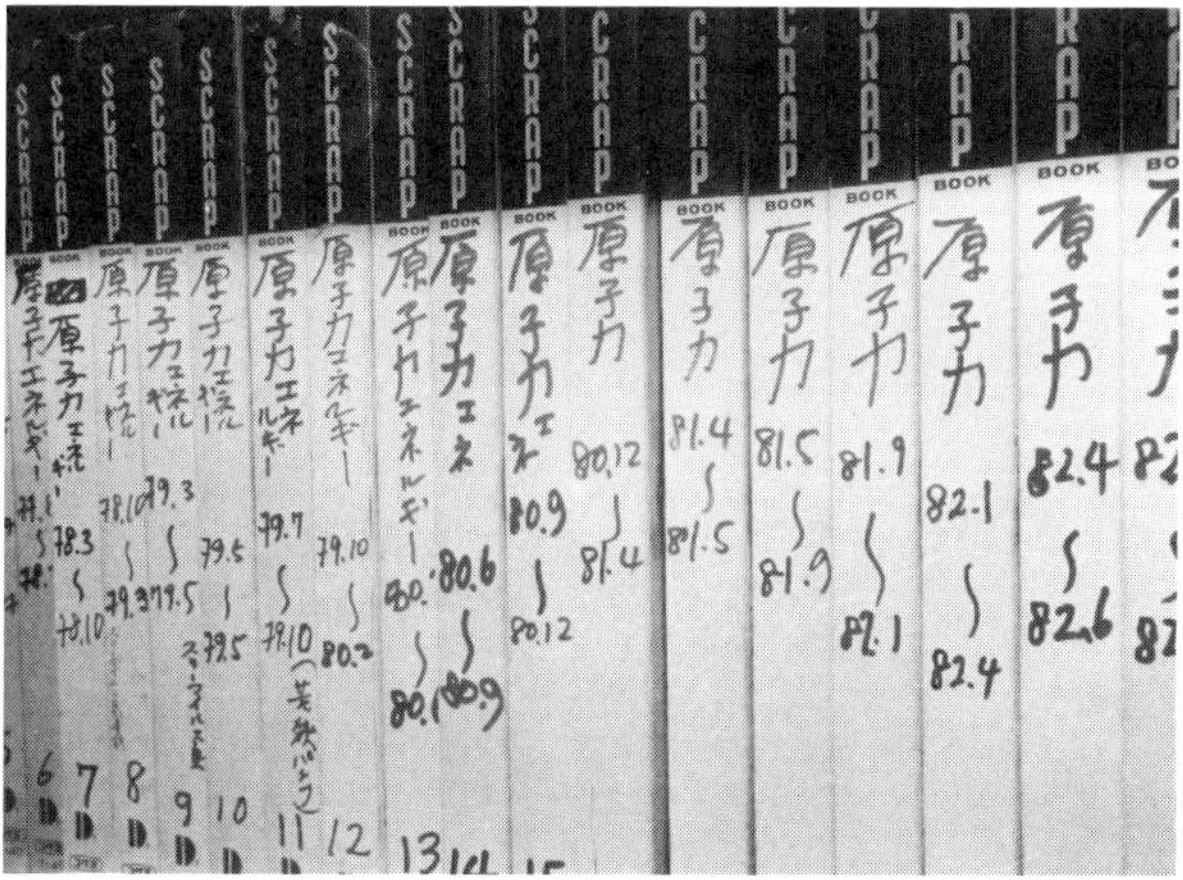

『原発切抜帖』(1982 年)の資料，土本家の書棚に並べられた大量のスクラップブック．

新聞と新聞紙のはざま――映画『原発切抜帖』のできるまで

いつだったか、小沢昭一さんがラジオで喋っていた。「あたしはお風呂の湯をじゃあっとこぼせないんです。もったいなくて、バケツに汲んどいて、浴びてからもどすんです。いやぁ昭和ひとけたって、そうじゃないですか」と語るのを聞いて、「正解……」と心のなかでつぶやいたものだ。

それも頭の隅にあってか、今回の語り手は小沢さんでなくては、と思い込んでいたのかもしれない。空財布になるまで飲むはしご酒派のくせに、深夜の風呂場で肩を沈めるのに湯の溢れるのを気に病んでいる。新聞にしてもそうだ。読み捨てがもったいなくてしかたがない。

新聞は真新しいから新聞であって、一日過ぎれば新聞紙だという。この紙は重宝なものである。私の小さいころ、市場の魚やコンニャクなどの包み紙は、ひもでぶらさげたそれを、ぴっと抜き、くるりと包んでくれたものだ。戦争中は尻拭きがみだった。

その新聞紙も二、三年前のものとなれば違ってみえる。虫干しで畳をあげたとき、床に敷き詰めた古新聞を読む。四コマ漫画や映画広告、にせ札事件や小さなゴシップ記事にいたるまで、ぬくもりをもって記憶によみがえってくる。そのときに新聞紙はなつかしい「読み物」に変わる。個人の当時の記憶の混ざり合って一刻、時代を辿らせる。

忘れはしていても、それらは知らなかった出来事ではない。いわば〝新聞体験〟としてオリのように沈殿していたものがふっと知の領域に浮上してくるもののようだ。

戦後間もないころ、新聞の読み方を教えてくれた人がいた。当時、日本共産党機関紙「アカハタ」を唯一の真実を書く新聞と教育されていた頃である。戦争中の軍部の意向一色の論調がうって変わって、戦後占領軍の検閲により規制されていた新聞にある不信感は残り続けたことはたしかだった。〝商業新聞はブルジョアの代弁者〟を略して〝ブル新〟と呼んだ。そんな風潮のなかで、あるマルクス経済学者は「新聞には生きた事実が必ずその底にある」といい、とくにベタ記事をよめば、経済記事や外電にも気をとめるようにすすめた。私の十九歳のときだった。学生運動のなかで、オリにふれ切り抜きをし、〝今日の情勢〟分析のマネゴトをしたものだった。

映画のしごと、とくに記録映画の途に入って、自分で情報を収集し検討整理することが必要になった。それも論文や解説ではなく、生の新聞記事が第一次資料となった。〝WHEN、WHO、WHERE、WHAT、WHY、HOW〟という五つのWとひとつのHow記述を原則とする記事は、地名、人物、条件が具体的に何よりドキュメンタリー映画の資料として役にたつからだ。

一九六〇年代後半、中国で文化大革命が展開され、日本では全共闘運動が胎動するころ、あてはなかったが記事を読み捨てにできなくなって切り抜きをはじめた。それがアテあっての仕事となったのは、七〇年、水俣の映画に入ってからだった。やがて横のめくばりから「公害」「薬害」「列島破壊」などの項目をたてていった。そのひとつに「原子力」があった。

といっても、公害源としてみていたわけではなく、平和的利用を半ばうのみにしての作業だった。だが「むつ」の事件から焦点が絞られた、ホタテ漁民の闘い、そして劇的ともいえる放射能洩れが現実になったからである。

ファイルはテーマを増やし、「原子力」と関連して「核」や「防衛」問題も切り抜いた。ところが現実問題として三つのテーマに分類しにくい事件が相つぐのである。例えば原潜入港の大紙面(当時は大事件だった)は安保問題としては「防衛」に入るべきものであった。しかし、核装備のもちこみの面では「核、原爆」に相当し、その原子炉のたれながす放射能もれ事件はそのディテールにおいて原子炉、つまり「原子力」におさめたくなるのである。こうしたことは、二年と三年と切り抜くなかで必然的な重複となった。

インドのカンドゥ型原子炉、そのもえかすプルトニウムからの核製造と実験(一九七四年)、原子炉からの核ジャックから核拡散防止条約にみられる核兵器と原発とのセットとしてのやりとりをみるとき、また核ゴミ廃棄から再処理工場の対策の底流に、原発と核と再軍備が三つどもえになっているのを見ないわけにはいかないのであった。

何より放射能の毒性が人智によってコントロールできるという発想が肯定できなかった。プルトニウムの毒性はその半減期二万四千年と聞くと、水俣湾の水銀すら影響がうすくなるほどの強烈さではないか。この十年余りの切抜帖は、私に水俣と相並ぶテーマとして訴えかけてやまなかった。

今年（一九八二年）、反核運動は予想をこえた進展をみせた。そのなかで、十フィート運動の映画は有力なオルガナイザーとして機能した。その第一作『にんげんをかえせ』は千本プリントされ、全国各地の人々に手渡されたと聞く、水俣の映画のささやかな上映運動の体験から推して、それはケタはずれの映画と人々の出遭いである。

私はそれらの映画を見た。そこには反原発への言及は皆無だった。反核から反再軍備までの脈絡でこれらの映画は成立している。それは決してあやまってはいない。

しかし私の切抜帖づくりのなかでは、どうしても反原発はひっからみ、それだけを切り離すものにはなってこなかった。反原発は異物なのか、それが私の設問となった。

ここ三、四年、オリをみては私は、各地の原発を訪ねた。〝景観として見るだけでもいい……〟。そこで発電所にもっとも近い漁民の民宿にとまり、原発敷地をあちこちから眺めてきた。皮肉にも私に原子力発電のしくみを教えてくれたのは、原発の玄関正面に設けられたＰＲ館の精巧な動くミニチュア原子炉や立体模型、ディスプレーである。小中学校や老人クラブの団体客などにまじり、手にあまるパンフや写真資料をもらい、パネルのアニメで加圧水型と沸騰水型の違いを学んだ。

ＰＲの目玉は、原発の必要性と安全性の二点である。それには常時公開の宣伝映画とビデオ報映、つまり映画人の映像の仕事がその責をになっていた。それは私には痛みでしかなかった。

切り抜きで映画はできないものか。半ば無謀としながら、それを打ち消すように案を遊ばせてみた。まず『原発切抜帖』と題名を大書した。〝不人気〟な原発問題であれば、軽評論風がいい、捕物帖か落語風ではいけないか。「召し捕ったぞ…」ものがたりではどうか。それには小沢昭一氏の語りにかぎる。音楽は氏のハモニカか大正琴がおにあいだ。それなら高橋悠治氏に相談しよう。技術的な指導は科学者・運動者の高木仁三郎氏に頼もう。撮影は科学者のお似合いの岩波映画のカメラマン渡辺重治君がいちばん頼りがいがある。……と着想はふくれ上がっていった。

誰もが一度は眼にした新聞、だがその古新聞だけで映画になるか、新聞には写真、図解、グラフがある。何により活字メディアのなかで新聞ほど視覚的に工夫をこらしたものはない。それを最大限にいかしたら字もまた絵になるだろう……と私は自らをはげました。

青林舎がその同人の会議で、この『原発切抜帖』を今後のシリーズの序章的映画と位置づけ、そのスタートを決めたのは八二年四月だった。

私の資料はたかだか一一、二年分、それも欠落をまぬがれていない。トップは昭和一〇年八月の原爆投下の第一報からとした。そのため戦後三十七年分の〝原子力〟〝核〟の資料の総当りが必要だった。この種の資料当たりには大著『水俣病自主交渉・川本裁判資料』を作った経験者たちが身辺にいた。その若い〝先輩〟たちは新たにシナリオライターや映画志望の若手を集め、一万数千の記事をあらいだし、分類校正する作業に入った。四カ月、数千枚のコピーの読みとりと位置づけに深夜までの労働を要した。そして選び抜いた二百余りの記事をもとに、ものがたりを書いたのだった。

記録映画が発見性をいのちとするものならば、この映画のなかで、私たちは新聞紙のなかに動かしがたい原発の歩みを記事を証拠にたどった。ときに驚き、ときに推理し、あるべき未知の記事をさがした、そして誰もが、忘れていたものの重大さを発見したのだ。そのプロセスがこの映画ににじんでいたらそれで良しとしたい。現代史はゆれうごいて不確かなようにみえる。しかし、いちずに追えば、やはり何かがみえてくる。その集団の発見の作業がこの映画なのであった。

（『原発切抜帖――現場記者の証言』一九八二年十一月十五日、青林舎）

映画『偲ぶ・中野重治』をつくるまで

中野重治さんの死を知ったのは、八月下旬、天草下島の深海町の宿で百円入れて二時間点くテレビの前で夕食前の焼酎を仲間と酌みかわしているときだった。

私が最後に中野さんの声をきいたのはその年の三月、『養護学校はあかんねん！』という私も少しはかかわった映画の試写の案内を電話で申し入れたとき、中野さんは「眼がわるくなって、テレビも見ないように節制しているので、わるいがいけないとおもう」と詫び声でことわられた。

しかしその声はまだ張りもあり、決して訃報の来る日を予想させるものではなかった。宿でシュンとなった気持ちを立て直し、弔電をうつことにした。あと旅は十余日残っていたからだ。しかも最後の旅程は中野さんの故郷福井の若狭の原発地帯を歩くことだった。

中野さんについて私は〝知る〟とまでは言えない付き合いだった。ただ『水俣―患者さんとその世界―』を見て批評をいただき、ついで『不知火海』の試写もみてもらった。

中野さんが「映画雑感・素人の心もち」の文章で語られたわすれ得ぬことばから、私の映画に正直な採点をしてもらいたいと思った。真物とにせもの、いささかの論点の移動もゆるさないその鑑識眼に半ば畏怖しつつ、半ば後輩として教えを乞いたい気持ちがたえず私にはあったからだ。

「『不知火海』はまえの『水俣』より進みましたね。アジテーションのない話だからむつかしかったでしょうが、それだけ深くなった」といわれ、嬉しかった。そしてのちに、折にふれて、友人に私の映画をみなさいと口づたえしておられたと聞いて感謝した――それだけというか正確にはそのようなお会いのしかただだった。

九月の日本海の海岸線をたどり、高浜・大飯・美浜・敦賀と四大原発をしらみつぶしに見、その周辺漁村の人びとに話をきかせてもらいながら、さらに、越前海岸や九頭竜川口にかけて漁村を視覚に納める旅をしながら、私の追悼のこころをどうあらわしたらよいかを考え、映画でその告別をのこすのが実は一番いいのだが……とは思いつつ、しかしもう間に合わないだろうとひとりぎめにしていた。帰って新日本文学の事務局の谷口さんに電話すると、それはあす九月八日のひるからという。

私は間に合ったことが奇縁に思え、次々に仲間の映画人に電話をかけ、助監督の西山正啓君にフィルムを買いに走ってもらった。

葬式の映画記録とは何ぞやといわれるかもしれない。しかし一九二九年(昭和四年)山本宣治の虐殺にあたり、その葬儀をとったフィルムがあると聞いている。スチール(写真)だけ見たが、若き日の革命家が当時着物を着たものありハンティングを眼深にかぶったものあり、恐らく特高にとりかこまれての葬列でもあったに違いない。よくぞ撮り残してくれたものと当時の映画人を偲ぶことができた。

しかし私が五年前、神山茂夫氏の死に際し、映画をとると決めたときは趣きはまったくちがう。別に権力の危険はない。しかし、ある党はついに一人の参列もないだろうと聞いた。その数カ月前関西の党長老Tさんが死んだとき、二千余人でその死をいたんだという。路線のちがいはあれ、ともに獄中をたたかった革命家の死、一回しかない葬いに対し、非礼にすぎると思った。歴史の短い尺度でいま人間の革命への寄与を全人間的に抹殺できるのか——という根本的な疑問でもあった。

そして映画『告別・神山茂夫』を若い仲間、小池征人君、大津幸四郎君他、いわゆる水俣スタッフで作った。今回も思いは同じであり、さらに意識的な仕事としてとりくむことにした。この映画で映像資料としての保存だけでも果たせればいいとした。

幸い鈴木志郎康、高岩仁、小田博カメラマンで三班で編成し、『東京クロム砂漠』を作った元アテネフランセの若いグループが演出を分担しテープをまわしてくれ、ほぼ全記録を撮ることができた。

幸いにもというか、生前、中野氏が神山氏の告別式でのべた弔辞のシーンが私たちの手中にあったので、この映画の冒頭に位置させ、七年前NHKが採録していた未発表の中野さんによる自詩朗読のLPがみつかり、それを納め、中野さんを偲ぶ映像・音声としてこれに加えることができた。

弔辞をよんだ人びと、友人代表の佐多稲子さんらはすべて言葉を選びぬくひとであった。生前の親交と同世代の代表者たる中野さんとの関係を結んでいた石堂清倫、臼井吉見、本多秋五、国分一太郎、宇野重吉、尾崎一雄、山本健吉らの選ばれたことばから、期せずして中野さんの像を改めて結ぶものとなった。それが映画『偲ぶ・中野重治』だ。

ひとの一生は棺をおおいてはじめてさだまるといったことばがあるが、なかなか、死んでもきまらないのが今の世の中であろう。死が聖化も浄化しおえるものではなく、その一生の仕事と生き方が私たちに何を告げているかを学び切るのは残された私たち自身の問題であろう。高校・大学時代からマルクス主義者としての仲間であった老友石堂清倫氏は私たちにポツリといわれた。「中野が死んで、ある偉大な文学者、読本にものってなじまれる一詩人としてのみ後世にのこされたら、中野にふさわしくない。革命を思いつづけた中野としてのこってほしい」なるほど五十年余りの友のことばとして胸に沁みた。

映画はやはり七十万円近く実費がかかる。それを製作委員会的カンパで作るのは、理屈抜きにはばかられた。私の発起心を直接理解してくれた伊丹十三、栄田清一郎氏をはじめ、青林舎の高木隆太郎、庄幸司郎さん、他の私の身近な友人の浄財をもとに、有志の金だけで作れるように物事は動いた。深く感謝するとともに、中野さんを偲ぶ心の篤さを知らされる。

七十七歳の中野さんと五十歳の私世代とつながっている。しかし若い人びとにも天皇制と闘いつづけたこの老革命家たちの声がつながってほしい。ゆえに『偲ぶ・中野重治』(五五分)をやはり観て欲しいとねがう気持ちでいっぱいである。

(「告知板」一九七九年十二月二十日号)

小川紳介とはどんな男か

最近の小川紳介を見、語ることとは快い。自然児のように変幻自在な思想を語り、よどみなく、たえず問発的で、自己の欠陥に嘲笑的であり、愛着をこめて、それを鼻くそのように丸め、眼の前でポイと捨てて見せる。一体この男はどこまで伸び、肥えたのか驚きを覚える。『日本解放戦線』(三里塚農民の記録)をとり終えて目下編集中の彼から、呑気で楽天的な展望が次々に出てくる。かつて、『現認報告書』を作るときに、目の前に居た彼は使命感につきうごかされて、たえず張りつめて、ぎこちない硬さがあった。それが見事に武装解除されている。私は映画作家である彼を見るとともに、革命家の哄笑性といったものをみる。彼は本来楽天的であるには違いないが、確かに一つの地点を確実にみつけた人間の自由自在さが身辺から匂うのだ。色々憶い出さないわけにいかない。

小川紳介ははっきりいって不遇で、アウトサイダーの道を歩んできた。その不遇さには徹底したものがある。岩波時代に二本ほど、B班監督的なあつかいで、映画監督の道をふみ出した彼は、独特の方法で、絵を作った。それは本篇の部分とあまりに異質で個性的で画然と異なっており、B班を依頼した監督をへきえきさせるものであった。彼には習作ともいうべき時期がない。わずかの部分にも、完結した表現をとり得た。そのために、幸いにも、彼は、中途半端に評価される？「短篇作家」「PR映画作家」になる不幸から免れたといえる。ともかく当時から異常な放射能をもつ男で、「望遠レンズで人物を見ると、耳がぐっと前に見えるでしょう。二つの耳を見るにはワイドで、はできないよ肉眼ではできないよ。人間には耳が二つあるということが分かって望遠レンズはある効果をもつ……」といったことを一時間も喋るのだから、助監督時代から、カメラマンにとっては、触発力を惜しみなく与えてくれる人物として愛されてきた。『とべない沈黙』『処刑の島』のカメラマン鈴木達夫、『初恋・地獄篇』の奥村祐治、彼の連作のカメラマン大津幸四郎らは、すべてその当時助手であり、談議の仲間であった。手持ちフォロウの意味、フカンの意味、レンズ系の差異、移動のスピードについて、天性の解釈をもっていて、それを徹底的に解析して語る果てに必ず人間との接点まで論を押しすめる点で、他のいわゆる映像作家と決定的に異質であった。いわゆるモダニズムにずり落ちない思想的原則の一点を必ず持って混沌とした談議のなかから、人間をドキュメントすることへの志向を語りつづけていた。六、七年も前の彼である。「人間をとらえる。人間を生きたまま把み出すことができるか？」の問いの根底があり、そこからいわば手法を空想的にとり出すといった円環的論理のなかで、カメラマンだけでなく、私も大いに熱中させられたものである。この彼の資質に極めて不遇であったとしても、また当然といえる異端嫌いの小「体制」から、われわれもとび出したように、小川も早ややとフリーを宣言した。

民俗学を専攻すべく国学院に学び、学生運動のリーダーになり、自治会と映研を舞台に極めて埋没志向のつよい、いわば底辺活動を持場と考える活動の日々を送ったと聞いている。その後、独立プロの運動のなかで、今井正の『米』の助監督に、そしてドキュメンタリー映画を志して岩波映画に来た彼に、そこが好ましい下積みの快い努力と喜びの日々があったらしい。彼が私の知る限り、肉体的な個性ともいえる哄笑性を失った彼を知らない。それでいて、彼は表面に出ることを避ける活動のタイプが一貫していた。彼は労働組合集会や、「映像芸術の会」などの集まりで、必要に迫られて語る場合に、決定的に吃るのはなぜだろう。とにかく伝達力が未熟であり、その分だけ個的な対話性は強く逞しく、腕力の太く、体力の厚みを見せるのが対照的であった。

彼の映画が、記録映画の常識を越えて、長編性をもち、音声のシンクロ性をもち、正面きっての人物把握が多いのは、彼の個有の資質であろう。

『日本解放戦線』の映画のなかで、今回、一カットもぬすみどりを使わなかった。全部、農民の列中から、その視座からとり、権力側をとるにも、正面から、カメラの存在をかけて、それとの対面で、すべてを撮った」と彼が語ってくれた。それには、一連の連作のなかで、彼が、自己格闘した思想の方法として、はじめて徹底性に成熟し得た喜びとともにあるのだ。

彼は『圧殺の森』のなかで採用した、盗み取りの方法に自己嫌悪のかかわりをもっていた。盗み取りは、思想の問題として許せない。ドキュメンタリーにとって、カメラを顕然化させ、それとの人間的対話のなかで、作家自身を被写体にさらすことで、被写体の人間が真に人間的に批評の対象となるべきである。鳥瞰的で、観察的な盗み取りは、作家として後退だと『圧殺の森』の欠陥を垂直に彼は切りこんでいく。角田委員長がかくしマイクをもって、戦列を離れたかつての学友を訪れ、責める際の異様な迫力のあるショットを編集した直後から始まったであろう彼の盗み取りへの疑問は、彼の手法から、抹殺される方向へと向かっていったようだ。盗み取りで、相手に批判的であることで、作家小川は、望遠レンズをつけたカメラの三脚の傍らに静止していた自分の姿勢を改めて問いはじめたのだ。それは説教者であり、組織者の思想に似ている。異端の前で説くことで、現在はコミュニケートできないとしても、人間には、対話しかないと確定してゆく思想、明日の発芽まで待てという作家の「謙虚」を自らに課しながら、うらはらに、いったん打倒すべきだと思い定めたときの強烈な否定性をも両有する方法を小川は自身に課しているようだ。

また、『現認報告書』のなかで、彼は、カメラの位置に決定的な欠陥のあることを自らあばいてみせたことがある。権力との激突の際にカメラが学生の側からのみとらるべきであり、決して警察権力と学生の間に横位置に居るべきではなかった。それは視座をどこに置くかの原則的なことだ。必ず、学生の蒙った打撃そのもののように、カメラを権力の下に縦位置におくべきであった。

彼との語らいのなかで、彼の自分の手法への批判は、いつに思想と主体、カメラとレンズは、人間そのものが、そこに居て証言し、闘い、ときに、それを越えて、武器に代えることをのべた。その経路から、『日本解放戦線』に至って、始めて、視座の徹底性をとり得たことをのべてくれるのである。そのために、大津、大塚カメラマンの逮捕という代償を払ったのだ。

「ドキュメンタリー映画は虚像ではない。虚像とすることで作家が自分の主体を逃してしまう一瞬があるのではないか？　映画が実像となり得るまでのギリギリの闘いが、虚像を、これが実像だと言い切れる作家の責任につながるのではないのか？」。小川がこう自問自答するとき、彼にとってのドキュメンタリー映画は、小川の思想と肉体と生理を渾然と一つのものに統一し、「生きもの」として自分の分身をフィルムとして投げ出し、それが独自に息づいて、生命があるときはじめてそれを「映画」として確認できるかのようだ。

彼は自由自在に自分を解剖する。それは健康体の匂いのする作業だ。『青年の海』以来『圧殺の森』『現認報告書』そして『日本解放戦線』へという足どりを見るとき、彼のなかの永久運動のしかけを探りたくなる。彼にはナルシズムはまったくない。映画が完成したそのときから、私はいつも無警戒であけっぴろげに、自分の作品のなかの欠陥と限界を指摘して見る彼に毎度、首をかしげたものだ。『現認報告書』完成後、作品批評のなかで、多くの欠陥がのべられた。彼はその指摘に素直であり、気づきながらもあえて、自分の眼で否定すべきものとして検証する日まで、その時点の自分の欠陥に正当であろうとしているように思われる。まるで自分の記録にしか挑戦しないレコード・ホルダーのように。そして、必ず、それを乗りこえるために、次の作品を送り出してゆく。あたかも欠陥が良い酵母であるように魅力的で繁殖的な存在として彼のなかでとらえられているようだ。『日本解放戦線』は、「春と夏の巻」であると、彼は言う。次は、「冬」そのあと「夏」と連作するつもりだと語るとき垂直に下降し、上昇する彼の創造力の自己運動と、それが、次に作るであろう作品に、スリリングな期待を抱かないわけにはいかない。おそろしい地点まで彼はきたもんだ。

「春、夏、秋、冬、また春夏ととりつづけて十時間くらいぶっ通しで、三里塚の闘争を俺は見たいんだ。ずいぶん人間が変わるだろうな。農民がどこで自分の思想をみつけるか……」と彼が他人事のように語るとき、映画がかつて知らない何かに変革されつつあることを感じるのである。ドキュメンタリー映画は、彼の手で一つの岩盤を掘り抜いたなという感慨をこめてである。

七十年を七十ミリで

彼は映画作家である点で極めて現実的である。この短期間に、彼はカメラ、プロジェクター、レンズを次次と確保した。映画を作ると同じ腕力で、機材をそろえた。それは、彼が、いつでもカメラを手に持てることへの長い間の希望であるのは言うまでもないが、まだ手にしない映画機械について極めてぜいたくな願望をかくさない。高価なブリンプ〔水中撮影用カメラケース〕や、七十ミリカメラすら、彼の次の作品のために、欲しいという欲望を、自ら節しようとしない。彼は来たる安保七十年にむけて、七十ミリカラーを使っての記録映画を語るとき、その画面のなかに数十万の群衆を思いうかべており、その一人一人をできるだけ鮮明に定着させたいからである。枠をひろげなければ、映画が負点を負うであろうあすの闘争を予感しているのである。映画作家が、映画を語るときに必ずつきまとう経済的問題について、彼は細心であることは、他の作家と変わりない。しかし、彼が選びとるであろうテーマを素材、つまり人民の記録は、当然、要求され、自分が映画作家として、そのために、負うべき当然の責任として、金の流通について、極めて楽観的である。小川が、自分のプロダクションのなかに、優れた製作部と上映部門をもっていることは、私が、いま『キューバ』を製作しつつ〔黒木和雄監督『キューバの恋人』)学ぶべき点を多くもつものとして高く評価しているが、その自主上映の形は明快である。『青年の海』以来四作を経て、彼のもつ個有の上映ルートを全国的に拡大している。これが彼にとっての必要から生まれ、どんなに強い支えとなっているか分からない。機械と人と作品について、彼は一つのゲリラ部隊を巧妙につくり上げているのだ。私は文字通り、これからの日本映画のあるべき姿をそこに見る思いがする。彼が突如、突出した映画作家として出現したかのような私の書き方に補いが必要だろう。私は彼が四、五年前、岩波映画を出てから、素カンピンの「映画作家」として、いかに多くの作業をし、いかに作品にならない時期があったかを思い出す。

当時、『青年の海』の素材である通信教育学生に触れるまでに、彼はいくつかスポンサーを探して、そこに企画をもちこむという、資力のない、フリー作家と同じ途を歩んでいた。ブルドーザー会社に出したシナリオ「石狩・青山三番川部落」、某ビール会社の工場に一カ月余りこもって書きあげた「ビールを作る工場」、オートバイメイカーのための「テスト・ライダーの記録」、それらは、シナリオ作業だけで映画化されなかった。そのシナリオハンティングのときから、ほとんど助監督とカメラマンを誘って、ともに討議しながらシナリオを書くといった習慣をもっていた。金はなくてもスタッフはあった(そのスタッフ重視は今日も一貫した特徴であろう)。

私は今でも、その一本一本のシナリオの丹念さとともに、人間をみつめていく確かさと映画表現の果てに思想に至る彼の精神操作を見てきた。

変貌のとき

ＰＲ映画「ビールを作る工場」で、彼は、工場を見学しながら、ビールづくりの最後の秘密が、平凡な、老練な労働者の眼と耳に最後のところは残されていることの驚きから始まっていた。もちろん、企業側もそれを商品の優秀さとして売り込みたかった。だが、彼はもっと先に歩いた。構内の労働組合に連日入りこみ坐りこんで、その状況の皮膚呼吸からさらに作品にみがきをかけようとするうちに、労働者がビールを作るうえで、その商品の決定的創造者であり、まったく資本の側にないという発見がぬきさしならない表現となったとき、労働者の疎外された姿が闘いの前駆状況の連なりとして深くみえてきて、金属性の工場が別のものに見えてくることをドラマティックに描いた。……結果として映画はできなかったが、労働者は映画をつくるためにいくたびかの集会を開いてくれたという。彼は「もう一本作ってしまった」と言って笑った。歩き、見、シナリオにするという賽の石積みのようなくり返しのあと、彼は、通信教育生の闘いに出遭った。あと、『日本解放戦線』の農民に素材を求めるまでの途は、一すじであったろう。

『青年の海』のなかで闘争の波はひき、孤立した数人の活動家の空白の時間がつづくと、運動への確信をときに失う瀬戸ぎわで、交しあう、暗い情念と暗い学生は、ときに当時の小川紳介のつきつめた表情でもあった。何も撮れない数カ月、映画の結末をどこにもっていけない苛立ちのなかで、小川は、通常のドラマツルギーのエンディングと無縁なものを探し大掲示板に、ぬりたくるというアクションをもってきた。そこにはふき抜け切れない彼が走って学生のまわりをまわりつづけていた。彼は今、まわらない。デンと腰をすえてしかも自在である。たしかに彼は変貌した。肥ったといったのもその意味である。

彼が成田に入るまえにのべたことばが印象にのこっている。

「俺は、学生の闘い、権力の弾圧のなかで、動物的な恐怖を覚える。こわさがある。ベトナム解放戦線の一員である少年が、殺される直前にほほをひきつけながら、眼だけは光って輝いていた。筋肉がピリついて輝いているということはどういうことなのか？こわくなくなるということができるのか？　俺は、自分で、それを知りたいし、農民のなかに知りたい」

編集し終えて、彼は、映画のなかから、生理的にショッキングな、恐怖をよびさます、カットに興味を失ったという。「それより、農民の明るさと笑い声と、語りはじめた彼らの言葉の方が面白いよ……革命の思想がどうして生まれるかびっくりしたよ」という。

この数カ月に、彼のうえに何が起ったのか、見たい。そのとき、こわさを、いかにも、コワゴワと語った小動物のような彼の眼を忘れない。

（「映画芸術」一九六八年十一月号）

時枝俊江・人と作品

時枝俊江は、今回彼女の作品が上映されるにあたり、その企画に感謝し、熱中しながらも、映像個展の〝映像〟だけの表現に腑に落ちなさをもったと告げた。彼女によれば映画は、〝映像〟と〝音声〟だから。もし映画の語義の解釈なら、それはあまりに至当であり、だから映像個展といっても一向に差し支えないのであろうが、彼女の音声に期する新しいドキュメンタリーの方法論の意義には、通常の音声とはまったくちがった意味がこめられている。例えば『子どもをみる目』や『光った水とろうよ』で一作ごとに推し進めている方法は、映画を作られたイメージの表現化ではなく、そこでの触発に感応し、考え、つきつめていく意識としての同時進行のドラマ、記録者が音に耳を傾けていくことによって見えてくる世界を双方から記録しつつ、彼女自身の学んだもの、つまり細部に宿りたもうた神々を見る作業——そのモメントとしての音声なのである。

彼女の『ともだち』『ケンちゃんたちの音楽修行』などからの音の重視にはまだ映画的設計力が透けて見えるかもしれない。しかし最近の一連の作品はもっとつきつめた音声と映像の分かちがたい相関関係のなかでのアクチュアリティの発見とその定着がみられる。録音者がフレームの外の音に細心の集中力を発揮し、カメラマンがレンズの凝視力と対極に音とむすびあった同時発見のカメラアイに彼女の最近の方法論の具現性を読みとることができる。

彼女の最近作『絵図に偲ぶ江戸のくらし』やその前作の『文教の歩みをたずねて』のナレーションのユニークさとその成功は、一部に深くショックを与えている。伊藤惣一氏のさわやかで自由な語りで導かれる物自体や、絵図そのものからたちのぼるイメージの世界は、今までのドキュメンタリーにはなかった質のものである。それは巧さの問題ではなく、そのナレーションを獲得するまでの発想から製作プロセスのユニークさによるもので、その方法まるごとが、伊藤のナレーションに結実していることなのである。語りも技術ではなく、完全に独立した映画表現として有機的に重合していることなのだ。

彼女によれば文化財といっても風致であったり風化した石や古材であるものに生気を感ずるには、まず彼女が自分でそれとの対話をつぶやき、そのディテイルを発見した、百年むかしの記録と引きくらべたりする好奇心と知的快楽のあとをテープにそのままとり、スタッフにまずきかせ、それを煮つめながら現場での撮影に入る、そしてカメラが物いわぬ石をとるとき、彼女は見るべき世界、感じる世界をカメラマンの耳もとで喋りつづけるという。絵図のなかの空想的な庶民生活の息づかいをたどることばに合わせて

時枝俊江と土本.

キャメラが廻る。この演出者の作業を目撃し、同意同感しているナレーターに、今度は自由に原稿なしの語りをもって定着してもらう、このときに伊藤惣一の語りは全スタッフの全パートの作業が同時に並列して走っているようだ。最近作の語りの音声は読むナレーションや、ハプニング的(テレビ的)語りともちがい、映画を作った主体者のその同軸からのしずかな語りかけとなって、独自のナレーション＝語りをつくり出した。これは彼女の独創といってよく、誰にも模倣できない内面的映画世界をつくり出した。別のいい方をすればそれはシナリオを書かない彼女独自のシナリオづくりなのである。だが同時に、彼女のそのプロセスと思想性をたどるならば、今後、それぞれの作家のドキュメンタリー映画方法論のうえで、多様な開花をうながすだけの本質を秘めているものであろう。

時枝俊江と映画との機縁は映画人と出遭ったからだ。彼女は東京女子大学在学中の最終学年に、自由課題の論文のこやしを求めて、当時産別会館に編集室をもつ「文化革命」誌のアルバイトとなり映画人の取材にあたる。有名な東宝争議さなかの東宝砧撮影所に亀井文夫、黒澤明などを訪ねるが、その序列の厳しさにひきかえ、皆フランクで、人なつっこい資質に驚く。卒業後、文学雑誌の編集者になるぐらいしか進路のなかったなかで、ひとりで文学に精進するといった個的な作業はもともと性に合うわけはないと感得していたので、集団的な創造者の世界は魅力的であった。たまたまこの仕事のなかで、日映ニュースのデスク故岩佐氏壽氏のすすめで、大学卒業後日映にアルバイトとして働くことになる。当時、社長は組合選出で、人望のあつい加納龍一のもと記録映画の名匠がそろっていた。石本統吉、伊東寿恵男、吉見泰、桑野茂などを遠くからみることになる。レッド・パージの嵐のなかで戦後文化映画の昂揚期も衰退の兆を感じている頃、岩崎昶《あきら》のすすめで、創立直後の岩波映画に入ることになった。一九五一年初めである。代表小林勇氏はまったく映画ずれをしていない新人を求めた。その新人に新しい映画づくりを嘱望した。

当時、現場の最高責任者故吉野馨治《けいじ》と彼女の出遭いは別に一章を設け、岩波映画創立時の精神性にさかれているので割愛させていただく。ただ、吉野氏の遺言的文章に、彼女が最近接して得た精神的衝撃の深さだけは触れておきたい。氏が〝はっきりとものをいう映画をつくらなかった〞敗北感をことば少なにのべた部分は、彼女が五十歳に近づいた今、氏の遺志に鞭うたれながら、新しい映画づくりに傾倒していくバネとなったことは想像にかたくない。正直、女性監督としては荒業ばかりの映画生活三十年近く、いわば高年齢となっても、なおかつ現場での演出者に徹しようとする背骨のまっすぐな彼女の姿勢に故吉野氏への限りない信頼と尊敬が重なり支えているのを見るのである。その点を私は宣伝文に〈生きた岩波映画史〉といいたかったのである。『幼児生活団の報告』『町の政治』は、吉野氏にはじめて出合った時期の作品である。その後彼女も企業のなかでPR作品を担当するようになるが、スタッフや、素材の対象となる人々との出遭いの質を求めることに変わりはなかった。このとき時枝俊江の人間好きの性格が、記録映画の独特のスタッフワークや撮影のための〝組織活動〟のバイタリティを支えたものといえる。〝私は一回映画で出合った人とはぜんぶといっていいほどつき合いが続いている〞というのはその点で事実であろう。これはまたスタッフとの濃密な人間関係を作って、しかも創作的に反復できる長いスタッフワークは彼女ゆえに許されているものであろう。もともと映画のスタッフワークは小津作品の厚田(雄春)カメラマンや、溝口作品のシナリオ依田義賢のように長く続くことは珍しくないが、記録映画づくりでの彼女のスタッフワークが、それとはひと味もふた味もちがうことは、このパンフのなかの録音者佐久間俊夫、語りの伊藤惣一、カメラの八木義順等の文章を一読して、その見事な創作集団のあり方に見られることと思う。ふりかえって『夜明けの国』は彼女の記録映画歴のなかで、そのしたたかな蓄積のもつ重量感をワイドな視点で構成した意味で一極とすれば、最近作は対極の細部を掘削している点で通常の作品の進展より逆である。これは彼女が若い創作力の泉を近年に至って掘りあてている何よりの証左であろう。これをスタッフワークのありようだけに求めるわけにはいかない。このパンフのなかで小口禎三氏が思いをこめて述べているように、企業の危機感を岩波映画史の危機、つまり作家の危機と受けとった数年前の苦悩を乗りこえるなかでいまひとつの変態を遂げた彼女をみるのである。この二、三年の彼女は恬淡であけすけで、企業内の仕事を彼女の自由な立居振舞の手中にとらえかえしているさまをみるからだ。

『子どもをみる目』、いわゆる〈文京シリーズ〉三部作は製作条件のうえでは厳しいものであったろうが、彼女は自主製作のような自由さを画面に滲ませている。それには彼女の映画製作の作法上の新しいあり方があってのことである。慣例的な製作上のぜい肉を拒否し、全スタッフとの独自な活力を土台とし、表現のよろこびを共有してのことである。

時枝俊江氏とのつき合いはかれこれ二十五年になる。親友であり、会えば映画論、とくに共通のドキュメンタリー映画について話す。しかし回想風な話を実は一度も聞いていなかったことを、今回聞き書きしながら気づく。パンフレットを作るに必要なロケ最中の写真一枚を探すのに骨が折れた。〝だって撮ってるとき、誰が写真機をもってるのよ〟、だからないという。このことは私も同じだが彼女の場合、個人史の記録に本人自身何の意欲もなかったことを知らされた。それは過去の映画が話題にならず、いつも当面撮っている映画の話が躍如としていつも雑談の種であったことにも思いあたる。流転する人生のいつも彼女は今日の人であったことになる。

時枝俊江の映画の問いかけは、常に人間なるものの汲めどつきぬ面白さにむけられている。だからこそ物づくりの一回ごとの新しさがかくもさり気なく示し出されているように思えてならないのだ。

（「記録すること・時枝俊江」一九七九年三月三十一日）

羽田澄子・その映画の独創と孤立

羽田澄子の新作長編『早池峰《はやちね》の賦』と、それに先立つ『薄墨の桜』の二編について、彼女自身、映画生活三十年余にしてはじめて自由に自分で作れた作品とよんでいるので、この二作に限って羽田澄子の世界を語ってみたい。

文学の世界に私小説というジャンルがあるのと同様、映画に〝私映画〟があって不思議はないといった感想から、彼女の映画を私は、フィルムをマチエールとした私的世界の展開としてのそれとのべたことがある。だが正確かどうか。横文字でつづればプライベイト・フィルムという極めて個的な美意識・美学のかたまりといった鋭角的な前衛映画の一ジャンルがある。それともちがう。また広義にいえば、作家が私を語らなくて作品となるものかという大かっこ的な言い方もある。だが羽田澄子の作品についてうかぶ私映画という感想とはそのいずれとも異質に近い。その映画の根本に現実の一線一画をゆるがせにしないドキュメンタリーの方法がある。それを〝私〟の眼でデフォルメすることへの厳しい抑制が働いている。自分の感覚への甘えと倨傲《きょごう》が微塵も働いていない。

『薄墨の桜』における桜の四季にせよ、『早池峰の賦』の里の春夏秋冬とその自然に律せられた里びとの生活・労働にせよ、ディテールをきちんと描く。そのための長期取材を怠っていない。というより作品の背景についての全体像を描くための最低取材時間の取り方がある。

南部たばこの消滅の一事に、南部の馬とともに冬を共にしたいわゆる南部の曲屋の生活様式の崩壊を重ね、さらに生活意識が新建材住宅のなかでどうあっけらかんと変わるかを描く。しの笛や竹の笛が今も作られていることを描くことに意を用うべきなのに、ビニール管で〝代用品〟をつくって間に合わせるといった、文化の変容も冷静にみつめる。これらは遺産を大事にする〝精神〟や、彼女本来の〝愛着〟からいえば対極に位置する事柄である。早池峰の里に同化しようと心いそぐ観客には少なからぬ異化効果をもたらす。しかしそれを丸ごととり入れながら、彼女の感得し執着する山と里とおかぐらを一つの観照世界につみあげ、〝万感〟なるもののマルチ的視点をひとつにまとめ上げていく。その編集にあたって、最終的に排外されるたぐいのできごとが、彼女には深いこだわりをもって位置づけられているのである。ではそれは資料的価値ゆえに残されたのであろうか、そうではない。それらの変遷のなかにも、今もうけつがれる執拗な里びとの営為としての、おかぐらが、山が、里が、再発見される構造となっている。静かな語り口だが、実は極めて饒舌に、必死に語っている。変わるものと変わらざるものを複

右から土本，羽田澄子，工藤充，左端に新宿のバー「ナルシス」の女将川島藤江.

眼でみとどけようとしているのである。

彼女はしばしば、企業のなかでの映画で、凹みの部分や、カーブの底の部分、非活発のシーンを、短編の時間的処理のなかでは、そぎ落とさざるを得なかった無念の一端をのべている。この手法はそのことの反語的証明でもあろう。それゆえの〝冗漫〟や〝反復〟のそしりは、彼女の予知するところ、みすみすの損と分かりながら、精一杯、その全体性をのこし、その全体性で彼女にとっての私を語ろうとしたものだということが分かる。つまり映画生活三十年にして到達した非職人、非商業主義の映画的営為なのである。その意味で、彼女は自主制作でしかこのたぐいの試みが果たせなかったし、三時間余の時間が『早池峰の賦』に要したのであろう。

この二つの作品に見られるように、映画の題材とテーマを選ぶにあたって、彼女はすでに他の人によって発見された価値、とくに文章で定評を得たテーマといったたぐいのものに無関係である。観た、感じた、撮った、考えた、まとめた、その全過程で彼女のすべてをしぼりつくして「私の作品」となした、というにつきる。そのテーマは、彼女の固有の選択であり、創作である。他者の暗示でも依頼でも、共鳴でもない。そこには闘争も社会的緊急性ある問題もことさらない。しかしそうした対象を選んでから始まる表現の闘いが彼女の問題なのである。その意味で、もっとも良質な私小説の精神に照応する羽田澄子の「私映画」の独創と〝孤立〟をみるのである。

あえて孤立というのは、この映画がもとより社会運動の底流にのったドキュメンタリーではなく、ましてある種の映画運動の一翼でもなくつくられており、それだけに上映についての困難が大きく予想されたからである。今回の東京・岩波ホールでのロングラン上映は記録映画の公開の形として、その意味で無謀ともいえる冒険に立っている。この映画の声価はこの上映できまるのであり、ヨーロッパのグランプリ作品の本邦初公開といった名声と今は無縁のうちに始まったからである。同じく記録映画をつくるものとして、この冒険の成功をいのりたいのである。そしてこれが全国に流れる高い水位、水圧を示すものであることを心から望まずにはいられない。

（「毎日新聞」一九八二年六月十六日夕刊）

丸木夫婦の剛きに打たれる――映画『水俣の図・物語』を作って

はるか三十年は原爆資料が占領軍に秘匿《ひとく》されていた時代、丸木位里・俊さんご夫妻が描かれた「原爆の図」の公開は衝撃であった。今井正監督の手で映画にもされ、私たちの仲間のプロデューサー高木隆太郎は九州でそれを見て、画面に大写しされたその描法のすばらしさを脳髄に焼き付けていた。反戦・反核・反公害と現代の証言を描き続ける位里・俊さんお二人の仕事は、しかし私の映画の題材と考えたことはなかった。

お二人が「水俣の図」を描く構想をもっていると知ったのは一九七九年(昭和五四年)の夏ごろであった。お二人はすでに作家石牟礼道子さんと親しくされていた。「原爆の図」第十四部「からす」と題する長崎の朝鮮人被爆者をテーマにした作品は、石牟礼さんの「菊とナガサキ」という文章から画想を得たものである。石牟礼さんの文章には、屍《かばね》となっても差別され、放置された朝鮮人の死体に鴉《からす》が群れをなしていたという光景が書かれていた。このころからすでに丸木夫妻に水俣への旅の準備があったようだ。

水俣を訪れた丸木夫妻．左から加賀田清子，坂本しのぶ，丸木夫妻，土本．

水俣へスケッチ旅行をされ、八十年（五五年）正月、いよいよ制作に入ってから、私たちは、私たちが撮った水俣の映画数本を埼玉県東松山市の丸木美術館に接するご自宅に運んでお見せした。その折、制作中の絵を見た高木は、制作過程の撮影を申し込んだ。位里氏の答えは「ええよ」だった。それから急きょ、撮影が始まった。

誰も私に〝美術映画〟を期待しなかった。が、カメラマンには『法隆寺』その他で秀作を撮り続けているカメラマン生活五十年の瀬川順一が決まり、また、われわれには日ごろ手の出ない三十五ミリ・フィルムを使うことになった。絵の質感を極限まで撮るためである。資金の準備もなく、一日十分も撮ればフィルムのなくなる日が続いた。見るに見かねてか周辺の人びとが「映画を応援する会」を作ってカンパ集めのパーティを開き、フィルム代を援助してくれた。私は追われるように絵の完成まで撮り続けた。制作の過程とお二人の発想、人柄は次々にフィルムに収められ、その量は見る見るふくらんだ。

私は、しかし、どこか落ち着かなかった。

この五年間、実は、いつ撮り始めるかもわからない次回作として、不知火海・天草の人と自然の「病み方」をテーマとした「不知火海水俣病元年の記録」といった長編（実現せず）を考えていたからである。そのため、降ってわいたようなこの企画に入りながら、先の長編を後回しにしたようで後ろめたかった。なにより、いま作る緊急性がない素材を撮るのは、水俣の映画ではこれが初めてのことだったのだ。

八十年代に入ってのこの一、二年、水俣病事件を息長くとらえる仕事があちこちで実を結んでいた。不知火海総合学術調査団（団長色川大吉東京経済大教授）の現地での五年間の調査完了。四年がかりの『水俣病自主交渉川本裁判資料集』と三年近い写真記録活動をまとめた芥川仁写真集『水俣・厳存する風景』の刊行。そして、砂田明の演劇「苦海浄土・海よ母よ子どもらよ」が十年ぶりに全国勧進興行の幕を開けたことなど。その一環に、水俣を描く初めてにして本格的な障壁画「水俣の図」（縦三メートル、横十五メートル）が記念碑的スケールで登場したのだ。
　現地・水俣では、水俣病認定申請者の九割が申請を棄却され、水俣病は厄介視のまま石化凝固されようとしている。いわばそのもっとも「へこみ」の時期に、表現・記録活動が活発化してきた。「闘いが苦戦のとき文化がそれを支える」といった今日的状況があるのではないか。水俣の精気が不思議に流転していると思った。

　この映画に武満徹氏の音楽表現を、石牟礼道子さんの詩の表現（朗唱）を加えたいと心に決めた。音楽の世界で「水俣」はほとんど取り上げられてないに等しかったからである。

　武満氏は即答をもって応《こた》えてくれた。「海はすべての母という曲を十年ほど前に作ったが、いま海は病んでいる。海を汚した人間のごうまんさをいたむ曲を作曲したい」と言った。いわば伴奏音楽としてでなく武満作品として提出してくれることになった。それは私の頼み方に合致していた。石牟礼さんも、慎み深く映画の運ばれ方を見ながら、ようやく承諾してくれた。

　丸木位里さんすでに七十九歳、俊さんの年齢と合わせると百五十歳になろうとする最晩年に、絵画表現として至難のテーマに取り組まれたお二人の剛毅《ごうき》な志。それが武満氏、石牟礼さんの胸を打ってのことだが、そのすべての背後に「水俣」の影があってのことであろう。

「今回はこの『水俣の図』は徹頭徹尾あるがままの暗さで描ききった」と位里さんはいう。描かれた受難者群像二百八十余人、圧倒的な地獄図・苦海絵巻となった。「浄土を次に描かねば」と思いつめるなかで、八十年春、位里さんは心筋梗塞で倒れた。もち直して昨秋行った一両日の水俣の場面、そして浄土編に相当する画想を筆にし始めたところで映画は終わっている。実にジグザグの旅に私には思えた。

表現者にとって水俣とは——それは、絵画、音楽、詩、そして映画それぞれの独自の表現の底の共通のテーマであった。映画はそのなかにもうひとつの水俣を描けたかどうか。見る人びとのご批判を待つのみである。

（「信濃毎日新聞」一九八一年二月十三日）

Ⅳ

映画の旅は続く

遺作となった『みなまた日記 ── 甦える魂を訪ねて』(2004年).
住宅地図を片手に，水俣病物故者の遺影撮影のため水俣に1年間滞在した．妻・基子と．

記録映画と行動

映像こそ世界の共通語

私がようやく映画の演出をまがりなりにやり出した一九六〇年ごろ、私たちは作品をつくるうえで〝何を背に担ったか〟を省みると、数人のスタッフ、あるいは同世代の映画仲間たちの眼と声だけであった。ＰＲ映画で製鉄工場の設備や製品をとったり、地理テレビシリーズで一県ごとをどう映像化するかといった技術上にウェイトをおいた仕事をしている頃、私はまだ背に負うべき人びととの出遭いは数少なかった。まして、ＰＲ映画のように株主総会と一般株主むけ映画に利用される場合にはその〝観客〟を意識することから逃げもした。いわば、ぜひとも見てもらいたい〝観客〟がつかめなかった時期であった。

およそ手さぐりで我流の映画作法をたどっているとき、ときに外国の映画祭での受賞は、当時やはり大きく私に作用した。受賞したことで私の映画がインターナショナルな理解に耐えたと思い、「やはり映像は国境を越えるものだ」などと思ったりもした。処女作『ある機関助士』(一九六三年)がベルリン映画祭で、次の『ドキュメント　路上』(一九六四年)がエジンバラとベネチアの両映画祭で何らかの賞を得た。だからといって、これが各国で上映され、公開されたわけではなかった。映画はその意味では全然「国境を越え」てはいなかったのである。

この二作品とも注文《スポンサード》映画であった。その主たるテーマは企業や行政に属する。その意味で額にその旨のハンコを押されている。私がその枠内で試みたのは、そのテーマを私の感性のなかにとりこみ、私固有の映像を創り出せるかどうかという個的レベルでの闘いであり実験でしかなかった。ゆえに賞を得て、私は〝映像作家〟とか〝実験性のある作品〟とかいわれたりもしたが、今になってみると何とあやうい尾根つたいを歩いていたことだろう。あるいは半ば意図的に映像作家、前衛的実験作家の道を歩こうとあがいたのかもしれない。外国での受賞めあての作家の〝精進〟に狂ったのかもしれない。だが幸い、私なる駄馬を駆る騎手は外ならぬドキュメンタリーであることが幸いした。私のもっとも心ひかれるものはドキュメント以外になかった。そしてその鍵たるドキュメンタリー映画によって、私は私にとっての客を見いだすことができたし、また友人として意見ものべてくれる〝外国人〟たちにも出遭うことができたと思う。

もともと映像はそれを具体的に撮影行動として語るとき、それに固有のコミュニケーションの方法のなり立つものだ。たとえばカメラマン同士であれば、国籍のちがいを超えてすぐに協力と理解が可能である。かつてモスクワの「赤の広場」での軍事パレードを撮影したとき、日本人カメラマンは一人であり、ひとつのポジションしかもち得なかった(映画『シベリヤ人の世界』)。私は演出担当だが、やはりカメラをまわすことにし、その他もう一人、もう一ポジションをもつカメラマンを必要とした。そのとき、ロシア人で当然ロシア語しかしゃべれない青年を起用した。その青年と、これもまた、日本語しかしゃべれない日本人カメラマン・日映新社の山口貳郎との対話はその例として秀逸だった。カメラを手に各シーンのコンテや、フレームを語るのだが、レンズの選択、撮影時間の長さ、フレーム、画調(トーン)、ズームのスピード、その心理的なポイント、それらをカメラの現物のうえで、そのレンズ、絞り、ファインダー、ズームカメラの目盛の移動、フィルムゲージといった各部分のリアルな操作を仲介にして間然たることなく説明できていた。カメラのうえの単なる目盛やF値が、表現の意図を解く鍵として共用され、理解をたしかめるうえで決定的な意味をもった。そこには言葉はなくてすんだ。カメラ表現の共通性だけあればよかった。

編集作業も、ともに映像の表現者であれば、何の言葉も不要である。実際につないで、その結果をみればよい。もし意見の違いがあれば、それはあと何秒多ければその意味が変化するか、あるいはショットを入れたり、外したり、入れかえたりすれば、さらに意図が鮮明になることを編集台のうえで実地に確かめ合えばよい。もちろん、音声・セリフ・インタビュー・音楽などの要素はともなうが、フィルムはそのすべてを表現として受けとめる質をもっている。だから言語をそれぞれに自国語として念頭に思い浮かべながら、映像のみで語り合うことも不可能ではないのだ。このような具体的な表現素材で語れるのも、映像のもつコミュニケーションゆえである。

記録すべきことが重く、大きいものである場合、しかるべき準備と仕事の規模が必要であることは自明の理であるが、ときに、それを撮影することと自体妨害されることもある。それが映画の表現の手段であるフィルム、カメラ、テープなどのすべてが奪いとられるといった、いわば映画として成立する根本がおびやかされたとき、どこまで、記録の原点に下降し、固執せねばならないかを、私はやはり海外体験で悟らされた。

一九七六年春、私はあるアジアの宗教団体から、インドにいくことを求められた。その当時、インドは第一次インディラ・ガンジーの政権のもと、戒厳令が敷かれており、外国人新聞記者の報道はすべて事前検閲制下にあった。写真取材も望遠レンズをもったものは、プロとしてその規制に準じて没収されるといった緊迫した話が、新聞の外信部の友人から伝えられていた。

撮るべきものは、あきらかにインド政府の好まぬテーマだった。それはスラム街の強行移転の記録である。しかも、ボンベイ市のスラム街のなかでもっとも人口が多く、しかも二十年間のスラム街形成のなかで、キリスト教会・モスクのほか、家内工業・学校・託児所・貧民救済所さえもつ、四万人の住む通称〝ジャナタコロニー〟の軍隊による一掃作業を撮ることであった。その跡地はインドの原爆製造とその成功に結びついた原子力発電所（カナダ、カンドゥ型原子炉）に働くエリートのためのリクリエーション・センターになるということで、幾重もの不条理に彩られた事件であった。この移転に当って、住民はもとより広い反対運動の動きがあったが、戒厳令下、ひとりキリスト教系人士の救済活動と国際的なアッピール運動しかできなかった。そしてそのアッピールはフィルム記録により、その年五月末よりカナダ、バンクーバーで開かれる第二回国連環境会議とときを同じくする人民集会と展示会に届けられるものとして計画された。だがインドの映画人の公然たる参加はむずかしいので日本から映画人に来てほしいということになり、私に白羽の矢が立てられた。「生命・自由・安全について百パーセントは保障できない」とあらかじめ言われる仕事だった。しかも、何の職業的な身分証明書もなくプレスカードもない。インドへの入国にあたっては税関はパスするように手をうつから、なるべく旅行者のいでたちできてほしいという。私は好奇心ゆえに決断した。

ボンベイ空港に降りたったとき、兵士と官憲によって、私と同行のカメラマン高岩仁はすぐさま連行され、出迎えの牧師の懇請と弁解もむなしく、私たちは二台の映画用カメラ、テープレコーダーのほか、私用の写真機からマイクロカセットコーダーにいたるすべてが出国まで上屋に保管という形でインド滞在中は没収され、パスポートと替え着とトラベルチェックだけでボンベイに入った。見通しの甘さにほぞをかむ思いをしつつ、当然のことのように映画をつくることを半ば断念せざるを得なかった。だがひそかにスラムに導かれて見たその街と人びとは撮るに値し、責務を果たす念を再びかきたてられた。そのとき、〝映画〟をつくるのでなく、〝記録〟をとることに考えを切り換えた。インドの友人にとっては映画人による映画であるよりも、まずアッピールの素材をつくることが至上目的であることがわかったからである。そのためには何でも活用することにした。

日本の商社員からいつわって写真カメラを二台、インド人牧師から日本製ラジオカセット、古いインド音楽テープを再生してつかうこととし、スライド用フィルムは闇市で入手した。一掃前の数日間、私たちは住民のインタビュー、住民指導者の声明、闘争のなかで生まれた歌などを採録しつつ、スライド用フィルムを撮った。そしていよいよ一万五千人の武装警官による実力行使の日を前に、コダックのインスタマチックを二台と、中古のテープレコーダー一台をもとめ、活動家にわたした。彼らにフィルムのかけかえやテープのチェンジを教えるいとまもなかったので使い切るまで撮り、回せばよいとした。こうして、十本の写真フィルム、五本の録音テープを得ることができ、ともかく私たちの最低限の〝映画的行動〟を保つことができたのである。

このフィルムは帰国時ボンベイ空港で、再び官憲によって没収され、カナダでのアッピールにはついに間に合わなかった。だが、そのあとインドの友人たちが、それをとりもどす方法を説得と買収の二段構えで講じて、のちにインド政権交替を待ってオーストラリアに運び出され、現像され、ともかくスラム一掃の人民サイドの一本のスライドとしてインドに残された。

このインドの旅は二日間の軟禁の体験も含め、いかに〝非映画的〟であろうとも映画人としていかなる映画行動で対処すべきかを教えられた。そしてさらに、日本の映画人が外国の映画人、あるいは記録者とどのように違うかも知らされた。当時のインドにあって、もしインドの映画人がかかる取材活動をすればただちに緊急措置法により、「弁護士なし、裁判なしで三か年収監」される目に遭ったのである。そしてそこでは緊急に国際支援を求めるに当たって、映画でなければ写真で、それもなければ録音でもよい、どんな表現によってでも真相を伝えたいという切迫した原衝動だけがあったのである。

一九七六年初夏、私は水俣病の英・仏版のフィルムをもち、患者代表の川本輝夫と通訳の大石裕子とともにカナダ・インディアンを冒した水銀汚染地北ケベックへの巡回映画の旅を試み、この経験を日本にもち帰って、一九七七年夏不知火海七七漁民集落をめぐる巡回映画の旅を構想したのであった。

映画をとることと上映とは、すべてひとつの映画行動といえる。インドにおいて、不発の〝映画〟製作活動といえども私の映画生活の一つの嶺にちがいなく、自作をたずさえての旅も、そうすることを私自身がもとめた映画生活の新局面でしかなかった。そのことを私は外国での体験によって、ほぼ豁然《かつぜん》ともいえる認識に立ち得たのである。このことは今日世界の人びとにとっても日本の人びとにとっても、このような記録映画活動のもつ活力の総体をひきだす点においてまだ不充分であり未開拓であることをあらためて知らされるのである。

記録映画が拓く第三世界の文化

私のささやかな国際交流について、とくに第三世界、第四世界〔第三世界のなかでも資源・資本・技術などをもたない国や地域〕の人びととの交流について、いま少し紙数をさくのをお許しねがいたい。そして現在、私のかかわりたい外国とはどうもアメリカやヨーロッパではなく、これからドキュメンタリーが登場するであろう国ぐにと、その人びとなのである。

先日、ある酒の席で、そろそろお互いに初老の域に達した仲間とそれぞれの〝晩年〟を肴にした。この十年、私の〝晩年〟のイメージはすこしも変わっていない点で、自分でひとり面白がっているのだが半分は醒めた心で語ってもいた——。

「もし十年ぐらいして、ドキュメンタリー映画の現場に耐えなくなったら、第三世界、できればアジアのどこかの国の、記録映画を生み出そうとする映画青年たちのそばで、編集室の小使いさんになりたい。いろいろ相談にのりながら、彼らの新しい映画の誕生に立ちあいたいものだ」。もし老人海外協力隊でもあれば老眼鏡と鋏をもってボランティアとしていきたい……こういってもあんまり人は本気にしてくれない。だが私には次にのべる一連の生活史あってのことだ。

一九六六年夏、日本テレビの新企画「すばらしい世界旅行」の取材でカリブ海に浮かぶドミニカ共和国を訪れることになった。当時のチーフ牛山純一氏(現日本映像記録センター)の数年あたためた企画とあって、その意欲は欲ばりに近いものであったが、一方、番組キャラクターはまだしぼり切れない時期(放映同年十月)であった。リズム名を失念したが、ドミニカでその音楽をベースに人びとの暮らしをとってくるように頼まれた。音楽の世界は縁がないので気が進まなかったが、幸か不幸か着いてみると、そのリズムは同じカリブ海でもハイチのものであった。やむなく自由に題材をみつけてドミニカで一作品をものにせよ、ということになった。

当時のカリブ海は一九五九年のキューバ革命を軸に激動期にあった。キューバ危機(一九六二年)、パナマ紛争(一九六四年)と相次ぐなかでドミニカも独裁者トルヒーヨの暗殺(一九六一年)、共和制となったが間もなくボッシュ政権は親米派の軍事クーデターで倒され(一九六三年)、その親米路線に反対する民族自立派のカーマニョら青年将校たちは首都サント・ドミンゴの中心部にたてこもって革命戦争をたたかった(一九六五年)。今日この一連の政変はCIAの策動に誘因するといわれているが、私の訪れた年のその前年の市街戦には米軍が米州機構(OAS)軍の名目で軍事干渉し、革命派を掃蕩し、一年後の当時なおOAS軍の準戒厳令下にあった。これではとても音楽番組などに眼の向くはずはなく、私たちは革命を体験した未成年の若ものを主題にした『若きサントドミンゴ』を作ることにした。

こうした企画変更もあって一カ月近い滞在となった間に、私はドミニカの若い映画青年モーリスに会うことになった。彼は生まれたてのドミニカ・テレビ局のただひとりのカメラマンであり、同時に演出・編集・現像もやる映画部の責任者(といってもただひとり)であった。年齢は当時二十七、八歳であろうか。彼は開局にあたり、国費で映画技術をマスターすべく、旧宗主国スペインの大学の映画コースに四年間を費し、帰国してまだ一年足らずであった。まったくの新人でありながら、彼の双肩にはドミニカで初めてドミニカ人による映画を作る、その最初の人としての責任がかかっていた。

ドミニカのテレビでは、常時スペイン語にふきかえられたアメリカの西部劇や市民もの、漫画番組がその九割近く、ドミニカの番組はクイズや、いわゆる素人歌合戦といった聴視者参加番組しかなく、〝ニュース〟でさえアメリカから空輸されたトピックス風のものばかりであった。私がテレビ局を訪ねたのはまったくの好奇心からであった。紹介もなしにぶらりと玄関をくぐったのだが、小さな首都のなかであってみれば、私たちが日本からきた映画人であることをモーリスはすでに知っていた。彼から私たちに話しかけ、ついで彼のルームに招いてコーヒーをすすめてくれる。ここで映画の機材をなかだちに私は彼と映画の実作についての話にふけることができた。準戒厳令下、彼には国内ニュースの仕事もできず、ひまをもてあましている様子であった。

その映画部の小部屋には、彼のために購入された新品の十六ミリカメラ、録音機、そしてもっとも簡略な編集用ビュア、そして手つなぎ用のスプライサーに、フィルム接着剤、フィルムまきとり機など——つまり最低必要な機材はそろえられ、しかもすべて新品であった。いかにも、この室からドミニカ映画は始まるといった感じで、私はある感動すら覚え、その一つ一つをなでさすったものである。それらは私たちのような貧乏な独立プロでも最低備えもつ機材であって、それ以上ではなかった。当時ですら、日本の民間テレビでは地方局に至るまでスタインベック(一台三百万円以上する西独製の絵と音声のシンクロ編集機)が導入されており、カラーフィルムの自動現像機も急速に普及しはじめた頃である。それにひきかえ、一国のテレビ局の中枢の映画部門の創立期はまさにこのようなものであった。

せめてCMでも撮れないのかと聞くと、地場産業の広告物品としては蒸溜酒〝バカルディ〟があるだけだが、それもアメリカ人が一万五千ドルで一手にひきうけており、あとはすべてアメリカ直送の航空会社、自動車、フルーツ会社などのCMで、その点ではここはアメリカだと彼は言うのだ。

二度目に会ったとき、彼は試作品だがといって四、五分の『私たちの町めぐり』といったルポ・フィルムの編集用ラッシュを二本みせてくれた。あと二、三本とったうえで、放映してもらうつもりだが、批評してほしいという。「これは政治的なものではなく文化紹介だから、きっと放映されると思う」という。首都サント・ドミンゴ篇と第二の都市サンチアゴ篇だったが、いずれも同じ展開であった。まず車の前進移動で街に入り、スペイン植民地特有のセントラル公園、そのわきの教会、公園のモニュメントと市場といったパターーンで、とても意見のいえるものではなかった。だがその編集用フィルムはつなぎ目だらけ、あれこれと彼ひとりで編集に迷いつなぎかえた跡があった。それは彼の真摯さと意欲を物語っていた。

「いずれ、まとまったドミニカの歴史や文化をドキュメンタリーにしたい。今は準戒厳令下で管理されているが、私にはその義務がある」と言う。

私たちが、ドミニカの若者の革命体験をフィルムにとりに来たことを知ると、あからさまにくやしがり、「外国人だから自由に取材できるのだ。しかしドミニカ人は外国カメラマンにうらみをもっている。前年の市街戦のルポで本当に民衆の側に立ったフィルムはなかった。皆、その放映の日、テレビをみるのを心待ちしていたが、裏切られた。だから、あなたがたもくれぐれも身辺に注意しなさい」と言うのだ。私たちが近く決行される非合法デモを取材する計画と知って、「それなら、どこそこのホテルの屋上からとるとよい、鉄砲は軍隊からだけではなく、民衆側から撃たれることもある。私が手配するから、公園わきの二、三のポジションを当たりなさい」と世話をやいてくれるのだ。本来彼がとるべきものだ。彼に代わって日本人の私がとるものではない。おそらく、この国からドキュメンタリー映画が生まれるとしたら、この彼の切歯扼腕の情念からだろうとそのとき思った。

近代の映像文化の歴史のなかで、私たちは写真、映画の順をふんでテレビ時代に入った。しかし、第三世界では国営のテレビ機構がまず導入され、そのなかから映画製作が始まるという逆の形成順序が多いであろう。まずその全国ネットのニュース、ついで〝ローカル〟な報道番組づくりで人材と技術を養い、そしてドキュメンタリー映画番組と進んでいく——若いナショナリズムをバックにこのようにしてその映像メディアが生まれ育つのではないだろうか。だがニュースはともかく、本来的に社会批判の芽を内包するドキュメンタリー映画に志向する過程で半ば必然的に、放送を支配する実権者によって彼らは迫害と忍従を強いられることであろう……。

そのように前途を悲観的にみがちだった私は、その後、革命十周年のキューバを訪れ、解放後の十年間の全ニュース、全ドキュメンタリーを見る機会を得て、いかにめざましいスピードで、初心の若者たちによって映画が作り出されているかに、眼を洗われる思いだった。

一九六八年、黒木和雄監督『キューバの恋人』のプロデューサーとして四十五日間ハバナに滞在したのだが、その間、大半を歴年順にニュース、記録映画をみることで費した。キューバ国立映画局(ICAIC)はすでに白黒現像機をそなえ、ソ連の映画技術援助をベースに、西独・フランス・スイス製の撮影機材をそろえていた。スタッフは二十代、三十代の若い映画作家ばかりだ。革命の一九五八年以前までにはキューバに映画は絶無であり、アメリカのマフィアが、ハバナでエロ映画を作っていただけという。だから、一九五九年一月のカストロの革命のハバナ占領前後のニュースは、アメリカのムービートーン社製のものであった。革命までの歴史を自らつづったフィルムはキューバにはなかった。キューバ映画はまったくの無からのスタートだったようだ。

傑作『ナウ』や『ハノイ・金曜日――』の作家、サンチャゴ・アルバレスにしろ、革命前はペンをとる新聞記者であり、他の監督もハバナ大学の映研メンバーがそのままICAICの創立期をになった。だが『ハリケーン被害とたたかう人民の記録(原題名は失念した)』や、六一年の『プラヤヒロンへの反革命軍の侵攻との闘い』のドキュメント、また『文盲一掃のために教師となって農村に赴く中学生の集団的下放運動』などは、いずれも革命後三年間に作られた中篇ドキュメンタリー映画であるが、まぎれもなくキューバ人のオポチュニズム、革命的ロマンチシズムと体質的音楽性とを混交したキューバ映画となっていた。

まだ国際的著作権協定に未加盟のころ、サンチャゴ・アルバレスはアメリカのテレビ画像(キューバで受像したもの)から黒人暴動のシーンを撮り、支配者の暴圧の象徴シーンには臆面もなくスウェーデンのイングマール・ベルイマンの『第七の封印』の中世の暴君のカットをぬき出し、モンタージュするという自由奔放きわまる映画を作っていた。また現像コストが国立映画局ゆえただのせいか、ありとあらゆる特殊な画面処理をふんだんに駆使していた。一見、意欲的だが失敗に近い一シーンを齣《ストップモーション》どめや、ソラリゼイション(画像の明暗が逆にあらわれる現象)などで別の映画言語に作りかえてしまう力量の背景に、編集台上の魔術を許す、製作体制そのものの若わかしさを感じた。

私はドミニカのモーリスのことを合わせ考え、映画と革命とかくもスピーディに結び合うことに驚かされた。第三世界での映画の分野の遅れとは、映画をめぐる政治と社会の遅れでしかあり得ない。映像を志す現代世界の若者には、機を得れば奔流する映画的感覚がグローバルに育っているのだと思い知らされた。これに私たちはどう共同動作をとっていけるのだろうか。

自主製作の多い私につてを求めてくる第三世界の青年たちは、母国の体制から外れた人が多い。貧乏ゆえ無力だ。彼らから見ると、私などは日本というもっとも映画づくりに活力があり、カメラもテープもフィルムも自国産のすぐれたものを入手できる宝の山の住民に思えるらしい。それは国内であると海外であるとを問わない。

あるときパリでアフリカ人留学生に会った。帰国後、文化活動を民衆の間でしたいという。文盲率の高い国では視聴覚を通じてのマス教育、マス啓蒙しかない。そのために、やっと写真用の一眼レフカメラを買うことができたという。私は同機種をもっていたので、交換レンズをカンパした。まずスライドからはじめるが、できれば映画を作って社会的な仕事を始めたいという。その志向は彼ら新しい世代に共通していた。貧困と疾病、身分的差別をうけ、識字の機会をもたなかった民衆たちに、その集団まるごとの教育や行動をうながすとき、彼らにとってはビラや大字報でなく、集会を前提とするスライドや映画によるアッピールをまず着想する。スクリーンのなかの現実とその人びと身辺の現実とのスパークこそより劇的なのであろう。西欧や日本に学んだ青年・学生が母国に映像力を運び帰りたいというねがいの、実践性とその具体性は私たちの想像をはるかに越えている。

道具でものを考える

一九七二年の終わり、映画『水俣』の上映にたずさわっているころ、東大自主講座の松岡信夫氏から電話連絡があり、「松岡洋子(評論家)さんからの依頼だが、二人のメキシコ女性の映画の勉強に便宜を与えてほしい」という。氏はいまは反原子力センターを主宰し、もとより映画関係者ではない。「実は日本・メキシコ文化交流協定で、教育番組づくりの研修に六カ月間留学、その間おもにNHKでシステマティックな教育をうけたが、このまま国に帰って映画をつくる自信がないので、あと私費でもいいから六カ月間ほど勉強したいという。とても切実な願いなのでかなえてほしい」と氏も懸命だった。

ふたりの女性はともにマルタといったが、ひとりは三十歳をすぎ、すでにウーマン・リブや育児の著作をもつ中堅のインテリであり、ひとりは二十八、九歳で美術史を学ぶため長いパリ留学を終えてのち、日本に再留学した。ともに帰国後直ちに新規に開設される児童・婦人向けの教育テレビ番組の製作者に予定されているという。

「恥ずかしながら、メキシコの地方《いなか》の小学校では、教師は収入を保証されたエリートです。ひとつの小学校に先生ひとりといったケースもざらです。その教師の職はいったん手に入れたら一生はなしません。他人にゆずるときには高い権利金で売り買いされるほどです。その教師が病気やレジャーで休めば生徒は何もすることがない——だからいま全国放送の教育番組によるテレビ授業方法の開拓が急務なのです」という。NHKだけではその要望にどこが不足だったのかと聞くと、機械的レベルが高すぎて、とてもそれで学んだテクニックでは、まだ遅れている自分たちの職場での役に立ちそうにないと答えるのだ。おそらく、NHKはフィルムの実技・編集・録音、さらにビデオからエレクトロニクスの粋を集めた最新技術まで惜しむことなく教えたであろう。「担任者『タツムラ』は親切であった」ともいう。その翌年に『キャロル』をつくり放映拒否され、ついで自主映画『キャロル』をつくって懲戒免職処分された竜村仁氏であれば、恐らく懇切丁寧であったろう。ただ彼女たちの不安は、オートメ化・合理化・エレクトロニクス化されすぎたNHKの世界と、彼女たちのメキシコのそれとのへだたりに起因しているように思えた。

職人は道具でものを考えるといわれる。映画の実技修得もそれに近い。いかなる編集理論もその道具のシステムの修得によってしか実現しないものだ。おそらくNHKのもっとも進んだ放送機材システムで学んだそれらは、まだ母国メキシコでは獲得できていない〝明日のシステム〟であったにちがいない。ドミニカを知り、キューバに学んだ私は、よりメキシコを想像できる。こうした段落差を予想しないで、どうして発展途上国の留学生のためのカリキュラムが作れるだろうか。

「初めから〝違う違う〟って二人で話をしていたんですけど、あっという間に六カ月たってしまって、終わり頃になって怖くなりました」という。

さいわい私の古巣の岩波映画で二人を引きとってくれた。「どのスタッフの仕事についてもよい、そこでの関係者は誰でも、請われれば実技を教えることを約束する。ただし人件費は払わない」という条件で、アシスタントの場が与えられた。この会社には古いタイプの機材から最新のものまで使われており、企画・撮影・編集・録音といった一貫作業が学べる。また作品の予算規模も数千万円から数十万円の作品まで多様である。まさに彼女たちにはうってつけの学習の場であった。

単刀直入に私は聞いた。「メキシコでの現実性からいって、数百万円の予算規模の作品と、数十万円の金しか使えない作品と、どちらが今後のあなた方の仕事に近いか」と。ふたりとも即座に後者を選んだ。少ないフィルム、小スタッフ編成、レンタルの安いありふれた機材と手づくりの仕上げといったイメージである。それはドミニカで見たモーリスの映画部の部屋を思わせた。その後六カ月、彼女たちは岩波映画をベースに勉強をつづけた。新宿のスナックのウェイトレスで生活費をかせぎながら頑張った。そして帰国後、三年ほどして、第一線で活動していることを便りに送ってきた——。

私はこの例でNHKを非難するつもりはない。私をふくめ、われわれの、第三世界の人びとの実情への理解不足がベースになったら、あとどんなに努めてもボタンの掛け違いに終わることを怖れるのだ。

革命後十年たったキューバ、長い間、巨人アメリカの〝半植民地〟であったこの国でさえ、食堂で人のことばの端に〝マドリッド〟と聞くと、まわりは一斉に耳をそばたてる。かつて圧制に苦しめられたとはいえ、旧植民地の青年はその宗主国を留学の地に求める。言葉・習慣・文化に歴史的につくられた相似性がそうさせるのであろう。中米の人はスペインにおもむく、ベトナムの映画には旧支配者フランスの映画のスタイルが強く影響しており、中国のそれにはソ連映画のモンタージュがすけて見える。日本に学びにくる留学生は何にひかれ、何をメリットとしているのであろうか。彼女たちの場合、政府間の文化協定による公費の教育の機会であったに過ぎない。餓えと貧困と社会差別のある国に対し、われわれひとりひとりにいたるまでの飽食・安逸の富国は、それ自体もはや埋めがたい精神的亀裂なのであろうか。もし彼女たちが六カ月の日本での〝落第生〟を自らに課さなかったら、彼女たちは眼高手低のまま帰国したであろう。

体験交流の道具

この約十年、仕事の対象を水俣・不知火海に選んで映画をつくってきたものとして、心ならずも、世界の水銀汚染地を訪ねる月日を持つこととなった。三回、のべ三百日近く、そのフィルムをもって世界中を上映してまわった。スウェーデン・ソ連・西ドイツ・ハンガリー・イタリア・フランス・イギリス・カナダ(インディアン居留区)・アメリカ・イラク・スイス、そして配給もしくは依頼上映は、中国・朝鮮民主主義人民共和国・タイ・豪州に及ぶ。文字通り『ミナマタから世界へのメッセージ』(英・仏版)と題するものも最近作としてつくった。だが一部の国のテレビ放映を除き、目下は市民運動・住民運動者の手で自主上映されていて、決して観客の人数は多くない。だが、そのなかでもっとも強い効果をもったものは私たち自身によるカナダインディアン部落の巡回上映を含む、カナダ主要都市を縫って上映した〝カナダ・フィルム・ツアー〟(一九七六〜七年)ののべ百六十日の旅であった。総観客数は一万五千人たらずにすぎないが、水銀汚染にさらされているインディアンや当該地方の白人社会、ひいては各州政府、最終的にはカナダ政府(オタワ)にかけのぼる意図的な運動上映であった。汚染源企業の重役会上映、水銀中毒専門の医学者の学会、政府の厚生省・保健機関とねらいうちの上映であっただけに、カナダの要路の人のなかには見てしまったこと自体によってある義務感をもつことにもなった。狡猾な医学者(政府委員でもある)によって部分的に上映され、「インディアンの被害は、この水俣病のようにひどくはない」との否定的判断の材料とされる苦汁も飲まされたが、状況へのミリタントな映画〝交流〟体験であった。

旅行中、しきりに、彼の地の人びとから私の上映活動の資金的背景をたずねられた。「政府か、さもなくばキリスト教組織か」と。そのいずれでもなくボランティアとして、作家として来たというと、ワンクッションあって、「日本の政府は何故カナダ政府にこのフィルムの所在を知らせ、交流しないのか」と聞く。やむなくここで水俣病事件史の二十年間の被害民と政府との不幸な関係に言及しなければならなかった。

冷静に思えば、映画は娯楽――やはり楽しいものとする予定調和的な思い込みがある。だが辛くても知らなければならないこと、滝にうたれる想いのする映画もあろう。まして、地球的な危機の時代に同根同種の悲劇が世界中に同時多発する現代――、映画こそもっとも体験交流の道具とされてしかるべきであろう。しかしこれは〝べき〟の論である。私はアメリカ、カナダを初め政府機関にも接触したが、彼ら自身、見たくはあったし、見てわかりもしたが、買って上映するといったアクションには決して連動しなかった。

カナダの場合、二地方での水銀汚染を、アメリカでは同時期(一九七五年)農薬キーポン汚染事件でジェームス川を死の川とする問題を、そしてイタリアでも先ごろセベソでのダイオキシンの大気・土壌汚染をかかえている。そしてどの国の行政もその文明内部の毒性の噴出の事態に、水俣病事件史と瓜二つの姿勢をとっている。すなわち、汚染事実の秘匿、ついで過小評価したデータの粉飾発表、調査の壁となる企業と政府との癒着、解決にあたり第三者調停委員会方式をもってする責任の回避、被害者の反対直接行動への抑圧など、程度の差こそあれ本質的には同じである。どうしてその政府の手で『水俣病』映画公開や普及のモメントがあろう。これは社会主義の国ぐにでもこと公害に関する限り、官僚の出処進退は同じに思える。結局、国家・政府・国連の諸機構とは逆縁でありつづけるたぐいの映画が誕生してしまったのだと思わずにはいられない。そしてもっとも強い需要の声を今も送りつづけているのは被害民であり、差別されている人びと、いわばその国の弱者たちなのである。

映画流人《るにん》の夢

この一連のことは私の体験した〝映画交流〟の実態そのものである。情報の交流、映画の交流の前提には、人間の交流、人びとの交流なしには――それも微々たる力でしかなかろうが、それに頼るほかには――いかなる変化も期待できない。ロボットが映画をつくるのではなく、人間たちの営為である以上、ものそれ自体の商品的交流が主体となって動くマス・メディア状況こそ本来異常であるのであって、ひとりひとりの人間の交流の志があって初めて映画にせよ文化にせよ交流の動因を生む。その核なる志が人の心をうつものだと思う。

いかなる映画にせよ、フィルムが映像による人類史の記録作用を合わせもつことは、映画百年の歴史のなかで追認されている。ましてや意識的に記録作業をこめた映画が世界の国ぐにのそれと交差しないはずはない。その点で私は限りない楽天性に支えられている。

私たちがいま作っている自主製作映画は別の言い方をすれば手渡しで運んでいける

〝交流映画〟そのものと言えなくもない。こうした映画と、世界的なネットワークを走るテレビや商業映画とが、いま規模と力は比較にならないにせよ、押し潰されることなく、並行して、現にこの世に存在して十五年になる。いわゆる主流・主潮の情報から漏れ落ちた情報を求める人びとが、増えこそすれ、決して減っていないことに気づく。アメリカの第三世界映画運動〔一九六〇年代後半の学生運動のなかから生まれた映画運動〕にせよ、フランスの〝スローン〟労働映画運動〔五月革命のなかから生まれた映画運動〕にせよ、その灯を消していないのみか、前者はこの十年に数倍のフィルムをストックし自主配給している。そして第三世界のなかから、彗星のように劇映画が出現し始め、その秀作ぶりに驚嘆の眼が注がれている。だがこれが、ただちに第三世界のドキュメンタリー映画の登場といったふうには即時的に期待できない。記録映画が、その持つ批評力ゆえにそれぞれの国家で端的に作りにくいことから劇映画のなかにその暗喩をこめてそれぞれの思想を展開しているのが現状と思える。だが、そこにドキュメンタリー映画の土壌も必ず並行して育っていくであろう。

　私にかかわる例だけでも、インド、フィリピンなどから、スラム一掃の暴挙や、日本企業の公害輸出に対する住民の闘いを、映画で、それが無理なら八ミリで、それもむずかしければスライドで作りたい、それへの連繫を求める声がしきりである。その観客は第一にその国の住民であることは当然だが、映画を運び、隣国に、ひいては世界にその声を伝えたいという一途な映像的肺活量はあるのである。

改めて、私は日本で映画をつくれる幸せを思う。文化・経済の力、映像人口の層、小さなコミュニケーションの輪、それらがあいないまざって、私ごときもドキュメンタリー映画を作ってこられた。この〝特権〟に対し、第三世界の人びとは、日本の人びととの可能なかたちでの支援と協力を暗黙に期待しているように思えてならない。私たちの自主的な映画づくりの方法のかたちとは、「いついかなる場所にも携行でき、それを求める人びとの前で上映できる」という機能とその固有の融通無碍さにあるとすれば、この方法へのアジアの第三世界の映画を志す青年の嗅覚はずれているだろうか。私は正解と信じる。

小さく、弱い立場に立たされる国ぐに、矛盾をかかえて苦しむ第三世界・第四世界の人びとは、一方に、とうとうと流入し支配している多国籍映画、世界市場的ネットワークのテレビを、彼らの生まれたときからある〝天与の映像世界〟として受容しながら、一方でその国ぐにの映画の創世記をまさぐり、自力で自分の国の映画を作ることをその国の映画の〝主潮〟と見なす日を求めつつある気がする。そうしてできるささやかな映画づくり方式には、世界市場理論とは異なったもともと民主的であるべき各国人民間の連帯にもとづいた互換性が内在しているであろう。

それら映画群が、物々交換され、〝交流〟される時代が、南は南、〝黒〟は〝黒〟、インディアンはインディアンの世界から、それぞれに生まれてくる必然性を予感しないわけにはいかない。そうしたインターナショナルな動向をうながす力が二十世紀を生きぬいた〝映画〟にそなわっていると信じるからだ。

その日を思うことは私の愉しみである。そのとき、私はもっとも安あがりで手づくりのドキュメンタリー映画なるものの快楽をふりまきつつ、いくばくかの技能をもつ一職人《アルチザン》として、鋏と老眼鏡を持ってアジアや第三世界を流浪する「映画流人」となることを夢みるのである。

（『ルポルタージュの書き方』明治書院、一九八一年）

映画で出会った川本輝夫との三十年

川本輝夫さんにはじめて会ったのは一九七〇年、映画『水俣—患者さんとその世界—』(以下『水俣』と記す)のロケのときであった。石牟礼道子さんの周到な配慮で、水俣市出月の浜元二徳・ハルエ夫妻、その姉フミヨさん一家の母屋にスタッフの部屋を借りていただいた。川本輝夫さんの家も近くにある水俣病患者の多発地域のど真ん中である。その母屋はしばしば訴訟(第一次)をしている患者さんの集会の場になり、私たちは労せずしてそれを撮影ができた。

彼は当時はまだ棄却されたいわゆる未認定患者だった。訴訟の原告ではなかったのでその集まりに顔を出しても、専ら「水俣病を告発する会」(熊本)や「水俣病市民会議」(水俣)のもたらす情報を聞く立場だった。その年八月といえば、熊本・鹿児島県の棄却処分を不服として、彼は棄却患者九名を纏《まと》めて厚生省に行政不服を申し立てた時期だったと思うが、患者の集まりでそのことを聞いた記憶はない。むしろ頼りになる地元の仲間のようだった。

大家のフミヨさんによれば「テルオ(川本)はまこて頭の良か。小学校ではずうっと級長しとったし、東大あたま(頭)とみんなが言うとった。東大に入れる人間じゃちゅうこと……」という。そうした彼に誰しも一目置いていた。

反芻するように話す川本さん

映画『水俣』で、ある夜の患者集会のシーンがある。後藤孝典弁護士が一株運動を提案したとき、賑わう議論に彼も「大阪に観光旅行たい!」などと加わっているが、目立った存在ではなかった。その場にいた後藤弁護士も彼を識るのは後である。

この年一一月、彼も患者ら一八名と白い勧進装束で大阪でのチッソ株主総会に参加したが、自分の抱える棄却患者の問題は一切出さなかった。それは敢えて自制していたのであろう。彼が初めてそれを語ったのは、白装束のまま上京し、「東京・水俣病を告発する会」の事務所で後藤弁護士や支援者たちに会ったときである。後藤孝典弁護士はそのときのことを自著『沈黙と爆発』(集英社)にこう書いている。「取囲んだ人の輪の中央に、こがらな男があぐらをかいて座り、ひどく汚れたカーペットの床に顔をつけるほどに体をかがめ……何かを期待してこちらに訴えているのではなく、ただ自分自身に向かって反芻しているように、ボソボソと話す姿は印象的であった」。このとき居合わせた数十人の支援者は川本さんの〝潜在患者がいたるところにいる〟という話に一様に驚かされた。この日から後藤孝典弁護士との長い付き合いが始まるのだが、彼の〝なにかを期待して訴えるのではない〟、むしろ自問自答かのような語り口からは、その後の彼の抜きんでた三十年の闘魂は想像もできなかったであろう。

「公」に対する「私闘」

川本さんの自主交渉をはじめ多くの裁判闘争をともにした〝戦友〟後藤弁護士は、彼の死後、その弔文にその闘いの輝きをこう描いている。

川本たちは患者認定を勝ち取ったが、……チッソは「新認定患者」を水俣病患者とは認めない、補償金は支払わないというのだ。……チッソだけではなかった。水俣市のあらゆる階層の人々が水俣病患者と認めることを拒否した。……チッソは、水俣地域における最大の「公」であった。……そのチッソに素手で挑む川本には、水俣のあらゆる人々から見捨てられ、見捨てられ切った、ギリギリまで追いつめられたところに残る最後の「私」しかなかった。……川本輝夫のチッソに対する闘いは、既成の社会思想系譜とは無縁の「私闘」として切り開きえたところに輝きがあったのだと思える(「熊本日日新聞」一九九九年二月二三日)。

卓見と思う。

だが、水俣病センター相思社『ごんずい　五一号』(一九九九年三月)で「(チッソの『公』)に対する川本の側には一片の『公』的色彩もなかった。彼には未認定患者のためにという意識さえなかったと思える。まして公害問題や環境問題という意識のあるはずもない」とまで「私」に限定するのは賛同しかねる。彼の闘いは激症型水俣病のまま悶死した父嘉藤太さんはじめ、彼の関わった多くの未認定患者像をその背に負い、「公」を相手に七転八倒した生涯だったと思っているからである。

歩いて学んだ水俣病

映画『水俣』のなかの川本さんの潜在患者発掘のシーンを想起してみる。例えば、水俣の隣の町、津奈木の赤崎の諫山孝子さんのお母さんとのやりとりの場面だ。孝子さんは四肢も折れ曲がって硬直して、寝たきりの重症である。それまで生まれつきの脳性小児麻痺として片づけられてきた。彼女の父は漁師であり、周辺に成人患者の出ている集落である。母親が席を立った折に彼は「まあ胎児性水俣病の(上村)智子さんなんか見とるばってん、この子を見たときはほんにショックじゃった、私は。この子を放って置いたち言うのは、これはもう、ほんと、われわれの責任じゃと思うた」と彼は顔をくしゃくしゃにしていた。〝自分たちのセキニン〟という言葉はしん底からだった。

彼によれば、棄却された理由は孝子さんの生まれが一九六一(昭和三六)年で、熊大研究班の徳臣晴比古教授らから「水俣病は終息した」とされた時期より後だからとしか考えられないという。この〝学説〟ゆえに、同じくその時期に発症し、一九六五(昭和四〇)年に悶死した父嘉藤太さんもはねられている。父の症状も水俣病と思うし、自分を襲うしびれや頭痛もそうでないかと疑うが、それを立証する研究も不十分だった時期である。

その当時は、水俣病医学の専門書は熊大研究班の『水俣病　有機水銀中毒に関する研究』(一九六六年)、赤表紙のいわゆる『赤本』しかなく、それには水俣病のハンター・ラッセル症候群に準拠した典型例しか書かれていない。

川本さんは「私はこの赤本を手がかりに、私なりの水俣病医学の勉強をはじめた。が、残念ながら医学に素人の私が、いくら読んでも専門用語など難しい言葉は解ろうはずもなく、結局患者や家族の訴えのなかから病状や症状を知り、自分なりに把握する他はなかった」と述べている。この患者発掘ではこの教科書にないさまざまな症状、あるいはハンター・ラッセル症候群の不全なケースに出会うが、潜在患者の家を訪問し、その暮しのなかの病像を目の当たりにし、その訴えから水俣病を把握していった。

母親の「厚かましいような」といった怯《ひる》みや世間への気兼ねに相槌をうちながら、発症以来の経過を聞く、これが川本さん一流の水俣病の独学方法だったろう。「こうして歩いてみて、親父や自分も間違いなく水俣病だと確信出来た」という。

後年も聞き取りが彼の基本になり、その医学論、とくに疫学志向を確かなものにし、また、患者らの棄却の事情を聞くなかで、水俣病行政や医学のインチキやその裏まで見抜く眼力も培った。こうした未認定患者たちとの夥《おびただ》しい繋がりが、「私」を超えて彼の意識下に刷り込まれ、彼の「公憤」を肉体化した原点と思う。

ことばの闘い

例えば、一九七三年の自主交渉の記録映画『水俣一揆―一生を問う人びと―』(以下『水俣一揆』と記す)を撮りながら私が驚いたのは彼が島田チッソ社長に突き付けた言葉の闘いである。「俺がねえ(昭和)四四年の一〇月から各患者の家を回った。その三十何名に認定申請を頼まれた。そのとき(その後)に約半数は断った。〝金が欲しい(といわれる)〟とか〝見苦しい〟とか言って……」。そしてたて続けにその一人ひとりの名前をあげた。島田社長に向けて「知っとるか、この人たちを！」と機関銃のように一気に十数名分の名を叫んだ。これは体に蓄積された執念の噴出に思われた。これには相手は怯み、絶句せざるを得なかった。

このチッソとの直接交渉は水俣病裁判の原告患者が勝訴して上京した翌日から始まった。自主交渉にすべてを託した新認定患者たちと訴訟派が組んで、直接交渉によって一生の補償を求める闘いだった。チッソとしては新認定患者には訴訟派の判決と同額の補償金を認めることはなんとしても避けたいから、第三者機関の公害等調整委員会に付託することに固執した。まして未認定患者に認定する事態などは思いもよらないことだった。加害者と被害者の直接交渉を心底恐れていた。患者らは第三者機関なるものについて、見舞金契約以来、その種の調停者を信じるわけにはいかなかった。自主交渉の原点は仲介者なしの直談判である。さしで話せば、相手に人間性の一片でも残っている限り、打開の道はあろうという道理の感覚は生きていたのだ。川本さんの緩急自在の攻めがリードした。ここで幾つかの奇跡が起きた。

直接交渉の奇跡

例えば、未認定のまま亡くなった山田善蔵さんの妻、ハルさんの場合がそうだ。その場でチッソに対し、前代未聞である未認定患者への裁判判決なみの補償金を約束させた。棄却された善蔵さんの遺体は幸い熊大の武内忠男教授(病理)の手で解剖され、水俣病と証明されていたケースだった。ハルさんは「三十何年一緒にいましたけど文句ひとつ言われたことはないんです。大事なひとでした。(命日の)一六日になったら、お坊さんがお経をあげてくるるのが、それがたったひとつの楽しみで……」と、かきくどいた。その哀切さは彼我ともに黙して耳を傾けさせるものだった。川本さんは社長の決断をうながすのみだった。チッソは診断書の存在に屈し、特例としてその認定を認めた。劈頭《へきとう》でチッソは防衛線を破られた。同時に、対面して直接交渉することがいかに裁判などと異質なものかを見せた。

忍耐と激昂

自主交渉の患者六四人のうち、相次いで死んだ松本ムネさん、小崎弥三さん二名の解決はとくに川本さんにとって重要だった。父、嘉藤太さんで味わわされた死者への放置と差別が骨身に染みているからだろう。チッソが新認定患者を第三者機関の公調委に託して低額・ランクづけで解決したいとガードを固めるなか、ふたりの判決なみの補償をめぐって激しい理詰めのやりとりが二日続いた。それがふっと静かになった。一転して彼は島田社長への静かな問い掛けを始めたのだ。

「あなたの宗教はなんですか」、「あんた、俺よりうんと年も上じゃ。娑婆の経験もうんとある。人も使っとる、何万人て。なあ、人間なんてとうに見抜いとるじゃろ。人間が……どげん暮さないかんかちゅうことぐらい……、ひとかどのものを持っとるじゃろう、家訓か教訓……。あなたの座右の銘は何ですか？」と。

黙していた社長はポツリポツリ答え始めた。これは奇策だったのであろうか。私には相手の人間性を究極的には信じている彼の真骨頂の流露に思われた。これにはチッソも、

「死者に限って」と譲歩せざるを得なかった。

また岩本公冬さんの場合も印象的だった。痙攣を堪えて上京し、家庭崩壊の危機に立って、狂わんばかりの岩本さんに代わって、彼はその絶叫の合間を見ては、返事に窮する社長の耳元に、助け舟をだすかのように、父親を諄々《じゅんじゅん》と諭すように「……もうあとはあんたの良心に訴えるほか無《な》か。本人ば眼の前においてな、どうするかは、これはもうあんたの良心にしか判断しようがなかわけよ。われわれがどうしようたって……ねえ社長」。ためにする説得ではなく、社長が救われる方途を一緒に考えているようなトーンである。

社長が「では、相談させて下さい」と首脳とともに退場したとき、彼はやるだけやったように腰を落としていた。だが、チッソ首脳で相談してからの返事は「公調委(チッソが一任を策している)の手前もあり、取りあえず当面の生活にもお困りのようですから……」という相変わらずの回答だった。途端に川本さんはテーブルのうえに仁王立ちになった。「なにがヒューマニズムかあ! なにが人道かあ!」。この激しい怒り方に誰も追随はできないほどだった。彼の対話のときの情意と忍耐、それが裏切られたときの彼の激昂はそこに居合わせた人のみ理解できる。

ちなみに、石原慎太郎氏が一私人として寄せた追悼文に、川本さんの激しさについて「……その無口で優しい犠牲者たちを誰がいかに代表するかという仕事を、川本さんが一身に担って生きたのだと私は思っている。（中略）あの小柄な彼が時に応じて、溜めに溜めてきた怒りを水俣の住民を代表して爆発させる時、交渉の席にある当事者たちはたじろぎながらも彼らを襲った出来事の恐ろしさについて改めて悟らされたものだった」（『川本輝夫さん追悼文集』より）。これは追及される側として交渉に居合わせたことのあった人としての実感と言えるだろう。

『日記』の惑い、直接交渉の輝き

それにしても激しい応酬の続いた自主交渉の場面で見せた、この硬軟緩急の自在さは三年前までの「ボソボソと反芻するように語る」彼からは想像できない。それを読み解く鍵のひとつは自主交渉当時のテントで書かれた『日記』であろうか。その内面の苦悩の反芻を辿ってみよう。

一九七二年二月一四日「頭痛が続く。朝起きた時にはだいぶ楽だが……。……しばらくテント内にて寝そべる。／いずこに行くのか、たどり着くのか、はたまた俺の人生はどう変わろうとするのか。俺がかくあらねばならない理由はどこにそして何にあるのか。俺にも全くわからない。」

二月一九日「今日も変わらず朝がつらい。」

二月二〇日「……これで良いのか。あまりにも恵まれ過ぎた闘いではないか……。甘んじてはいないか。これが当然のことのようになるのが怖い。」
七月一五日「……なぜ、共産党も社会党も苦しみを持つ人達に応じられないのか。そして労組は何故動けないのか。嘆きは深く、道は遠い。束の間をほくそえむ者は誰なのか。ここ二、三日来、子供等のことを思う。」
九月一四日「いろいろな葛藤が渦巻く。何故悟りきれないのか？　それはやはり俺が家族主義に或いは享楽にしがみつこうとしているからなのか？」
九月一五日「……なにはともあれ、とんでもない？　大変な？　烈しい？　闘いをいどんだものだ。俺も今までの価値観、人生観、世界観を構築しなおさなければならないのだろう。」
一二月三一日「この一年間は俺の人生を狂わせ、妻子の将来の航路も進路変更せざるを得まい。俺に何の、どんな足跡がしるせたというのか。偽善とハッタリと欺瞞でなかったのか？……それにしてもこの大都会東京に住む人たちがいかに人の情けを欲しがり、柱を求めているのかが痛いほどわかる。俺たちの座り込みがそんなに勇気あることなのか……。この一年はまさに、人間不信の年であり、人間賛歌の年でもあった。」

この『日記』を書いた頃、川本輝夫さんはいわゆる不惑を過ぎた四十一〜二歳である。それにしてはなんと惑いに満ちた日々だったたであろう。あの英雄的にさえ見えた川本さんからは想像し難かった。

水俣のチッソ正門前の座り込みの老人たちへの自分の責任が書き残されている。背負った人への思い、家族への思いも随所にある。トンボ返りで出月に帰る。たまたま牛乳配達している長男の愛一郎君が病気になったとき、彼に代わって二日続けて早朝配達を替わったり、早起きしてミカン畑で草取りするなど、平凡な父親を一日も見失ってはいない。東京でもマスコミからの取材攻めに会いながらもその脚光に酔えない。しかし支援への感謝は過剰なほどだ。心中でいつも合掌している。

地元水俣では真逆である。チッソの露骨な患者分裂策動、現金攻勢による仲間患者の動揺、市長を先頭とする全市あげてのチッソ擁護の合唱、孤立した家族への脅しと嫌がらせなど。その両極に振り回されながらの自主交渉の日々、人間不信と人間信頼が相半ばしている。この境遇こそ、前人の経験したことのない直接交渉の闘いに於けるあの白在さを育んだのであろう。彼のそれまでの行政や制度などの〝見えない敵〟との闘いに比べ、直接交渉でのチッソの闘いはどんなに自分に納得でき、自己解放もできたことか。映画『水俣一揆』のなかの川本輝夫さんはまさに輝いている。その後も自主交渉、直接交渉への原点回帰が彼の夢、理想であり続けたと思う。

〝水俣病史三部作〟

一九七三年七月、東京交渉団は水俣病補償協定を締結し、「その一生を問う」闘いを終えたかに見えたが、多くの水俣病患者の一段落の雰囲気のなかにあって川本輝夫さんだけは違った。自主交渉当時のもみ合いのときのチッソ社員への傷害罪で起訴されていたし、水俣、天草ほかの住民一六九〇人の毛髪検査の記録が「水俣病を告発する会」の宮沢信雄氏によって発見され、未認定患者は続出、また第三水俣病(有明)の発見、不知火海漁民の闘いは再燃、など激変の時代が続いた。

その渦中にあったこの年の一一月、川本さんは「自主交渉川本裁判」のために厖大な『供述書』を書き上げている。これは半生記、その出生から自主交渉までの水俣病事件史であるが、水俣の下層社会の一庶民の民衆史でもある。また闘いのなかでの思想と感情の変遷を含め、混沌たる軌跡の総括にもなった。これを書かせた経験の蓄積と学習は厖大なものだ。

この一冊でも畢生《ひっせい》の事業だと言えるのに、さらに二著作ある。

同じ年代に書かれたニセ患者発言名誉毀損訴訟の供述書『何が患者を封じ込めたか　水俣病への偏見・差別考』と、やはり七〇年代に書かれた青林舎刊の『水俣病　二〇年の研究と今日の課題』(一九七九年)に収録されていた「患者からみた水俣病医学」がそれだ。彼の著述「通史　わが水俣病(供述書)」、「社会論」、「医学論」の、いわば〝水俣病史三部作〟は本書(『水俣病誌』)ではじめて通読できる。

カナダ被害民との出会い

この気力、知力、精神力の充溢した一九七五年、川本さんにとってカナダ・インディアンの水俣病事件に出会ったことは、いかに彼の使命感をかき立てたことか。

カナダ・インディアンの水銀汚染は自然とともに生きる先住民の暮らしを破壊した点では水俣と同じであり、河と湖に無機水銀九トンを垂れ流したドライデン製紙会社(従業員一二七〇人)は「無機水銀ゆえに因果関係は証明されていない」とか「工場より一〇〇キロ下流での発症は信じられない」とか、水俣、新潟の水俣病ではすでに否定された説がまかり通っていて、インディアンたちを苦しめていた。それなら水俣の教訓は、今ならまだ生かされ得ると誰にも思われた。

それを伝えた写真家ユージン・スミスの妻のアイリーンは彼らの水俣・新潟訪問を水俣の患者に頼んできた。それを受けた患者たちの気合いは見事なものだった。水俣病を告発する会とたちまち五百万円余のカンパを集め、ボランティアの通訳スタッフ数人を用意した。

七五年七月中旬、猛暑の時期だった。患者、支援者たちの百人近くが手ぐすねひいてインディアン代表を待った。その代表が川本さんや浜元さんだったのは言うまでもない。
「もし水俣病情報がいち早く世界に伝わっていたらこの悲劇は防げたはずだ」「水俣病は二度と起こしてはならない」。これが運動の意味ではなかったか。川本さんは歓迎の挨拶で「あなた方の悲劇はわれわれにも責任があります」と言い切った。

水俣の患者はもともと漁民、自然の民、同じ狩猟に生きる自然の民である彼らとの感性的共鳴は瞬《また》くうちにでき上がった。なかでも活動家トム・キージックは初対面から川本さんに敬慕の念を抱いた。その証拠に三カ月後に生まれた男の子に「テルオ」と名づけたほどだ。

さて、それからの十日あまりは見学とレクチャーの日々だった。疲れないように気を配るものの、猛暑のなか、亜北極圏育ちの彼らの疲労は見兼ねるほどだ。また厖大な情報を吸収するのは彼らにとって余りに過重だった。患者たちは皆、カナダの被害民を囲んで自分の経験を教えたがった。通訳するのも間に合わない気忙しさだった。やがて夕方には彼らも好きな焼酎の大振る舞いになり、懇親会つづきの日々になる。

「帰国してから果たしてちゃんと報告できるだろうか」とその先行きを案じたアイリーンや同行のボランティア、ジル・トリーは、水俣の患者代表の汚染居住地の訪問と、私には水俣映画を持っての現地上映を頼んだ。

カナダ訪問

帰国した彼らを追うように、翌八月には医学の専門チーム、世界環境調査団(宮本憲一団長)一行が現地に飛んだ。医学者、原田正純さん、藤野糺さん、赤木健利さんなどだ。汚染地ホワイト・ドッグ(住民七〇〇人)、グラッシー・ナロウズ(同四五〇人)での検診の結果、調べた八九名の住民の七〇%に何らかの自覚症状があり、もっとも厳密に採っても七名に水俣病の疑いありとした。この一年はカナダ水俣病事件が患者たちを総決起させた年になった。

ついで、翌九月には川本、浜元二徳、浜田岩男の患者三名と私も含む一行はオンタリオ州の二つの汚染された居留地を訪問した。汚染の中心地ケノラ(六〇〇〇人)でのしらみつぶしの映画上映。冷ややかな白人の一般市民、熱烈歓迎のインディアンたち、その差別の構図は水俣のそれとまったく変わらなかった。

支援の市民団体、学生組織、先住民組織、宗教団体からの招きも相次いだ。こうした機会にはいかにも水俣病患者に見える車いすの浜元さんがいつも挨拶させられ、マスコミのフラッシュを浴びた。それはいたし方のないことだったが、川本さんにはそれが不満だったようだ。地元の出月では兄貴株である彼は、ついそれを浜元さんにもぶつけるのだった。例えば、浜元さんが歓迎するインディアンの懐を心配して「手持ちのドルをカンパしてはどうだろう?」などと言うと「かえってそれは失礼になるばい」と抑える。

一言いえばそれで済むところを浜元さんがまいるまで言い募ったりする。こんなとき、川本さんの知らなかった一面を見せられた。近しい人間にほどライバル意識をもつ、普通の人だった。

工作者・川本輝夫

川本さんの本領が発揮されたのは、翌七六年六月、新たに汚染の判明したケベック州の先住民クリー族(七五〇〇人)の居留民地訪問のときである。バンクーバーでの国連環境会議に出席し、それに引き続くフィルム・ツアー四〇日の旅であった。水俣病患者は彼ひとりであり、それにフィルム上映役の私、現地語案内はクリー族の酋長候補、若いサイモン君と通訳を兼ねた写真家清田昂志さんの四人だった。それだけに一行は彼を中心にして動いた。彼は「映画と実演たい」と笑っていたが、やはり症状をもつ彼にとっては過酷な旅であったろう。

汚染源は州都モントリオールから北方千キロ、ドムタール製紙工場からの水銀排水によってワスワニピ流域の河と湖が汚染された。先住民にとってマスは主食に近い。旅程はサイモン君の要請で五十人、百人単位の集落全部を巡ることになった。

訪れた先々に、仮小屋のような家の戸口で所在なく座っている老人男女が目だった。サイモン君には心あたりがあるのか、目配せすると、川本さんは笑顔で挨拶しながら手を握り、そのまま脈を計り、目を見つめては指を追わせた。目を瞑《つぶ》らせて指を鼻に当てる指鼻テストも試みた。川本さんはれっきとした看護師である。それに水俣病では医者以上の力量が備わっていて不思議はない。サイモン君は「ここは無医村だからなあ」と大喜びだった。川本さん「わしかて診ればピンと来るですよ」と屈託なく笑っていた。このときほど、彼らしい優しい表情の日々を見たことはなかった。しかし疲れる毎日だった。

初夏だったから、サイモン君はテントで野営しようと張り切ったが、困ったことに馬アブと蚊の大きな柱が人畜見境いもなく襲う。食事中などそのたびに皿を置いて手で払わねばならず、頭の地膚から手足の先までべっとり塗り薬を塗った体には、シャワーのない生活は堪えた。

講演では川本さんは「私たちの体験した水俣病を広く世界に知らせる努力をしてこなかったために、こんな美しい土地に住むあなたがたにまで水銀の苦しみを味わわせることになり、心痛んでなりません。どうか魚を食べ控えて、まず自分を守ってください」と言いながら、川本さんは地元の検査用のマスを貰って、隠れるようにして刺身にする。それを肴にみんなでバーボン・ウィスキーを呑んで話に華を咲かせるのがたのしみだった。

私は「何があなたをこういう形で動かしているのですか」と訊いた。「わしゃ、自分の青年時代にできんかったことを今やっとる気がするなあ。学校もろくに出んかったが、戦後すぐは水俣の偉か共産党のひとの周りで、革命とか何とかいっちゃ考えとったばってん、この歳になるまで、そん頃の夢は何ひとつできんじゃった」。かつて水俣病で文化運動を軸に党をいきいきと動かしていたリーダー谷川雁のもと若き日の石牟礼道子さんや赤崎覓さんなどとともにあった彼は、一九五〇年前後の二年ほど、ストックホルム・アッピール(反原爆の世界的署名運動)などに献身的に働いたという。当時、極貧の生活からの解放を願い、無名の革命的群像のひとりとして生きたかったに違いない。カナダで水俣病の雑事を離れ、ひとのために何かなしているという充足感のなか、ふと回想に身を委ねながらの話である。

「水俣病がなければ、終生あいまみえることのなかったあなた方インディアンと私たち」という言葉を彼は好んで口にした。運動工作者川本輝夫、それが等身大の彼に思えた。

余人のない闘い

七〇年代後半からは反動として水俣病への圧殺傾向は強まった。

川本さんはじめ多くの告発者の批判し抜いた認定審査会制度は変わらない。水俣病を惹き起したチッソを「公」とする水俣市の構造、それゆえ未認定患者の増大を敵視する水俣社会も変わらない。水俣病の病像を歪曲化する医学と環境庁による認定要件を狭めた水俣病判断条件や、新事務次官通達。行政の不作為、無策も放置されたまま。ニセ患者発言の横行により患者への差別はより根深くなるばかりである。自身は補償された患者であるが、同時に未認定患者の救済運動を担って闘いを組み立てなければならなかった。余人はないのである。

川本さんの闘いかた〝直接の交渉〟、つまり相手とじかに向き合って闘う思想と方法は次第に許されなくなった。〝自主交渉権〟は自主交渉のテント時代に告訴された蘭《あららぎ》事則刑事事件の東京地裁で、判決として認められていたものだが、〝直接交渉〟の規制と圧殺は政府にとっては時間の問題だった。その日が来た。

スッ裸の抵抗

一九七八年三月一九日朝八時、政府は、庁舎管理の口実をもって、環境庁のある合同庁舎のロビーに座り込む患者、支援者を強制排除すべく警官隊を導入させた。水俣病事件で誕生したいわくのある環境庁としては、それまでは病者でもある患者にそれなりに神経を使っていた。ロビーで起居しての二四日間の籠城には患者・支援者と職員、守衛らとの間に節度あるルールも保たれており、環境庁としては黙認していた。川本さんにも交渉継続を約束されていたし、それなりの信頼関係もあったなかでの初めての強権発動だった。

座ったままの患者、支援者八〇人に対し、環境庁の職員、守衛百人、警官隊二百余人が一斉に排除にかかった。退去の前日予告もなかった。女性患者に痙攣発作が襲い、泣き叫ぶなか、川本さんはいきなり、ジャンバーをかな繰り捨て、下着も股引《ももひき》もひき脱いで、パンツひとつになって裸のまま仁王立ちになり「さあ連行しろ！　できるならして見ろ！」と叫んだ。これには警官も怯《ひる》んで女性患者たちには手をつけられなかった。私は咄嗟《とっさ》にガンジーの非暴力を思った。が、このスッ裸には前例がない。本人すら予定しなかった瞬発的衝動だったであろう。彼の突飛な独創性はその後も私たちの意表を衝くものがあった。これ以後、直接交渉への拒否は既成事実化していくのだ。

未認定患者運動は国や県との闘いが主要な場になる。官僚たちが立ちふさがった。川本さんは締め付けられた条件のなかで浮き上がりがちだった。焦燥のあまり苛立って机を叩くといった行動も目立ち始めた。テレビを通じ暴力派患者のイメージがひとり歩きした。支援者の古参株の人からも面と向かって「患者ならもっと患者らしくせんば！」と当て擦《こす》られた。彼は「じゃあ俺は父親の仏壇に手を合わせて大人しくしていれば良いのか」と憮然としていたという。

「公害ではなく犯罪」

目に見える敵と闘いたいという川本さんの気持ちは国家賠償訴訟に繋がったようだ。翌七九年の執筆、「国の水俣病責任を何としても果たさせる！」の一文がそれである。さきに述べた三部作の著作も成し遂げ、理論的形成も果たした時期でもある。

……水俣病事件は日を追い時を重ねるにつれ、先覚者達の良導により私なりの知識と情報を手にすることができた。そして、今更ながらの驚きのなかで、水俣病事件は用意周到に配慮された「犯罪」であり、決して単なる公害事件ではなく、歴と《れっき》した刑事事件でもあることに気付いた。……私達は企業にも国家・行政にも「人間がいる」という確信のもとに、……なんらかの形で、国家・行政に天誅を下し制裁を加えることはできないのか、今の私の頭はこれらのことでいっぱいである。……今できる形として「国家賠償法」を基にした攻め道具しか見当たらないのは口惜しい。今……私にあるとすれば「国家・行政に水俣病の加害責任をとらせでおくべきか」という我執だけである。

と心情を述べている。少なくともこれまでの文章に「我執」という言い方はなかった。そして抑制と感情こもごもに読者に賛同と支援を求めているものがある。しかしその後、国家賠償について記述はまったくない。なぜか。何時この我執、私闘を放棄したのか。

果たせなかった国賠訴訟

これまでの「直接交渉」の場合、川本さんは交渉ごとをひとりで〝代行〟するのではなく、むしろ参加した患者がチッソなり環境庁なりを直接見聞きすることで、その難しさも自信も会得して貰うよう努めてきたと思う。発言したい患者があれば、どんなに不慣れであろうとも、ものが言えるように仕向けた。参加者が自然に力をつけていく機会だからだ。女性患者たちは嬉しげに「環境庁に行ったときは楽しかった、初めてのことばかりでしょうもん。私も言ってやったしなあ」と懐かしむ。その気分はわかる。長く沈黙を強いられていた患者がものを言えたし、直接交渉のならではの横並びのような民主的雰囲気が共有できたのであろう。しかし裁判の場合、法廷では弁護士の独壇場だからそうした発散は一切ない。

国家賠償請求訴訟になったら、さらに法理論中心の患者不在の法廷闘争になったかもしれない。が、翌八〇年五月、水俣病被害者の会系の第三次訴訟の裁判が国・県・チッソに対し、初の国家賠償請求訴訟を提起した。以後、水俣病原告と水俣病被害者の会と弁護団は全国連を結成し、大都市の裁判所にあいついで国家賠償訴訟を起こした。いわばお株を取られた川本さんはどんなにくやしい思いでその推移を見守っていただろう。

座り込み闘争の挫折

一九八三年七月、マスコミによれば「風化した水俣病事件にひさびさの光があたった」とされる、待たせ賃裁判の熊本地裁の一審判決が出された。これは水俣病申請患者の認定の遅れを問うたものだが、判決は国・県の行政の怠慢を賠償に値すると認め、原告側の勝訴とした。しかし国・県は翌日には上告した。環境庁は「上告するな」という患者原告の請願交渉そのものを拒否、またも門扉を閉めた。ときの梶木環境庁長官は面会拒否の理由に、「上級裁判で争うことで、じかに会って解決する筋合いはない」という。十年近くも打ち捨てられている原告がさらに最高裁まで待たされたかもしれない。長官は管理システムによって逃げられるのだ。この年、二回にわたる交渉は拒否され、患者・支援者の座り込みはそのつどゴボウ抜きされた。この時期の申請協(水俣病認定申請患者協議会)の代表が緒方正人さんだった。判決が画期的だっただけに、裏切られた彼が国家のカラクリに気づいたのは当然だろう。ちなみに川本さんはこの年、三度目の挑戦で市議選挙で初当選し、〝患者初の議員誕生〟と言われた。

緒方正人と川本輝夫

二年後、一九八五年一二月、緒方さんはついに認定申請を取り下げ、県に医療手帳を突き返し、翌一月、『問いかけの書』を書いて申請運動から決別した。これについては同氏の『常世の舟を漕ぎて』（世織書房）などに詳しい。しかし、これが遠因で川本さんと私との意思の疎通を欠くようになった。私は当時の映画『海は死なず』の企画書（「新日本文学」八六年四月）にこう書いた。

三十二歳の彼（緒方さん）は若くして申請協会長として、その勇気と知力と迫力で会を率いてきたが、最近すべての組織から身を引いて、ひとりの漁師、ひとりの人間に立ち返ることにした。見方によればよくある脱落者のケースにも見える。しかし彼は飽くまで水俣病患者と自認する。そして加害者であるチッソ工場に行き、二つの事実を認めよ、認めたら許すという『問いかけの書』を手交した。それは「チッソは私と一家に対し、加害者であることを自ら認めよ」「そして国・県のチッソへの加担を告白せよ」という二点に絞られている。「その返事を一生かけても待ち抜く」とも。県の担当者には「補償とは金銭なのか。患者になるとは膝を屈することなのか」と怒った。これは脱落とは全く異なる精神性からの叫びではないか。

この映画は苛酷な悲劇からの自然と人間の甦えりをテーマにしたもので、水俣病運動の現状を多角的に描き、その一章に緒方さんの〝個の闘い〟を描こうとしたものだ。いつもの習慣で見せた企画書に、川本さんは即座に対応してくれた。が、「わしゃ、緒方正人は脱落っち思うとる。申請協の一番苦しかときに放り出しといて、それが脱落でなくて何かな」と私になじった。「裏切りじゃなかか。このどこが精神性のなんのと言えるか。思想の精神のと言える話じゃなか」といかり、取りつくしまもなかった。彼が当時も隠れ水俣病の多い離島に足を運んで、心細い未認定患者たちを励まして倦《う》まないその姿には頭が下がる。彼の論には広い普遍性があるのは緒方さんのそれより明らかだった。一方、緒方さんには論理を超えて魂を揺さぶる何かがある。私は二人を抱えて分裂した。その間に撮ったフィルムを『水俣病―その30年―』に纏めて、以後水俣には行かなかった。

最後の直接交渉

二年後八八年春、彼から久し振りに電話があった。

彼は「運動の膠着状態を打開するため、チッソに対し未認定患者の救済を求める直接交渉を開始したい。『公害等調整委員会は紛争に際し原因裁定(因果関係確定)する』という六法全書の条文を見て、その活用に気づいた」という。それにはまず公害紛争状態が先行して起こっていなければならない。だからまず、チッソ前に交渉を求めて座り込むという。どうも話のあとさきが呑みこめなかった。

結成された水俣病チッソ交渉団によって、チッソ水俣工場正門でのテント闘争が一五年ぶりに復活し、東京からも支援者が駆けつけた。それらを気にしながら、私はかねて準備していたアフガニスタンとの合作記録映画に旅立った。二年がかりの映画『よみがえれカレーズ』が完成した後、ロケ先のウオトカの飲み過ぎのせいか、アルコール依存症になり、長期療養の日々が続いた。入退院で万事、情報の杜絶のなかで、水俣病センター相思社のいわゆる甘夏事件を聞いた。川本さんが責任を取って理事長を降りたことも知らされた。

新天皇への請願

その川本さんから杉並の家にまたも電話があったのは一九九〇年の暮れだった。意見を聞かせて欲しいという。「今度の平成天皇にですな、水俣に来て欲しいという請願書を出そうと思ってですなあ。……『天皇に請願ができる』と六法全書にあるとですよ。六法を繰っていたらあっとですよ。提出先は内閣じゃばってんか。……憲法第一六条、請願法第三条にですな。チャンとあるとですよ。これを使わん手はないでしょう」。また六法全書かと、その精読ぶりには驚いた。「今度の天皇も……昭和を引き継ぐなら、昭和にし残した水俣病問題に触れざるを得んでしょう。水俣に行幸して、『政府に対し、人道上、人権上の問題としてひとこと提言する』っち言って貰えば良かですが。水俣の閉塞状況に穴があきゃせんどか」。私は咄嗟に「田中正造の直訴みたいですね」と言うと、「明治時代とは天皇も違うばってんが……」。彼は周りの支援者には反対もあるから意見を聞かせて欲しいという。その反対には思想的に天皇制反対の立場からするもの、あるいは右翼のテロを案じるからというものと二種類あるらしい。「天皇が政府に独自の提言など言えるかなあ」というと「昭和が終わらんでしょう、このままでは。わしゃですな、今年、平成二年ですたい、百間（排水口）に水俣病の慰霊の卒塔婆を立てたばってん、それに〝昭和六五年〟と書いといたですよ。昭和は六四年で終わったか知らんが〝昭和の水俣病〟は終わっとらんぞ、という意味で……」。私は昭和を生きた人間、川本輝夫さんらしいと思った。「これは衆を頼んでやることではないかもしれない。あくまで個人戦、単騎戦でやったら。あなたひとりで」と言うと、「そのつもりだが……」とは言うもののガックリした風だった。

これも不発に終わった。だが、戦後五五年、昭和天皇の行幸、皇太子の行啓は全国津々浦々に及んでいる。昭和史に残る所で二人のいずれかが行かなかった所があるだろうか。野次馬としては面白い。もし彼が請願に及んだら、ジャーナリズムは一斉に水俣が全国行脚の盲点だった理由を指摘したかもしれないからだ。が、アイデアか本気か計り兼ねた。

久々の語らい

九一年夏、数年ぶりに時間を取って水俣を訪問した。その春、死んだ妻への多くのお見舞いの返礼の旅だった。旧交を温めるのが目的だった。八九年に起きた水俣病センター相思社の甘夏事件で旧知の人脈はバラバラになった。不和だった患者組織の一層の反目、親しかった患者間の対立、水俣での活動拠点だった水俣病センター相思社の解体再編、支援者間の対立などからだった。「水俣駅に降りて、僕はどっち向いて歩き出したらいいんだ！」と元相思社の仲間に悲鳴に近い電話をしたのもこの頃だった。しかし、思いがけなかったが、妻への弔意はその誰からも届けられた。それが救いだった。誰にも返礼にお会いしに行けるからだ。

この春の市議選で、川本さんは落選した。役職は水俣病患者連盟の委員長のみだった。水俣滞在中にたまたま水俣病棄却取消訴訟の控訴審の口頭弁論があり、川本さんとゆっくり話する機会が来た。高倉史朗さんの運転するマイクロバスで水俣から福岡高裁に行く往復をともにしたからだ。彼は「俺も定年！」という。市議落選のジョークだった。なるほど彼は満六十歳の誕生日を迎えたばかりだった。以下、手許にある取材ノートからたどる。

私と川本さんとゆっくり話をするのもカナダの旅以来十数年ぶりだ。幸い車はガラ空きだった。バスの同乗者は私たち三人のほかは芦北でひろった傍聴の女性患者と原告あわせて七人だけである。川本さんは「傍聴に来てくれるのは、ここんとこは女島(の人)だけ」、つまり水俣の患者、支援者の姿はひとりもなかった。

その車中で川本さんは最近手に入れた井形昭弘論文「しびれについて」の講釈をしてくれた。「はじめは感覚障害のみ先行し、ついで他の症状が出現する」という論文らしい。彼はその論旨に、〝敵中に味方〟を発見したのかのように喜んでいた。

それにしても寂しい人数である。法廷も原告(患者)側の弁護士は山口紀洋さん一人に対し、被告・国県側の法廷代理人・弁護士は計十人で圧倒的に被告側が優位。山口弁護士はそれに慣れきっているのか、終始、彼のペースだったが、私はあたかも「裁判闘争」の末路を見る思いだった。

鬱憤《うっぷん》と笑顔と

帰路、話はもっぱら川本さんの鬱憤になった。

「最近の患者は水俣病の歴史をまったく知らんし、知ろうともせん。未認定患者運動がどんなに闘ってきたかも全然知らん!」と嘆いた。それからやがて素顔での話になった。運動のこと、落選に至る選挙事情、そして〝定年〟、つまり引退したい心境を問わず語りに語りだした。

「今朝も大儀だから、行こうか、やめようか正直、迷ったですよ……。うちのかかあ

（ミヤ子さん）が言うとですよ。『もうひと（他人）のことはせんことにせんば。こっちの話が通じんとだから』っち。その言葉はいつも頭のなかにあるとですよ。今日は幸いかかあが（病院が）休みで家に居て、遊びにくる孫（愛一郎氏の息子）の世話をしてくるると言うから、こうして来たようなものの、あれが休みでなきゃ来んかった」。私は「エライことを聞く羽目になった」と思った。

待たせ賃裁判の高裁への差し戻し審について訊くと、「最高裁であれだけ枠を嵌《は》められていては、勝てる見込みはない。エネルギーのロスでしょうもん」（二〇〇一年一月、最高裁は二三年に及んだ同訴訟で福岡高裁の差し戻し審判決を支持し、原告敗訴）。

妻のミヤ子さんは病院に勤め、今も家計を支えているらしい。近頃、彼は料理に凝って、ふたり分の夕食を作っているという。「料理の本の通りにやれば、上等なのができるとです」と破顔一笑。そこには何をやってもそれなりに面白いといった生活者の顔があった。

「運動に哲学が欲しい」

三年後の一九九四〜五年、私と新たな妻兼助手である青木基子のふたりは水俣の旅館大和屋に宿を借り、一年暮らした。当時、水俣病犠牲者のうち、死者は一〇八〇人、その遺影を集めて「水俣・東京展」に展示する企画のためである。もっぱら遺族宅を訪ねて、仏間、仏壇にある遺影写真をコピーさせてもらう日々だった。

その頃である。川本輝夫さんは「水俣病運動に哲学が欲しい。何か哲学とか思想がなからんば先に進めん」と言うようになった。その前から彼はしきりに〝不可視の水俣病の時代になった〟と言うようになった。「敵も見えん、患者も見えん。かつてのように水俣病が可視的に見える時代ではなくなった」という認識が言わしめた言葉だった。では水俣病運動の哲学とは何か。

私が改まって、「水俣病の起きた原因は何だと思いますか」と問うと、彼は独り言のように「人間の奢りじゃろうと思う。じゃなかからんば海は汚さんはずじゃ。海だけじゃなか、奢りが諸悪の根源かもしれん」と言う。〝チッソのせい〟でも〝体制のせい〟でもない。〝人間の奢り〟という。水俣病の起きた遠因は〝奢り〟に発していると言う言葉は彼から初めて聞いた。それでは緒方正人さんがかねていう「水俣病は人間の原罪のしからしむるものだった」という想念と紙一重ではないか。その十年前、川本さんと袂をわかって未認定患者救済の運動から離れた緒方正人さんを〝裏切った〟として許さない川本さんを忘れない私にはジーンと来るものがあった。

阿賀野川からの地蔵

ある日、百間排水口向かいの慰霊の卒塔婆で川本さんはひとりでセメント仕事をして

水俣・百間前の地蔵にて土本(左)と話し込む川本輝夫．1994 年 10 月．撮影＝高倉史朗．

いた。聞けば、阿賀野川の石に彫られた地蔵さんで、新潟水俣病患者、支援者から寄贈されたという。すでに、あの〝昭和六五年〟に建てた「鎮魂之聖地」「遺恨浄土之地」「慟哭永遠之地」などと墨書された四本の卒塔婆の場所である。手慣れた手つきで台座が作られた。翌日、数人によって可憐な地蔵が据えられた。彼は「水俣病巡礼八十八ケ所、一番札所」の標札も用意して、竹林公園と公道の境に市には無断で小さな手向けの地を作った。ここから巡礼してほしいという気持ちなのだ。思えば水俣に、地蔵さんの背に刻まれたあの〝新潟・《ママ》〟の水俣病を想起させるものは一切なかったのだ。これは埋め立て地の親水護岸に本願の会が作った野仏の原とならび、水俣・阿賀の水俣病の〝記憶〟として残る。

ミナマタを世界遺産に

この思いはさらに市議会での彼の「水俣湾を世界遺産に」という提案に繋がっていよう。これは彼の落選中に同僚市議が提起し、棚晒しになっていた議案の再提起だった。三度目の市議に返り咲いた彼は、改めて「水俣を人類の記憶に刻むには……」と考えただろう。曰く「元東京都公害研究所の戒能通孝氏は、水俣病患者は〝国宝〟であると言われた……」と。患者の受難によってはじめて水俣病は世界に明らかになった、その教訓は人類の共有すべき負の宝、患者は国宝に値しようという戒能氏の言葉を復活させた。「世界遺産も現代史に及び、ヒロシマ、アウシュビッツはすでに世界遺産に登録された。ならばミナマタはそれに十分比肩する」と諄々と説いた。これが奇しくも世紀末一九九八年の一一月、水俣市議会に於いての彼の最後の発言になった。これはまた忘れ去られるのだろうか。

「井戸を掘った人」の孤愁

少し溯らせていただく。毎年の年賀状を繰り返し読む癖の私は、川本輝夫さんからの一九九八年のそれには眼が釘づけになった。「『水俣病』は行服（行政不服）に始まり、行服で終わり、変な形で終わらされました」。問題はその次の文言である。「離合集散、脱落、裏切り、中傷……人間不信の三十年でした。大変お世話になりました」。彼の半生の総括がこれなのか。「大変お世話になりました」とは遺書によくある言葉ではないか。しかも彼を人間不信に陥らせたものは、明らかに、運動の共有者、同伴者、支援者に向けられているとしか読めない。噂では夜な夜な深酒でミヤ子さんを手こずらせているらしい。その酒気まかせのペンか。うろたえて(本書〔『水俣病誌』〕の編者でもある)久保田好生さんに電話すると「間もなく妻ミヤ子さんと連れ立って上京するはず……」という。久保田さんはピンときたのか、「東京の人には愚痴が出るのでしょう」という。久し振りで春日の東京告発の事務所で会った彼は、すでに陽気な飲んべえだったが、おくびにも愚痴は出さなかった。身体のあちこちが具合良くないらしいが、ミヤ子さんは彼の酒を許して、ただニコニコしていた。

翌九九年の年賀状は、後で思えば、多分ガン末期の病床で書かれたものだろう。

「『未だ水俣病は終わらず』ですが、水俣では支援者、患者の枠組みが様変わりです。『井戸を掘った者』は置いてきぼりです」と。井戸を掘った人とは中国の諺で「水を呑む人は、その井戸を掘った人を忘れてはならない」という意味だ。「その俺はおいてけぼり」と、どこかユーモラスでさえあった。続けて「……東京の支援の方々には感謝感謝です」と締めくくられていた。東京は自主交渉の闘いの主戦場、氏にとって東京はもうひとつのふるさと、あのテントももうひとつの邑《むら》だったかも知れない。
彼の前立腺ガンが転移し、予断を許さないと聞いたのはその一カ月あとだった。水俣の医療センターに見舞ったときは、ミヤ子さんに見守られながら、彼は安らかな表情で眠っていた。最後は「こうなっちゃ、しょんなか(仕方なか)！」のひとことだったそうだ。何も思い残すことはないと家族は聞いたことだろう。

生涯の原風景

「ひとの価値は棺を覆いて定まる」という。もし彼の魂魄《こんぱく》がさまよい、自分の死を悼む延べ七百人余の会葬者、二百通を超えた弔電、全国紙、地方紙、海外の新聞の追悼報道を見たなら何と言っただろうか。その数々の弔文を読ませていただいた。そのひとつ、石牟礼道子さんのそれは言う。

川本輝夫さんは戦死した、とわたしは思う。あるいは戦病死と言うべきか。高度成長期に滲みだして来た地域社会の、精神における病疾にも、あますところなく身をさらして果てた。背後から刺さる無数の矢傷が、あの痩身にこたえなかったはずはない。最晩年、和やかな目元をして孫の手をひき、スーパーマーケットやパチンコ店にあらわれたりした日があったとしても、熱度高く燃えつきた人の僅かな余日に過ぎなかった(「朝日新聞」一九九九年二月二三日)。
これにすべてが凝縮しているように私は思う。
最後に私の好きな彼の文章を採録しよう。私にはまだ撮れない映画のシナリオに思える。

……(不知火海には)大小さまざまの島々が散在する天草諸島と、鹿児島県にかかる長島の島々が、外洋からの波濤を防いでいます。内陸である八代平野を南下すれば、沿岸は鋸の刃のように入り組み、岸辺には数戸から数十戸といったような漁村が集落として点在しています。うつりゆく自然の営みに我が身をゆだね、肉親や一家眷《けん》属《ぞく》と言ってもいいような形で、集落の共同生活は営まれ、ついこの前まで保たれ続けられてきたのでした。……海辺で楽しむ想いは、町に住む人々とて、農山村の人々と一緒でした。夏は泳ぎ、藻をとり、小魚とたわむれ、干潟を掘り、海辺のさわやかな風にふれ、オゾンを胸一杯吸い、心身共に疲れを癒し、憩うのでした……。

これが川本輝夫さんの全生涯の原風景だったと思える。

(川本輝夫『水俣病誌』世織書房、二〇〇六年に「解説」として収録)

『みなまた日記―甦える魂を訪ねて』について

このところ、仕上げた私家版ビデオ『みなまた日記―甦える魂を訪ねて』を前にして腕をこまねく刻が過ぎていく。かつてのように新作から公開へと進めないなにかがある。もちろん数十本の試供用をつくり、まずお礼を兼ねて、水俣で映画に撮らせていただいた人、支えて下さった人に送った。その際に付した水俣の人への「手紙」の一部を紹介させて戴く。

「誤解を恐れずに言えばこれは〝遊び〟で撮ったものである。遊び…というのは、水俣好きの人間であり、同時に撮影も好きな私が、水俣病の死者の遺影を集める仕事の隙々にカメラを回したものだからだ。従って一九九五年前後の水俣一年間に限られている。遺影集めの一部始終は一切撮影しなかった。遺族から遺影を頂くのに、それは妨げになったからだ…」。

私が通常、水俣にいくときは何時も映画作りに結びついていた。しかし、この九五年一年は、水俣・東京展（品川）の遺影展示のため、過去四十年の水俣病患者の死者、千余人の肖像（いわゆる仏間の写真）の複写に専心することにし、その間はいわゆる映画作りをしないつもりだった。ビデオはそれ以外のメモないし記念写真として回した。それはいわば余戯であり〝遊び〟と言えた。

「手紙」を続ける。

「一九九〇年代、私は〝水俣病、いまだ終わらず〟という荷の重い課題をどうしたらよいかに悩んでいた。映画をつくる自信が湧かなかった。その〝申し訳なさ〟ゆえに、遺影あつめに専心する事を自分に課したのかも知れない…」。

この心理的背景には最少の説明を要しよう。

九〇年代前半は村山（社会党）内閣の政治決着の名のもとに、患者の救済を求める直接交渉はじめ、いくつもの裁判闘争（関西訴訟以外）がつぎつぎに和解に追いやられた、いわゆる患者主導の闘いが封じられた苦渋の数年だった。

同時に水俣一帯に行政による地域振興策の手が次々に打たれた。水銀ヘドロの浚渫・埋め立て地の醸成とそこでの一万人コンサート。水俣病資料館やメモリアル・オブジェの完成と祝賀。「公害の原点の地・水俣」での国際環境会議の招致などだ。

一方、それまで患者を市民から隔ててきた市は水俣病事件以来四十年、はじめての吉井正澄市長の登壇により転換した。水俣病犠牲者への正式の謝罪、ついで慰霊式行事が復活した。患者と市民の心を繋ぎ直すべく〝もやい直し〟運動やその為の「もやい館」が建設された。水俣病資料館では患者の語り部コーナーが設けられた。しかし語り部に要請された患者たちは半信半疑だったようだ。多くの患者が、行政のやることなすこと「すべて魂が入っていない」と見ていたからだ。

こうした激動にあたって私には映画をまとめる力量が不足していた。さきに手紙に「その〝申し訳なさ〟ゆえに、遺影あつめを自分に課した…」と記したのは本心である。

「手紙」に戻ろう。

「〝記憶と祈り〟は私の中では一致していた。しかし…。〝記憶せよ〟が私。だが、患者や遺族に、〝もう忘れたい〟という願望が生じた時期であった。遺影あつめは予想以上に苦戦した。その日々のなかで、いわば逃れる思いでカメラを手にした。この撮影はひとときの癒しであり、明日への深呼吸でもあったのだ」。

〝癒し〟とか〝深呼吸〟というのでは言い足りない。火のまつりやえびす祭り、満開のさくらのもと躍る人々たちは私たちと会うのを喜んでくれた。遺影集めで直面した遺族らの表情とはま反対だった。水俣に暮らす人びとの素顔だった。

「手紙」…

「やはり、人びとと四季の移ろい、その患者さんの出来事やひとびとの振る舞いを撮るのは楽しかった。見慣れたつもりの風景にも微細な発見や驚きがあった」。

語り部・浜元二徳さんなどは〝おれもそのつもりで喋るから一部始終を撮ってくれんな〟と頼んできたりした。カメラで喜ばれるならで、ホイホイ撮った。こうして撮ったテープはその都度、水俣の宿でコピーし、当人たちに差し上げた。それは計十数に及ぼうか。私の〝遊び〟はそこで済んだ。気も済んだのだ。だから〝新作〟という気はもちにくい。

九六年、その間の二十数時間のビデオを二時間にした。「無題」(仮題『遺影・五百の旅』)を活弁(解説)で映したのはその九月、品川の水俣・東京展での一回だけである。たまたま会場でその活弁が録音されていたので、今回その解説を使って再編集した。そのときの声のフィーリングは二度と出せないと思ったからだ(整音は久保田幸雄氏にしてもらった)。ただし、推敲して一時間四十二分に縮め、主題を「記憶と祈り」に絞った。

なぜいま作ったか。その反省と再編集の動機は次の通りである。

十年前の撮影当時、まだ告発運動者の意識が強かった私には〝運動の再生〟こそ想ったにせよ、〝祈り〟はピンと来なかった。虚空に放たれていく観念に思えた。その祈りの事象は撮れても、その真実を撮ったつもりはない。〝祈り〟そのものがよく分からなかったのだ。しかし、この九〇年代の一年の記録に動かしがたいのは、彼ら患者が水銀ヘドロの浚渫でできた埋め立て地を「父祖の墓場」として背を向けながら、その帰趨を見つめ、やがてこれを「聖地」に作り変えていった何ものかである。

かつて水俣病の〝み〟の字もなく「環境創造一万人コンサート」を企画した県に直訴し、〝水俣病事件の幕引〟を拒否した患者や「本願の会」が、数年がかりで〝墓場〟を「水俣病を記憶する場」(聖地)に作りかえていった。ビデオ『日記』の一年はいわば〝埋め立て地の変貌の記録〟になった観がある。たまたま遺影集めの一年に起きた時間序列の記録なのだが、〝時〟が語っているのだ。

〝祈り〟とはルイルイたる死者に手むけつつ、真の甦えりを希求する瞑想のとき、〝祈り〟とは水俣の患者ならではの〝記憶の内面化〟ではなかったか。

去年、私は水俣に行き、患者、支援者が自作した野仏を見た。計四十八体が黙々と刻まれていた。その念力はまさに具象化されて、在った。それをビデオのラストに置いた。

その後も水俣はさらにそのさまざまな生き方を探っている。胎児性水俣病患者を中心とした授産施設「ほっとはうす」しかり、全市一体となってのゴミ処理・再生の試みしかりである。それらはこの時代に繋がっている。十年経って気づくのは鈍感の一語に尽きよう。

「手紙」のラストにこう記した。

「数年後、改めて仮編集のままのビデオを見た。再発見があった。風化に抗して動く、〝水俣のスピリット(魂)〟が沈着していた。それは受難ゆえに到達したミナマタの精神の水位とでも言うべきか。未来を暗示する方向も秘められていた。カメラのこわさともいうべきであろうか」。

この「手紙」を添えて水俣に送ったビデオを見た数人の感想が電話で届いた。ともに共通なのは、「コピーしていいか」とか「みなに見せて回る」といったはずんだものだった。「人に見せたい!」がまずありき、だ。水俣ならではと思う。私の水俣病の連作十七本のなかで、これに類する反応は『わが街わが青春―石川さゆり水俣熱唱―』(七八年)以外ない。ともに〝遊んだ〟作品と言える。これは何か。そこが分かるようで分からない。「映画とは何か?」と腕をこまねく所以だ。研究に値いしよう。

どうやら当面、水俣むけのコピーを用意することになりそうである。今はその先はまったく計画がない。いずれ、みなにご覧にいれたいが、時間を欲しい。今は〝私家版〟と明記しておいてよかったと思っている。

(『ドキュメンタリー映画の最前線メールマガジン neoneo』八号、二〇〇四年三月)

おわりにかえて
映画は若い運動である

まだ頭のなかでまとまっていないことを、軽々に喋らぬがいいと、今回の原稿依頼の際にも、思う。

編集部いわく「土本さん、あなたは自分のフィルムを映写中にとめて、解説するんですってね。〝映画は上映のとき映画になる〟ということですか？　そのあたりを〝表現と運動〟というテーマで書いてもらいたい」のだそうだ。

誰がそんなことをいった？　と聞いたら、八三年のＡＡＬＡ（アジア・アフリカ・ラテンアメリカ）文化会議で喋ったでしょうという。確かに喋った。が整理された論ではない。

そのなかみはこうだった。

七七年、自作フィルム『水俣病＝その20年＝』ほかマンガ映画をかついで、スタッフ四人で四カ月、不知火海沿岸をほぼバス停留所単位で上映してまわったことがある。内うちでは〝巡海映画行動〟とよんでいる。水俣の対岸・離島は水俣病のことはテレビニュースでしか知らない。そこに映画で水俣病事件史や、水俣病そのものの特異な病像、自覚症状、そして現在の患者の闘いと、この地の人にとっていま何が問題かなどを知らせる上映の旅だった。

主力のフィルムは前出の四十分のフィルムだが、水俣映画の入門篇ともいうもので、短小軽薄の気味がある。かりに『医学としての水俣病―三部作―』を上映すればそれだけで四時間半かかる。そこでとくに重要な脳の病像や、胎児性水俣病の原因をフィルムをとめて補うべく喋った。水俣病の差別には誤った遺伝病視があるからとくにこの地の人にはその点をクリアにのべ勇気づけたかった。その手ごたえは確かにあり、上映後、相談にくる人がいたのだった――。

こんな話なら、アジアの民衆のなかで活動している作家たちにわかってもらえるだろうとの咄嗟の思いつきでのべたに過ぎない。

が事あらためて〝運動論〟や〝表現論〟として問い返されると今いちど整理してみる必要を思う。例えば、そのようなことを『わが映画発見の旅』(筑摩書房)に書いたら、ある映画批評家が「このような上映をひとが勝手にやったとしたら、怒髪天をつき、はらわたがにえくり返るような所業である。それを作家自身がやるのだから想像を絶する」とあった。これにはひっかかった。

確かに恥しいことである。映画は人手にわたってゆくものだ。フィルムが独りだちするその脚力で歩く。そうした完成度をもってはじめて作品といえる――これが私をふくめ常識であり通念だからだ。補うのは不完全であり、自信がないからだともいえる。その通りなのだ。私は自信のもてない質の作家であり、だから記録映画にむいていると最近思っている。そしてそれは弱点である。だが、この私の弱点ゆえに、観客とのつながりへのハングリーな思いが持続しているのだ。

　私の修業時代にめぐりあったカメラマンや構成編集者たちは完全主義者であった。画面決定に一日迷いぬくカメラ、あるいは何分の一秒の間のとり方に集中力をつかう編集。それを徒弟としていかに盗むか、じっと観察したものだ(一九五〇年代後半である)。

　別のプロ編集者は、「いったん棄てたカットは二度と手にしてはならぬ」と教えていた。それほどに煮つまってからカットを選べということだ。恐ろしい話だと思った。その点、羽仁進氏は自由なひとだ。『不良少年』などの編集を任され、長篇の呼吸を教えられながら、まったく非職人的にフィルムと遊べた。

　のちに、黒木和雄氏らと、まだ助手、助監督、せいぜいテレビフィルムの新人だった仲間と「青の会」というグループを作った。小川紳介、東陽一、岩佐寿弥(演出)、鈴木達夫、奥村祐治、大津幸四郎(カメラ)それに録音の久保田幸雄氏らである。このグループの主な仕事は、仲間のとった一カット、一シーンの徹底的な鑑賞と、その上にたっての批評であり、ひいてはその作品活動を追体験として共有することであった。同じ作家をめざすもの同志なので、アラを探しても、それはお互いさま、チョボチョボの話である。だから響いた一カットがいかなるスタッフの緊張関係から生まれたかを論じぬいた。裏目よみや深よみとは縁がなかった。それは批評家の仕事であって、作り手としては寸分のごまかしもひんむかれるていのものだった。このグループの仕事については別の機会にゆずりたいが、「あなたの映画をどう見たか」を語ることからはじまり、それに尽きることによって自分たちのものとして共有化しようとした点で、私の映画づくりの原点となっていることはたしかだ。一九六〇年代のはじめである。

この時代、しかし岩波映画はPR映画で支えられたころであり、作った映画の観客は企業の招く人びと、そのPRに参加する人びとが主であり、せいぜい一般むけの試写会でしか上映活動を実体験することはなかった。PR映画に深く賤業意識がびまんしていた。それに抗ってのグループ活動であったが、やはり作品の評価は、芸術祭賞であったり、コンクールの受賞であった。批判的であり、否定的であったにせよ、選ばれることで、映画がより広く見られることを期待したことは間違いない。だから映画は鋭角的になり、実験的にならざるをえない。ターゲットがプロ批評家や映画人や〝識者〟たちにむけられていたからだ。映画の製作現場でよくもめた。

例えば「……映画は多少難解であるべきだ。それは観るひとの意識への挑発的対話だから……」

例えば「映画にコメントは一切いらない。なぜなら映像だからだ。ことばとはちがう」

例えば「イメージをどう組みたてるかは観る人の自由だ」などなどだ。それには一理も二理もあると思っていた。

戦争中の映画の意図的ナレーション、戦意発揚型のモンタージュ、戦争美化、死生観への詩的ことばにみちたフィルム。

そして戦後、社会教育映画のもつ啓蒙主義、教育主義、さらにPR映画になって企業の仕事への共感を誘う点で、戦時中の映画技法が粧いを新たに登場した。それらへの作家の映画を映画として発展させ、その主体を守るには並々ならぬ緊張関係が必要だった。敵は企業であり、大資本である。そしてときに製作部を通じての管理と規制としての力をもつ。だからそれとの心理的闘いに追われる。

私の場合、映画第二作目の『ドキュメント　路上』はまさにそのよき見本である。これはTシネマの自主作品だが、警察庁交通局での御用達を目算んだ交通安全教育読本用の映画として企画された。処女作が『ある機関助士』だったこともあって、動くものに強い新人と思われたに違いない。

私は交通安全映画シリーズの総論にしようということでひきうけた。安全運転のノウハウや、安全要領を教える映画ではなく、「いま交通戦争の実態そのものがどうなのか」というテーマをたてた。

できあがった映画は当然、なんの教育性も実効性もないものだった。日常みる交通の風景や、手慣れた運転手の労働と日々の生活が、どのように危険な要因を紙一重ですりぬけているか――それをネガで透視したような映画になった。作る過程でスタッフのもったねらいは「交通と都市の無政府性、運転者同志の敵対性、車のもつ凶器性をバクロすること。そして運転者とか路上の人間にしみついている危険さへの慣れや日常性の、その皮膜をはがして、眠っている生理本能を外気にさらすこと。まず人は自分を自衛することからはじめねば……」といったモチーフだった。

カメラマンの鈴木達夫、録音の浅沼幸一氏らは見事にそれを表現した。ナレーションのない、物語性をもたない作品だが、その映像のもつ衝撃力はあった。これは内外でも賞をもらった。だが作品はついに売れなかった。

試写会である人は「この映画を見るより、銀座の交叉点に一時間立ってみた方がずっと交通安全を考えさせられるだろう。なんで映画である必要があるだろうか？」と疑問を出した。

あるタクシー運転手は「出口なしはわかっているが、こうまで見せられると……」と口をつぐんだ。ともに映画をみての感想である。映画への批判としてすごく重かった。

つまり、私は観る人、都市生活者、交通労働者へのメッセージを〝警察庁映画〟ゆえに隠したのだ。私が投げだした主題のまま、「投げだされた」にすぎない。この映画は仮に映画による作家の文明批評たりえたかもしれないし、安易な交通安全心得映画を拒否したかもしれないが、観客との対話のない、いわば自閉的で、一見自信過剰に思われるほどの主観主義で貫かれた映画だったことになる。つまり、予期せずしてひとのお金で実験映画を作ってしまったのだ。Tシネマには思い出しても心が痛む。賞状やトロフィだけが残り、あと映画としてはゼロにひとしい。

私が上映とか公開とかを考えるとき、この観客不在の映画づくりの失敗が思いかえされる。映画は運動をしないで死んだのだ。

一九六五年、自主映画『留学生チュア スイ リン』をつくった。これは本国マラヤの独立運動をしたために、強制送還の命令をうけた留学生の支援のための映画である。この映画から、私はメッセージをそのままつたえられる自主上映映画製作の道に入った。途中CMやPR映画を手がけながらも、基本は自主製作の仲間とともに仕事をしてきた。水俣シリーズや、今回の『海盗り―下北半島・浜関根―』の反原発映画が主なものだ。

このなかで、いやおうなく私自身が映写機をまわし、観客と応答しあい、あとは合評会、こんだん会に出るということをくり返してきた。これはなかなか辛いことだ。例えば中途でひとり退場しても、どのシーンであきたのか、コンピューターのように脳を回転させる。観客は、つまり人さまざまである。賛否なかばして当然と思い切ればそれでもよい。しかし、私は、上映中の人びとの息づかいや昂奮、ときにしらけやアクビ、腕時計に眼を落としたり、あとどのくらいかと後ろをむいて映写機上のフィルムを見たり——そうしたアクションにほぼ共通項をよみとる。身体が映画を批評しており、それはことばより瞬時に反応している。これはこわいことなのだ。

だから、一本の映画のおわりに、「ああ見せてよかった！」といえる映画をつくるたのしみも、これは誘惑的である。そのたのしみのための苦行であっても痛苦では決してない。

私は相応にうぬぼれ屋で、自信家でもあると思う。だがこういうある劇映画の巨匠のことば「私の映画についてのもっともきびしい観客は、ほかでもなく私だ。私が最初の観客だ。だから映画館で自分の作品を観たことがない。完成したときに、私の映画とは別れる」。こうした質の自信はまったくもてない。この巨匠はカリスマ性をもち、近づきがたい感じすらする。これが映画監督というものだろうか。

私は記録映画づくりのなかで、何度も自信をもち、何度も失望する。その振幅ははた眼には見苦しいほどだと思う。シナリオ風の構想を立てるときはまだよい。撮影の現場からスタッフは複数になる。カメラ、録音、交渉や段取り、そのどのひとつをとっても、心を託す存在であっても、私が代わりになれない。「これで良かった」「これしかない」つまりOKだと一カットごとに思いたいが、私がカメラをのぞいているわけでも、レシーバーを耳にしているわけでもない。対象とスタッフとの間の磁場に身をおいて関係を緊張させる役割をもつとしても、映画的現実をつかんだかどうかの不安は一カットごとに追いかけてくる。

編集中もそうだ。自分のつなぎが「これしかない！」のかどうかだ。だから、私は、スタッフのなかに、まず〝観客〟をつくらねばならない。私と一緒に、この映画を観る側に立つ人を獲得しなければならない。

スタッフはまず強く主観に立つものだ。編集とは「そうとれたと思う」その主観を相対化する作業なのだ。シナリオもストーリーもどう発展していくかわからないたぐいのドキュメンタリーの場合、映画が確実にできつつあるという自信は、まず自分たちのとれたフィルムへの関係の強さとその重層への期待以外に何があろうか。

その点、青林舎(私の属する映画集団で株式会社、代表高木隆太郎)は発足以来十数年、良い習慣をもっている。スタッフ以外の人が、現像上りのラッシュフィルムや、第一回目の荒い構成の「原型」をいつでも観て、意見を出す――。これはスタジオ育ちのプロ活動屋さんの世界には決してないことだ。まずNGはぬいて、ほぼ完成の段階まで、スタッフ以外、覗き見厳禁がこの社会の不文律である。私は先にのべた「青の会」時代から、このタブーからはまったくときはなれてきた。だから奇とも異ともしないが、このタブーができたことにはスター主義とか監督カリスマ説とかいろいろの映画発達史の底にしずんだオリのようなものがあってのうえであろう。だがドキュメンタリー映画には、本来そういうものがなかったのではないか。これは仮説だからさておくとして、各製作のふし節に、私は観る人間がふえ、そして共感と自分の批判を加えて、一本の映画にしていく作業こそが映画づくりのほかの表現ときわだって違う特色だと思っている。

　劇映画の多くが、まず文学作品を原作とし、映画的にシナリオ化し、スターを配し、本番に入る。それまでに映画のアッピール力や〝大衆性〟は原作でほぼ把握されており、シナリオでねりあげられ、さらに話題と吸収力のあるスターでイメージをつくるとすれば、観客は作家のなかで、すでに想定されているであろうし、その自信はない方がおかしい。監督の決断力と統率性と信頼関係は個人に収れんされるであろうし、カリスマ性を帯びずにはおかないだろう。それが巨匠の顔というものだろう（悪い冗談をいった）。

　ドキュメンタリーの場合、事実、事件、現実がそこにある。それは絶対的存在だが、映画的自信とは別個のものだ。つまりゼロからすすみはじめる。巨きな石や粘土のかたまりがあるだけにすぎない。それから何を彫り出すかにあたって、つまり製作の全過程に、スタッフや、観る人の観方、見え方、感応を手がかりに、相対的自信をつよめていく――この精神運動こそ、映画ドキュメンタリーの特質といいたい。それは集団の営為なのだ。

以上、話をひろげたのは、なぜ私が自作の上映の場でストップしてまで解説するのか、その心根の一貫性をのべたかったからである。

私は私の映画が、ある集団に対しては実に不完全なものにならざるをえないことに、残念ながら、ある諦念に似たものをもっている。

例①　カナダ・インディアン――水銀汚染からカナダ水俣病を受けた彼ら居留地の上映のとき、指導者たちや女性たちは真剣に映画を観たいとのぞんだ。だが、英語版であった。原地語ではなかった。それにもまして、子供たちが会場いっぱい〝インディアンごっこ〟を展開した。なぜか。子供むけの映画を一本も準備してなかったから、頭からうけつけなかった――これは極めて特別な例かもしれない。しかしこれが翌年の巡海映画のときに役立った。

例②　先にのべたように、水俣病を語るのに極めて不充分な映画と自覚させられたとき。つまり、自分の体の不安をとことんまで知りたい観客の要求にこたえるにはどうすればよいか。その答えはいく通りも考えられる。そのひとつとして、画面をとめ、スライド化して喋ることにした。これは受けた。

例③　新聞の切り抜きだけでつくった『原発切抜帖』をある漁村の若い人たちに見せた。日頃、活字の世界に親しんでいない人びとには催眠効果を与えた。都市・インテリむけの映画でしかなかった。こうした場合は、むしろ、スライドで肉声で語る方がよい。

etc.

こう考えてくると、映画は万人むきだと思うことが間違っている。既成の映画でも「一八歳未満お断り」から、児童むき、青少年むき、一般むきといろいろある。だからといって、表現したいことを、そうした区分にむけてつくりわける才覚は今のところ私にはない。原発にせよ、水俣にせよ、今の現実を映画的現実に表現するうえで、いかに内なる観客とその批評を受けつづけるかである。そのためには作り手として上映のからみ合いを重ねていくほかない。

ただ、以下は私の希望としてある。夢といってもいい。

映画は人びとの集まりのなかで見られる。

映画は、その上映自体、つどう関係を求める。戸外に出て見ただけの価値を発見しようとする。

映画はその人びとについて、テレビが日常であるのに反して、非日常のイベントである。

映画はつくり手と対話することができ、交通しあう可能性をもっている。

映画に参加すること――つまり「上映が映画なのかもしれない」と考えることができる。製作から上映までの運動がこれらだ。

そうした運動を考えるとき映画は実に若いといわざるをえない。

（「新日本文学」一九八四年六月号）

解説　生きものとしての映画を求めて

栗原　彬

見えてきた土本さんの覚悟

「水俣病展」が水俣で二〇〇一年十月十二日から二十一日まで開催された。

水俣フォーラム主催の水俣展は、水俣・東京展（一九九六年）を皮切りに各地で開かれてきた。会場には、水俣病事件の経過を伝える二百数十点のパネル、写真群、チッソの製品、漁具などが展示され、ビデオ映像が流され、語り部コーナーが設置されている。

会場の一角に「記憶と祈り」と題された遺影空間が立つ。土本典昭監督と助手の青木基子さんが、水俣・東京展での展示のために水俣病患者の遺族の家を一軒一軒訪ねて集めた五〇〇人の遺影を、ここでは広い円筒の内側に収めた。五〇〇人のうち、水俣での展示を了承された遺影は四二二人、それに開田理巳子さんが新たに集めた十三人が加えられた。展示を断って黒い紙で覆われた遺影は七十八人だった。遺影集めの当初から土本さんたちに遺影の撮影を拒んだ患者家族、そして今回黒い紙を貼った人々が、どのような思いを抱えて日々を過ごしているか。聞こえない声に耳を澄ますことができるか。

重い問いが水俣フォーラムと土本さんにつきつけられた。

会期の二日目に試練の時が訪れた。白髪まじりの女性の患者が、父上の遺影の返却を求めて会場の受付けにこられた。父上がだらしない恰好で映っている遺影をテレビで一瞬見たと言う。土本さんと私（当時水俣フォーラム代表）が対応した。実際の遺影は、その人の尊厳をたたえたものだった。また、すべての遺影が一続きに印画されているので、一人を切り取ることはできなかった。しかし、女性は会場に入って確かめることを拒んだ。女性は次の日も会場前に来て、遺影を返却せよ、と言い続けた。

三日目に、女性の口から、人に分かってもらえず、ひとり飲み込むしかなかった苦しみと悲しみがほとばしり出てとまることがなかった。あらゆる苦痛と差別と侮辱を受けてきたこと、絶望的な孤独、そしてそれを乗り越えようとする更なる孤絶への高貴な魂の闘いが語り出された。そのほおを涙が流れ続けた。

水俣の聞こえない声が聴こえてきた。女性の心を開いたものは何か。孤立した女性に日頃からそっと手を差しのべてきた二人の水俣病患者の取りなしということもあった。それとともに、土本さんの向き合う姿勢があった。思い違いがあったとは言え、そのことを論難することなく、亡き父の尊厳を守ろうとする女性の思いを受けとめつつ、その女性の尊厳をも救い出そうとする土本さんの無限のやさしさがあった。顔を真っ赤にしておろおろしながら、全身で彼女に寄り添い続ける土本さんの姿勢の中に、覚悟のようなものが見えてきた。それは、何があってもこの人を支配しない、という覚悟だった。土本さんの姿勢にはっきり見えてきたものに私が共振したとき、耳を聾する女性の声が聞こえてきた。

人に支配されたくないだけでなく、人を支配したくないということ。人や生きものとの関係、自然との向き合い方、また映画のつくり方において、更に、他者と共に生きる生き方において、土本さんの根底にあるものが見えてきた。

眼に見られる

「記憶と祈り」の遺影空間に入る。一人一人の遺影と名前と「この人は水俣一の蛸取りの名人」といった一言に出会いを重ねながら動いていくと、人はしだいに寡黙になる。私たちが遺影を見ているだけでなく、遺影の眼も私たちを見ていることに気づくからだ。あなたたちはどう生きてきたのか、とまなざしは問い返す。

土本さんが企てたまなざしの逆転は、石牟礼道子さんの耳の逆転に通底している。道子さんは、幼いとき大廻《うまわ》りの塘《とも》の野原に入って遊んだ。草の中に腹這って、道子さんは「あのものたち」の声を聴く。しかし「あのものたち」の方も道子さんの心の声を聴いていることに道子さんは気がつく。

土本さんが『水俣の子は生きている』というテレビの仕事で松永久美子さんを撮りに

行ったとき、「生きている人形」と呼ばれた美少女の無反応の眼に、あなたはなぜ？　何のために？　どの地点に立って撮っているのか？　と問われて畏れ戦いた。年月をへだてて会いに行っても、見開かれた眼は、土本さんの胸を鷲づかみにして同じ問いをつきつけてくる。拒否に近く、遠くへだたった世界に一人生きる久美子さんの見えない眼は、撮影や展示を拒んだ人々の、いわば黒い紙に覆われた眼につながっている。

人間の眼だけではない。土本さんは好んで魚の眼を撮る。蛸の眼やふぐの眼や大鯛の眼が、クローズアップで見る者に迫ってくる。私たちが一方通行的に魚を見るのではない。魚たちが張り裂けそうな眼で人間たちを見ている。土本さんは、まなざしが逆転する映像を魚たちに、そして海に、奉納しているのではないか。

『水俣の子は生きている』の中で、熊本短大の学生の部屋で、学生が作った宣材用の胎児性・小児性水俣病の子どもたちのクローズアップの写真のすべてが、黄色いビニールテープで眼かくしされていたのを、土本さんが次々とはがして、眼が現われるシーンを撮った。

破られたのはプライバシーではなく、でき合いの水俣病の子どものイメージだった。土本さんは、テープをはがすことで人間の子どもの存在をまるごと救い出して、子どもたちにプレゼントしたのだ。

帰って行く女性の背を見送りながら、つぶやくように言った土本さんの言葉が忘れられない。「『お前それでも人間か』って声が聞こえるんだよね」。

土本さんたちが水俣病患者のいる漁民部落にはじめて入ったとき、庭にいた女衆の中に子どもがいるのに気づかないでカメラを回して、母親と女衆から激しく責められた。「うちのこはテレビのさらしものじゃなか。何でことわりもなしにとったか、おまえらはそれでも人間か。わしらを慰みものにするとか。――あやまってすむとか。みんなしてわしらを苦しめる。……」――母親が、子を抱えて家に走り入り、しめきった障子の向こうから、詫びる土本さんたちに泣きながら投げつけた、実際に聞いたのではなくかくあろうとして心に聞いた言葉である。土本さんは壊れた。このときから、水俣は土本さんの原罪となった。それからの全的解放はないと土本さんは言い切る。

出遭うこと

「水俣病患者のみなさん」でなく、一人一人の人間をまるごと記録して、水俣にお返しすること。対象の中に人間の現われを見取るためには、カメラを回す前に互いに支配しない関係をつくり出して対象が問いかけてくるものに向き合うことが必要だ。土本さんは、スタッフとともに患者の家を繰り返し訪問することから始める、漁網の繕いをする老漁師とお茶を頂きながら話をしたり、子どもたちと遊んで、一緒にご飯を食べたりする。その人が運動にコミットしている場合には、運動に協力することに専念する。人との〝出遭い〟とつき合いがあって、映画が撮れずに終わることがあるけれども、それでもよい。土本さん自身がいうように、記録映画とは、ほとんど人と「出遭う」事業と言える。患者が漁師に、すなわち人間に見えたとき、土本さんはカメラを回す。

「側に立つ」「加担する」

ドキュメンタリーが動き出すのは、どのようなときか。それは、現代の矛盾が、中間の立場を許さないまでに、支配する側と支配される側に分かれて、生存をかけて死闘している場合ではないか。あり得ない「公平な中間の立場」は——それは権力が常にメディアに要求する立場だが——即、支配する側に与することになる。

人間の救い出しを切望している虐げられた者の「側に立つ」という決断、すなわち、カメラを回す者自身が人間として立つことへ心動かされることが、記録映画づくりの出発点になる。更に「側に立つ」ことの延長上に「加担する」ことも、ドキュメンタリーの作法の内にある。

土本さんの「加担」は、一人の留学生の人間的な受苦の眼への注視から始まった。イギリス領マラヤからの留学生チュア・スイ・リンさんが、イギリスの特殊権益を残したまま本国がマレーシアとして独立することに抗議するデモを在日マラヤ人学生とともに行うと、本国から召還命令が届き、日本の文部省は直ちに国費留学生の身分を取り消し、学費を断った。彼が留学中の千葉大学の留学生部も、彼を除籍した。

彼は生存ぎりぎりの地平から立ち上がって、一人孤立した抗議行動を、大学構内で、また法廷で始めた。彼の生きる人間性と精神性に心動かされた土本さんら少数の映画人は、自発的参加グループをつくって、友人として寄り添い続け、チュアさんの活動のディテールを記録することを通してチュアさんに「加担」した。

「加担」とは、スタッフの一人の次の発言につきる。「チュア君ひとりにプレゼントする映画、彼の運動に役立つ映画でいいのではないか？」

水俣では、漁師の人間としての、いのちへの根源的な感受性——石牟礼道子さんは、それをやさしさと呼ぶ——に「加担」することになる。

支配されないドキュメンタリー

没後十年の特別企画として「土本典昭特集——土本典昭と同時代を生きた仲間たち」がポレポレ東中野で開催された(二〇一八年六月十六日〜二十九日)。仲間たちの一人小池征人さんが、『不知火海』の上映後の「トーク」の時間に、土本さんの映画のつくり方は、円卓会議方式とでも呼ぶべきスタッフの集団作業による、と語った(二〇一八年六月二十八日)。

円卓を囲むようにして開かれるスタッフ会議。現場の宿で、酒を酌み交わしながら、その日撮られた、または撮られなかったフィルムをめぐって、更には明日の行動をめぐって、車座で会議を重ねながら、スタッフが映画をつくっていった。監督、助監督、カメラマン、録音、助手等の別なく、対等なスタッフとして意見と言葉をぶつけ合った。一人一人が異なる人生を背負ってこの場に行き着いた以上、同じ対象をめぐっても、意見が異なるのは当たり前。むしろ異なる見方の交差の中から、共振する一点を求めて、映画の真実が紡ぎ出されていく。

小池さんが円卓会議方式と呼ぶ映画制作の過程を、土本さんは「映画＝スタッフ論」として、とりわけ撮影現場の段階での、カメラマンとのスタッフ形成に焦点をしぼって論じている。円卓会議ないし車座は、スタッフが肩を並べる横構造——円環構造と呼ぶべきか——によって、旧来の映画界から持ち越された、慣習としてのスタッフ間の縦構造、例えば、演出はリードし、撮影はリードされるといったヒエラルヒーを内破した。車座の積み重ねの中で、フィルムはより深化し、自由になっていく。

実験的な記録映画づくりに対して、スポンサーからのキャンセル問題とか、プロデューサーからのカット問題など、「スタッフの論理とは異った形の『映画』への干渉」が相次ぐと、一九六一年から、土本さんら岩波映画の若い仲間三十余人は、職能の別なく集まって「青の会」をつくった。

映画づくりがスタッフ全体で車座で行われる場合には、一カットと言えどもスタッフ一人一人のものだから、プロデューサーは監督一人にカットを要請することはできないことになる。つまり支配されない記録映画、「不敗のドキュメンタリー」の核心は、支配しない車座のスタッフの形成ということになる。「青の会」の仲間たちは、スタッフとは何かについて徹底して語り合って、この核心部分の論理を鍛え上げた。

土本さんはいう。フリーになり、自主独立しても、それだけでは映画界内の縦構造からは自由になっても、権力の支配から映画を守り切ることはできない。例えば、撮った事実と肖像は、権力の手によって、「犯罪」と「犯罪者」の証拠写真として再モンタージュされないとは限らない。いかにして権力による分断が不可能なフィルムをつくることができるか。土本さんは再びスタッフの共同作業に言及する。予期できない現実との対応の中で、スタッフが相互の記録作業に呼吸を合わせるスタッフ・ワークと強い表現上の共同作業があって、スタッフによってのみ共有される、すぐれて個的な映画の語り方が生まれる。それが権力による分断から記録を守ると。

「社会はこれでいいのか」と言い続けるためには、支配されないドキュメンタリーが必要だ。しかしそれだけでは映画は不敗のマシーンにはなっても、生きものにはならない。生きものになるには、「それでも生きている」支配しない人々との連帯が求められる。

対象世界の人々との「出遭い」、「側に立つ」「加担する」こと、そしてスタッフ論、これらが渾然一体となって生きものとしての映画が成立する。

更に土本さんは、水俣で映画を撮ったときの「出遭った人々の協力」に触れている。石牟礼道子さんの文章から村のたたずまいが人を入れるひろやかさをもつことを知り、熊本の水俣病を告発する会の人々からは、仕事とも生活とも道楽とも闘争とも分かち難い姿勢に学んだ。石牟礼さんも熊本の人々も、水俣病の多発地帯の村にスタッフを居住安臥させ、「妊み婦を産屋に入れるように」して、一つの映画ができるのをじっと見つめてくれていた。そこに幻視の邑《むら》、人里、「惣」的なものをかいまみた、という土本さんの発言は注目に値する。なぜなら「幻視の邑」とは、「不敗のドキュメンタリー」の先に到来するものを告げているからだ。「支配されない」スタッフのはからいを超えて、「支配しない」人々の共同性が現われると言ってもよい。

土本さんたちは、不知火海巡回映画会の上映ごとに、シーンの中の患者と観客との間に感性の通い路が生まれるのを見た。ドキュメンタリーは人々との「出遭い」に始まり、最後にフィルムを介して人々と観客との「出遭い」を紡ぐ。観客との連帯が、最後に映画を守る場所になる。「出遭い」、住み、記録し、上映する(そして祈る)。土本さんはこの全過程を生きものとしての記録映画という。

革命家群像

土本さんの人物評は、人物を時代の風景の中にクローズアップで浮かび上がらせて、その残像を読む人の眼に刻む。その描き方は、彼が好む撮り方に似る。遠くからズームレンズで覗き見るのでなく、自ら対象ににじり寄って直視するという撮り方だ。

土本さんは、例えば小川紳介さんの中に「革命家の哄笑性」を直視する。この一言で、よどみなく語り、自己の欠陥に哄笑的かつ嘲笑的な、自然児のような革命家像が立ち上がる。

小川さんは、人間を生きたまま把み出すためには対話しかないという思想を持ち、加担する人々の列中から、長尺のフィルムで人々の日常の言葉の中に革命の思想が生まれる光景を撮り、一方、権力の側とも正面から対面して、カメラの全存在をかけてすべてを撮った。自分の作品の欠陥を酵母に変えて次の作品を創造する自己革命の永久運動によって、ドキュメンタリーの世界を書き替えた革命家の確かな像が、土本さんの筆によって彫り起こされた。

小川紳介が「哄笑する革命家」なら、土本典昭は民衆のコミューンを夢見る「含羞の工作者」だ。

土本さんの文章に散見される「人間の革命」を志した人々の名を拾い上げていくと、彼が胸中に抱く革命家群像が見えてくる。「人間の革命」に寄与した神山茂夫。「革命を思いつづけた」中野重治。「革命家の哄笑性」を持つ小川紳介。そして無名の革命家群像の一人として生きたかった川本輝夫。

川本輝夫さんは、青年期に革命を志して果たさなかったこと、つまり自分以外の者のために何かをすることを今やっている、という。未認定患者の救済運動を担って水俣病闘争を牽引した川本さんに、土本さんは「人間の革命」への「運動工作者」を見て取る。

一方、緒方正人さんは、認定申請運動を離脱して、一人チッソと直接対決する個の闘いへ入っていき、自らの認定申請を取り下げた。この行為は、政治的な認定基準によって大量棄却しつつ患者認定して補償金を出せば責任は解除され、水俣病問題は終わりとするシステム連関を断ち切って、水俣病問題の本質へ切り込むためだった。川本さんはこの行為を「裏切り」と呼んだ。緒方さんは、「狂い」の中の極限思考を経て「自分にも罪がある」「チッソは私であった」という認識に到達する。この「魂の工作者」はいのちの本願を求めて「本願の会」を立ち上げ、水俣湾埋立地に石仏の建立を始める。

土本さんは、川本さんの論には広い普遍性があると言い、一方、緒方さんには魂を揺さぶる精神性を認め、この二人の間に分裂して、以後水俣に行かなかった。

邑の方へ

ときを経て、土本さんは、「水俣病の起きた原因は人間の奢り」という川本さんの言葉と、「水俣病は人間の原罪のしからしむるもの」という緒方さんの言葉とをつき合わせて、根底の部分での二人のつながりを取り出して見せる。

私はほかにも二人をつなぐ接点があると思う。川本さんは、水俣であれ、御所浦の離島であれ、カナダであれ、苦しむ未認定の人々の救済を手助けするのは水俣病患者の「責任」と言い、一方、緒方さんは、水俣病の死者は毒を引き受けて生類の「責任」を取った者と言う。また川本さんは、チッソとの自主交渉で自他ともに「人間」の現われを求め、一方、緒方さんも、自他が課題を共有して共に歩むことで、加害・被害の別を超えて「人間」が現われることを望んだ。更に川本さんは、一人水俣だけが救われればいいというのではない、九州だけでもと言って、土呂久、長崎、三池、カネミ等の名をあげた。緒方さんも、沖縄、福島などの受苦の地に足を運ぶ。

土本さんは、川本輝夫著『水俣病誌』(世織書房、二〇〇六)に寄せた「解説」の最後を、「私の好きな彼の文章」として、不知火海辺の邑の風景を描く美しい文章でしめくくる。

「……岸辺には数戸から数十戸といったような漁村が集落として点在しています。うつりゆく自然の営みに我が身をゆだね、肉親や一家眷属《けんぞく》と言ってもいいような形で、集落の共同生活は営まれ、ついこの前まで保たれ続けられてきたのでした。……海辺で楽しむ想いは、町に住む人々とて、農山村の人々と一緒でした。夏は泳ぎ、藻をとり、小魚とたわむれ、干潟を掘り、海辺のさわやかな風にふれ、オゾンを胸一杯吸い、心身共に疲れを癒し、憩うのでした……」。邑は川本さんの全生涯の原風景だった。

緒方正人さんもまた、女島の邑の原風景をもつ。邑の人々は家族のように暮らし、獲れた魚は網子に、また老人や病者や子どもにも分け与えられた。子どもたちは干潟や海辺で遊んだ。海の生きものたちも一緒だった。緒方さんは、邑にはいのちの共同性があったという(緒方正人[辻信一・構成]『常世の舟を漕ぎて――水俣病私史』世織書房、一九九六)。石牟礼道子さんが『苦海浄土』(一九六九)で最初に幻視の邑を描き出したことは言うまでもない。

邑には恵比寿像が立っていた。川本さんは一九九四年に新潟水俣病患者と支援者から贈られた地蔵を百間排水口の向かいの慰霊の卒塔婆が立つ場所に据えた。本願の会も埋立地に地蔵を建立した。埋立地で石仏の石彫りもスタートする。いのちの共同性が失われた幻視の邑に石仏が立つ。記憶と祈りのためである。

同じ頃土本典昭さんと基子さんは、かつて川本さんが自主交渉を闘ったもう一つの邑、東京で開かれる水俣・東京展の中に水俣病患者の遺影を収めた「記憶と祈り」の空間を建立するために、水俣に一年間住んで、一戸一戸を訪ねる遺影集めの巡礼の旅に出る。

水俣・東京展(一九九六年)に際しては、緒方さんは、漁に使う平底の帆立船、日月《にちげつ》丸で、亡き水俣病患者の魂を水俣から東京まで運ぶ。後に川本さんへの弔文で「背後から刺さる無数の矢傷が、あの痩身にこたえなかったはずはない」と書く石牟礼道子さんは、日月丸を命名し、出魂儀を企て、終生本願の会を背後から支え続けた。

土本さんは川本さんの原風景の邑の記述を「私にはまだ撮れない映画のシナリオに思える」と書いた。すなわち土本さんは「不敗のドキュメンタリー」の先に、これから撮りたい世界として邑の幻影をかいま見ていたと言える。しかし、もはや映画に撮れても撮れなくてもいい、出遭いに充ちた邑の現われに土本さん自身も二人のスタッフの巡礼として参加し、邑を包むいのちの世界に踏み出していたのではないか。

社会病としての水俣病を厳密な論理構成をもって重層的に描いた『医学としての水俣病—三部作—』の制作過程で、人間が生きていることを描いた『不知火海』が生まれたように、遺影空間の制作過程で撮られたフィルムから、水俣の甦りを告げる遺作『みなまた日記—甦える魂を訪ねて』が生まれた。

土本さんの作品の総体から、「社会はこれでいいのか」という怒りの声と、「それでも人間は生きている」という喜びの声が、二重唱で聞こえてくる。

深い邑、もう一つの眼

土本さんの映画の中で、水俣とその周辺で最もよく上映されるのは『海とお月さまたち』である。この映画は児童向けのメルヘンとして撮られ、水俣病のミの字も出てこない。

なぜ水俣病患者は『海とお月さまたち』を好むか。それはこの映画に幻視の邑を見るからだ。

この映画は、天草の南端の町、深海に辛うじて残っていた不知火海の漁民の暮らしと漁法と風景を映している。水俣病が起こる前の昔の水俣とそっくり同じ。不知火海の原風景が広がる。

月の満ち欠け、潮の干満の激しい動き、プランクトンの動き、魚の動き、漁師の動き、子どもの動き。——にせ餌をつくる老漁師、その手の動きをじっと見つめる子どもたち。老人の声、質問する子どもたちの声、道を走るオートバイの音。いかの一本釣り、船のエンジン音、船端をたたく波の音。蛸壺に入った子蛸を海に投げ返す漁師。潮の香りに誘われて渚に出てくる蟹たち。夜の鉾つき漁、櫓を漕ぐ音、虫の声。一本釣りでとれたまだ生きている大鯛の眼。

月から始まるいのちのつながりがあって、そのつながりの中でこそ、漁師は漁師であり、子どもは子どもであり、蛸は蛸であり、蟹は蟹であり、魚は魚であるように、それぞれの生きものの存在の本来性がよく現われる。

失われた風景ではあるけれども、こういういのちのつながりのある世界に戻ってほしいと願う。人々は思う。いまここの小さな場所にも、いのちの邑を紡ぐことができるのではないか。

この映画の冒頭にぽっこり丸い小さな島が見える。下馬刀島《しもまてしま》という。土本基子さんに教わったことだが*、この地にはこの島をめぐって悲しい昔話がある。昔、この地に天然痘が流行したとき、患者を生きながら目の前の下馬刀島に島流しにしたという。土本さんは、この共同体の共同記憶が「水俣奇病」の発生時にも息をふきかえしたのではないかと推測する。下馬刀島は冒頭だけでなく、映画の中によく出てくる。基子さんはいう。土本さんは水俣の受苦者への想いをもってさりげなく「島流しの島」を映像の中に置いたのではないかと。

『海とお月さまたち』の底に下馬刀島が隠れている。明かるい風景の深層に受苦と犠牲があった。浄土のような海の底を苦海の潮が流れる。土本さんにとって、支配しない人々の幻視の邑は支配された人々の痛みを内包した深い邑である。土本さんの映画の底に、もう一つの眼がうずくまっている。

（政治社会学者）

*土本基子・栗原彬［対談］「『海とお月さまたち』をめぐって」立命館大学、二〇一〇年三月十三日。

本書は岩波現代文庫のために新たに編集されたものです。

○本書で言及されている作品の多くは左記シグロのホームページにて購入・貸し出しができます。

シグロ　http://www.cine.co.jp/

○左記ビデオアクトのウェブショップでも、土本典昭監督作品の取り扱いがあります。

ビデオアクト　http://www.videoact.jp/

○英語圏向けの ZAKKA FILMS ホームページもお訪ねください。

ZAKKA FILMS　https://www.zakkafilms.com/

岩波現代文庫の発足に際して

新しい世紀が目前に迫っている。しかし二〇世紀は、戦争、貧困、差別と抑圧、民族間の憎悪等に対して本質的な解決策を見いだすことができなかったばかりか、文明の名による自然破壊は人類の存続を脅かすまでに拡大した。一方、第二次大戦後より半世紀余の間、ひたすら追い求めてきた物質的豊かさが必ずしも真の幸福に直結せず、むしろ社会のありかたを歪め、人間精神の荒廃をもたらすという逆説を、われわれは人類史上はじめて痛切に体験した。

それゆえ先人たちが第二次世界大戦後の諸問題といかに取り組み、思考し、解決を模索したかの軌跡を読みとくことは、今日の緊急の課題であるにとどまらず、将来にわたって必須の知的営為となるはずである。幸いわれわれの前には、この時代の様ざまな葛藤から生まれた、人文、社会、自然諸科学をはじめ、文学作品、ヒューマン・ドキュメントにいたる広範な分野のすぐれた成果の蓄積が存在する。

岩波現代文庫は、これらの学問的、文芸的な達成を、日本人の思索に切実な影響を与えた諸外国の著作とともに、厳選して収録し、次代に手渡していこうという目的をもって発刊される。いまや、次々に生起する大小の悲喜劇に対してわれわれは傍観者であることは許されない。一人ひとりが生活と思想を再構築すべき時である。

岩波現代文庫は、戦後日本人の知的自叙伝ともいうべき書物群であり、現状に甘んずることなく困難な事態に正対して、持続的に思考し、未来を拓こうとする同時代人の糧となるであろう。

（二〇〇〇年一月）

不敗のドキュメンタリー――水俣を撮りつづけて

2019年1月16日　第1刷発行

著　者　土本典昭《つちもとのりあき》

発行者　岡本　厚

発行所　株式会社　岩波書店
〒101-8002 東京都千代田区一ツ橋2-5-5

案内 03-5210-4000　営業部 03-5210-4111
現代文庫編集部 03-5210-4136
http://www.iwanami.co.jp/

印刷・精興社　製本・中永製本

ISBN 978-4-00-603311-8　Printed in Japan

土本典昭 略年譜

1928年	12月11日　岐阜県土岐市下石町《おろしちょう》に生まれる．
1945年	麻布中学校卒業．
1946年	早稲田大学専門部法科(3年制)に入学．翌年日本共産党に入党．
1952年	5.8事件中央抗議委員会議長となり，数次の不法集会の責任を問われ，早稲田大学を除籍処分となる．
1956年	岩波映画製作所に臨時雇員として入社．『新しい鉄』に製作進行としてつく．
1957年	岩波映画製作所を退社．以後フリーとして同社で記録映画の製作をする．テレビドキュメンタリー『年輪の秘密』(フジテレビ)，『日本発見シリーズ』(NETテレビ)などを手がける．
1961年	秋頃，岩波映画で仕事をしていた映画人を中心に「青の会」をつくる．
1963年	『ある機関助士』(脚本・演出・記録，岩波映画製作所)
1964年	『ドキュメント　路上』(演出・記録，東洋シネマ)
1965年	『ノンフィクション劇場／水俣の子は生きている』(演出・記録，日本テレビ) 『留学生チュア スイ リン』(演出・記録，藤プロダクション)
1968年	チェコ事件のため『シベリヤ人の世界』(日本映画新社)公開中止となる(同年2月に東京12チャンネルでテレビ放映)．
1969年	『パルチザン前史』(演出・記録，小川プロダクション)
1970年	水俣病を告発する会，水俣病補償処理委員会の斡旋案

	に抗議行動．厚生省内に座り込み，宇井純，渡辺京二らとともに逮捕される．
1971年	『水俣一患者さんとその世界一』(演出・記録，東プロダクション)
1972年	国連人間環境会議の人民広場集会に参加のため水俣病患者らとスウェーデン・ストックホルムに赴く．約3カ月，ヨーロッパを上映行脚．
1974年	『医学としての水俣病―三部作―』(演出・記録，青林舎)
1975年	『不知火海』(演出・記録，青林舎) 「水俣・カナダ水俣病交流訪問団」に参加，カナダの先住民居留地へ．約100日・110回の上映旅行となる．
1976年	川本輝夫らと第2回国連環境会議にフィルムを出品，汚染地ケベック州先住民居留地などで巡回上映活動を行う．
1977年	不知火海沿岸約100カ所で100日間にわたり「巡海映画」上映会．
1985年	アフガニスタンにロケ取材．88年の2次のロケを経て『よみがえれカレーズ』(89年，記録社・シグロ)，『在りし日のカーブル博物館1988年』，『もうひとつのアフガニスタン　カーブル日記1985年』(ともに2003年，映画同人シネ・アソシエ)として結実する．
1994年	「水俣・東京展」に掲げる水俣病患者物故者の遺影撮影のため，妻基子と1年間水俣に逗留する．
1996年	『水俣日記―遺影あつめの旅』(のち2004年に同作を改訂し『みなまた日記―甦える魂を訪ねて』映画同人シネ・アソシエ)を「水俣・東京展」で上映．
2008年	6月24日　肺がんにて死去．享年79．

土本典昭 フィルモグラフィー

- 監督(演出)作品はゴチックにした.
- 作品ジャンルのうち,【PR】は企業 PR 映画,【CF】はコマーシャル・フィルム.

1956 (昭和 31) 年

【PR】『新しい鉄』(演出：伊勢長之助, 製作：岩波映画製作所)製作進行

1957 (昭和 32) 年

【PR】『新しい型の鉄柱―パンザーマスト―』(演出：喜渡正男, 製作：岩波映画製作所)企画・脚本

1959 (昭和 34) 年

【TV】『**年輪の秘密／出雲かぐら**』(フジテレビ) 【TV】『**年輪の秘密／久留米がすり**』(同) 【TV】『**年輪の秘密／有田の陶工たち**』(同) 【TV】『**年輪の秘密／博多人形**』(同) 【PR】『海に築く製鉄所』(演出：伊勢長之助, 製作：岩波映画製作所)製作進行

1960 (昭和 35) 年

【TV】『**年輪の秘密／江戸小紋と伊勢型紙**』(フジテレビ) 【TV】『**年輪の秘密／糸あやつり**』(同) 【TV】『**年輪の秘密／京のたべもの**』(同) 【映画】『不良少年』(監督：羽仁進, 製作：岩波映画製作所)監督補佐 【PR】『**竣工近い有峰常願寺川計画**』(岩波映画製作所)

1961 (昭和 36) 年

【CF】『**三分の話題／シートパイル**』(岩波映画製作所) 【CF】『**三分の話題／パンザーマスト**』(同) 【TV】『**日本発見シリーズ／三重県**』(NET テレビ) 【TV】『**日本発見シリーズ／佐賀県**』

（同）【TV】『日本発見シリーズ／大分県』(同)【TV】『日本発見シリーズ／鹿児島県』(同)【TV】『日本発見シリーズ／山梨県』(同)【PR】『オフィス工場』(藤プロダクション)

1962（昭和37）年

【TV】『日本発見シリーズ／東京都』(NETテレビ)※放映されず【映画】『充たされた生活』(監督：羽仁進，製作：にんじんくらぶ)編集

1963（昭和38）年

【映画】『ある機関助士』(岩波映画製作所)【映画】『彼女と彼』(監督：羽仁進，製作：岩波映画製作所)編集

1964（昭和39）年

【映画】『ドキュメント　路上』(東洋シネマ)【TV】『ノンフィクション劇場／ある国鉄乗務員』(日本テレビ)※共同演出：大島渚・羽仁進・関川秀雄・大沼鉄郎・田村孟

1965（昭和40）年

【TV】『ノンフィクション劇場／ある受験浪人の青春』(日本テレビ)【TV】『ノンフィクション劇場／水俣の子は生きている』(同)【映画】『留学生チュア スイ リン』(藤プロダクション)【映画】『ブワナ・トシの歌』(監督：羽仁進，製作：東京映画・昭和映画)編集協力【TV】『ノンフィクション劇場／市民戦争』(日本テレビ)

1966（昭和41）年

【TV】『ノンフィクション劇場／おお通勤者諸君』(日本テレビ)【TV】『ノンフィクション劇場／地震のある町』(同)【TV】『ノンフィクション劇場／ある機関助士』(同)【TV】『すばらしい世界旅行―人間シリーズ／若きサントドミンゴ―カリブ―』(同)

1968（昭和43）年

【TV】『シベリヤ人の世界―東京～モスクワ1万キロドライブ―』全8回(東京12チャンネル)※共同演出：泉田昌慶【映画】

『シベリヤ人の世界』(日本映画新社)

1969 (昭和 44) 年

【映画】『キューバの恋人』(監督：黒木和雄，企画製作：黒木プロダクション・キューバ国立映画芸術協会)製作　【映画】『パルチザン前史』(小川プロダクション)

1970 (昭和 45) 年

【CF】『電々公社／企業 80 年(電話)』(東北新社)※ACC 賞

1971 (昭和 46) 年

【映画】『水俣―患者さんとその世界―』(東プロダクション)

【CF】『日本生命／春を追う人』(東北新社)

1972 (昭和 47) 年

【CF】『電々公社／沖縄』(東北新社)※ACC 秀作賞

1973 (昭和 48) 年

【映画】『水俣レポート 1 実録 公調委』(青林舎)　【CF】『トヨスあられ／京都篇・鳴子篇』(東北新社)　【映画】『水俣一揆――生を問う人びと―』(青林舎)　【CF】『クラレ／クラリーノ』(藤プロダクション)

1974 (昭和 49) 年

【映画】『医学としての水俣病―三部作―』第一部：資料・証言篇(74 年)，第二部：病理・病像篇(74 年)，第三部：臨床・疫学篇(75 年)(青林舎)

1975 (昭和 50) 年

【映画】『不知火海』(青林舎)　【CF】『電々公社／地下ケーブル(四国篇)』(東北新社)　【TV】『ドキュメント '75―水俣病とカナダインディアン』(日本テレビ)※共同演出：星野敏子　【CF】『電々公社／公衆電話の保守・東京駅』(東北新社)※ACC 賞／カンヌ・コマーシャル・フェスティバル入賞

1976 (昭和 51) 年

【映画】『THE MESSAGE FROM MINAMATA TO THE WORLD』

（青林舎・ラジオケベック（カナダ）） 【映画】『HANDS JOIN ACROSS POLLUTED WATERS』（私家版） 【TV】『生きている人間旅行：日本の教育1976—少年は何を殺したか—』（東京12チャンネル）※芸術祭テレビドキュメンタリー部門優秀賞 【映画】『水俣病＝その20年＝』（青林舎）

1977（昭和52）年

【映画】『前線—封建制100年との闘い—』（労働映画社）※共同監督：高岩仁・小池征人 【スライド】『しばられた手の祈り』（火種プロダクション）※共同構成：前田勝弘・小池征人 【TV】『生きものばんざい・第204話／育て零才！ クルマエビ』（TBSテレビ）

1978（昭和53）年

【CF】『日立／キャッシングマシン』（東北新社）※共同演出：小池征人 【TV】『石川さゆり水俣熱唱—わが街わが青春—』（テレビ朝日） 【映画】上記を『わが街わが青春—石川さゆり水俣熱唱—』（青林舎）と改題・16ミリフィルム化（1981年）

1979（昭和54）年

【映画】『日本の若者はいま』（グンヤフィルムプロダクション・国際交流基金） 【映画】『偲ぶ・中野重治—葬儀・告別式の記録—1979年9月8日』（中野重治を偲ぶ映画人有志の会）

1980（昭和55）年

【映画】『海とお月さまたち』（日本記録映画研究所）

1981（昭和56）年

【映画】『水俣の図・物語』（青林舎）

1982（昭和57）年

【PR】『こんにちは アセアン』（グンヤフィルムプロダクション・アセアンセンター） 【映画】『原発切抜帖』（青林舎）

1983（昭和58）年

【TV】『SEIKOワールドドキュメント／国境の海バルト海に生

きる！ ―巨大漁業コルホーズの記録―』(演出：小池征人，制作：日本テレビ)構成・レポーター

1984 (昭和 59) 年

【映画】『海盗り―下北半島・浜関根―』(青林舎) 【映画】『はじけ鳳仙花―わが筑豊 わが朝鮮―』(幻燈社)

1985 (昭和 60) 年

【スライド】『ひろしまを見たひと―原爆の図丸木美術館―』(原爆の図丸木美術館・青林舎) 【スライド】『HIROSHIMA―Testimony Through Paintings』(同)

1986 (昭和 61) 年

【PR】『日本一ぶりの里訪問記』(青林舎)

1987 (昭和 62) 年

【映画】『水俣病―その 30 年―』(青林舎・シグロ) 【ビデオ】『ビデオ絵本 ひろしまのピカ』(シグロ・原爆の図丸木美術館)

1989 (昭和 64 ／平成 1) 年

【映画】『よみがえれカレーズ』(記録社・シグロ)※共同監督：熊谷博子，アブドゥル・ラティーフ

1994 (平成 6) 年

【TV】『存亡の海オホーツク―8 mm 旅日記 ロシア漁民世界をめぐる』(NHK)

1996 (平成 8) 年

【TV】『NHK 未来潮流／記録することの意味―土本典昭とクロード・ランズマン―』(NHK)出演

1999 (平成 11) 年

【ビデオ】『回想・川本輝夫 ミナマタ―井戸を掘ったひと』(土本典昭仕事部屋)

2003 (平成 15) 年

【TV】『土本典昭ニューヨークの旅』(監督：藤原敏史，制作：ビジュアルトラックス)出演 【ビデオ】『在りし日のカーブル博

物館1988年』(映画同人シネ・アソシエ)　【ビデオ】『もうひとつのアフガニスタン　カーブル日記1985年』(同)

2004(平成16)年

【ビデオ】『みなまた日記―甦える魂を訪ねて』(映画同人シネ・アソシエ)※『水俣日記―遺影あつめの旅』(96年)を改訂したもの

2006(平成18)年

【映画】『映画は生きものの記録である 土本典昭の仕事』(監督：藤原敏史，製作：ビジュアルトラックス)出演

＊「土本典昭フィルモグラフィ展2004」ブックレット，『ドキュメンタリーの海へ――記録映画作家・土本典昭との対話』(土本典昭・石坂健治著，現代書館，2008年)掲載のフィルモグラフィーを元に作成．